毛泽东的哲学人生

张神根　王刚／著

人民出版社

责任编辑:洪　琼

图书在版编目(CIP)数据

毛泽东的哲学人生/张神根,王刚 著. —北京:人民出版社,2023.11
　(2024.3 重印)
ISBN 978－7－01－026043－3

Ⅰ.①毛…　Ⅱ.①张…②王…　Ⅲ.①毛泽东(1893-1976)-人生哲学-研究
　Ⅳ.①A841.63

中国国家版本馆 CIP 数据核字(2023)第 194593 号

毛泽东的哲学人生
MAOZEDONG DE ZHEXUE RENSHENG

张神根　王　刚　著

人民出版社 出版发行
(100706　北京市东城区隆福寺街 99 号)

北京中科印刷有限公司印刷　新华书店经销

2023 年 11 月第 1 版　2024 年 3 月北京第 2 次印刷
开本:710 毫米×1000 毫米 1/16　印张:16.75
字数:270 千字

ISBN 978－7－01－026043－3　定价:66.00 元

邮购地址 100706　北京市东城区隆福寺街 99 号
人民东方图书销售中心　电话 (010)65250042　65289539

目　录

　　毛泽东在求学的过程中，最初受到中国传统哲学的
熏陶，而后受西方资产阶级近代哲学的影响，逐步形成了
他的早期哲学思想。由于所处内忧外患的时代环境，早
期哲学思想的发展同他对救国救民道路探索联系起来，
两者相互影响、相互促进。

　　1918 年 6 月，青年毛泽东从湖南第一师范学校毕业，
结束学校读书生活，开始参与社会实践运动。在这期间，
他主动搜集和学习马克思主义书籍，同时积极吸收传入

中国的种种哲学和社会思潮。经过审慎思考，毛泽东接受了俄国十月革命的影响和马克思主义，在政治上实现了从激进民主主义向马克思主义的转变，哲学立场上实现了从唯心主义向马克思主义哲学的转变，成为一名真正的马克思主义者。毛泽东的政治思想和哲学立场的转变，并不是一蹴而就的，而是在实践斗争中经历了一个艰难的探索过程。

　　从建党到大革命时期是马克思主义哲学启蒙传播的重要时期。先前马克思主义哲学在中国的传播主要局限在理论层面，而这一阶段马克思主义哲学在中国革命中得到初步应用。以毛泽东同志为主要代表的中国共产党人，力图将理论和实际相结合，将阶级斗争理论作为探求中国命运的认识工具，从实际出发对中国国情进行分析，撰写了《中国社会各阶级的分析》和《湖南农民运动考察报告》，初步回答了中国革命的基本问题。

第四章　哲学智慧在土地革命战争时期的成功实践………… 88

　　土地革命战争时期,以毛泽东同志为主要代表的中国共产党人自觉运用马克思主义的世界观和方法论,科学分析了中国社会的性质和中国革命的特点,实行工农武装割据,开辟了一条以农村包围城市,武装夺取政权的特殊的革命道路。这一时期,毛泽东在同国民党"围剿"和党内教条主义进行艰苦斗争的过程中,明确提出马克思主义本本要同中国革命实际相结合的科学命题。毛泽东哲学思想体系框架初步形成,马克思主义哲学在中国开花结果了。

第五章　哲学智慧指导化解多重风险考验 ……………… 125

　　抗日战争时期,中国共产党面临三重风险考验,毛泽东运用哲学智慧,一一予以化解:通过《实践论》《矛盾论》等著作,提高党内同志们的理论水平,并开展整风运动,清算党内主观主义、宗派主义和党八股;通过《论持久战》《论反对日本帝国主义的策略》等名篇,系统论述持久战总方针和人民战争思想,并提出建立抗日民族统一战线,实现最广泛的全民族抗战局面;通过《目前抗日统一战线中的策略问题》等文章,以有理有利有节的斗争原则赢得国共两党团结抗战。可以说,在整个抗日战争期间,毛泽东都在自觉运用马克思主义哲学武器结合当时的国情,分析社会矛盾,指导革命实践。

第六章　哲学智慧在各领域的运用为新中国奠定基础 …… 166

解放战争时期,是毛泽东哲学思想在政策策略、军事斗争、意识形态等方面得到充分运用的重要阶段。在战略上,他提出"一切反动派都是纸老虎",鼓舞了中国人民敢于斗争的信心;在战术上,他提出"集中优势兵力,各个歼灭敌人",指挥人民在战场上取得一系列胜利,从根本上改变了敌我力量对比;在政策策略上,他提出"政策和策略是党的生命",抓住了主要矛盾和矛盾的主要方面;在工作方法上,他提出要学会"弹钢琴",抓住了两点论与重点论的辩证统一;在意识形态上,他反对唯心史观,抓住了唯物史观的根本,体现了人民才是历史的创造者的重要思想。

第七章　哲学智慧助力中国社会主义革命和建设

> 中华人民共和国成立,进入社会主义革命和建设时期。结合不同历史阶段不同历史任务,毛泽东灵活运用马克思主义哲学原理,坚持抓住主要矛盾、掌握斗争主要方向的战略策略思想,揭示中国革命和建设的客观规律,从哲学上概括总结新的实践经验,提出了"打得一拳开,免得百拳来""调动一切积极因素""双百方针""团结—批评—团结""战略上藐视敌人,战术上重视敌人""大兴调查研究之风"等策略,指导中国革命和建设取得巨大成就。

第八章　特殊时期哲学智慧的特殊作用

> 在"文革"期间,党在政治和思想上的"左"倾错误,给

发展中的社会主义建设事业造成损失。虽然在这样一个特殊的历史时期,毛泽东哲学思想在实践中受到歪曲,并因此给社会主义事业造成损失。但是在一定范围和程度上,其哲学思想依然得到正确运用,并与实践相结合形成了一些重要成果。在特殊时期毛泽东哲学思想的正确运用,在一定程度上推动了社会主义建设事业的发展。

前　言

　　学哲学、用哲学,是我们党的一个好传统。习近平总书记多次深刻阐述学习、运用马克思主义哲学的重大意义。他曾经指出:"马克思主义哲学尽管诞生在一个半世纪之前,但由于它深刻揭示了客观世界特别是人类社会发展一般规律,被历史和实践证明是科学的理论,在当今时代依然有着强大的生命力,依然是指导我们共产党人前进的强大思想武器。"我们党在中国这样一个有着14亿人口的大国执政,面对着十分复杂的国内外环境,肩负着繁重的执政使命,如果缺乏理论思维的有力支撑,是难以战胜各种风险和困难的,也是难以前进的。他强调,全党都要加强对马克思主义哲学的学习和运用,提高运用马克思主义立场、观点、方法分析和解决问题的能力。党的各级干部特别是高级干部,要原原本本学习和研读著作,努力把马克思主义哲学作为自己的看家本领。

　　我们党自成立起就高度重视在思想上建党,其中十分重要的一条就是坚持用马克思主义哲学教育和武装全党。1942年,毛泽东同志在中央党校开学典礼上发表了重要演说,题目是《整顿党的作风》。他指出,要号召我们的同志学会用马克思列宁主义的立场、观点、方法,认真研究中国的历史,研究中国的经济、政治、军事和文化,对每一问题要根据详细的材料加以具体的分析,然后引出理论性的结论来。他不仅这样说，而且率先这样做。他在革命战争年代写下的《反对本本主义》《实践论》《矛盾论》等著作，在社会主义建设时期写下的《论十大关系》《关于正确处理人民内部矛盾的问题》等著作，在领导革命、建设中提出以农村包围城市、武装夺取政权的道路，带领人民进行社会主义建设的艰辛探索等，都是正确运用历史唯物主义和辩证唯物主义的结果，并形成了具有鲜明中国特色的马克思主义哲学思想，为我们党掌握和运用马克思主义哲学树立了光辉典范。

毛泽东思想活的灵魂是贯穿其中的立场、观点、方法，它们有三个基本方面，这就是实事求是、群众路线、独立自主。新形势下，我们要坚持和运用好毛泽东思想活的灵魂，把我们党建设好，把中国特色社会主义伟大事业继续推向前进。

今年是毛泽东同志诞辰 130 周年。我们以《毛泽东的哲学人生》为题，对毛泽东同志在领导中国革命、建设波澜壮阔的伟大斗争中如何学哲学、用哲学进行梳理描绘，试图给年轻的读者以有益的启示，也是在这样一个时刻献给开国领袖的一朵小花。限于积累不够等原因，书中肯定存在这样那样的不足，敬请读者批评指正。

张神根

2023 年 5 月 15 日

第一章 朴素哲学思想的形成与运用

毛泽东在求学的过程中,最初受到中国传统哲学的熏陶,而后受西方资产阶级近代哲学的影响,逐步形成了他的早期哲学思想。由于所处内忧外患的时代环境,早期哲学思想的发展同他对救国救民道路探索联系起来,两者相互影响、相互促进。

一、只有宇宙而无我

曾访问过陕北的美国记者斯诺在《西行漫记》中这样描写道:"毛泽东是个认真研究

1

哲学的人。我有一阵子每天晚上都去见他,向他采访共产党的历史。有一次,一个客人带了几本哲学新书来给他,于是毛泽东就要求我们改期再谈。他花了三四夜的时间专门读了这几本书,在这期间,他几乎是什么都不管了。"

面对当时严峻的战争形势,毛泽东如此痴迷哲学问题的研究,这在中外历史上是罕见的。在指导中国革命和建设的过程中,他依靠马克思主义哲学这一科学世界观,引领了 20 世纪的中国社会。可以说,哲学思想是毛泽东全部理论和实践的灵魂。

毛泽东能够达到如此高的马克思主义哲学修养并不是一蹴而就的。他曾说自己不是天生的马克思主义者,"我长期也是资产阶级世界观。开头相信孔夫子,后头相信康德的唯心论,什么马克思,根本不知道。我相信华盛顿,相信拿破仑。"

随着时代潮流的发展走向,毛泽东的青年时代和马克思、列宁等伟人一样,在哲学立场上经历了从唯心主义到唯物主义的转变过程。如果要完整了解毛泽东的哲学人生,那得从他早年哲学探索历程的逻辑起点——唯心主义哲学思想说起。

1893 年 12 月 26 日,毛泽东诞生在湖南韶山冲的一个农民家庭。这位 19 世纪"90 后"出生的时候,正值国家蒙辱、人民蒙难、文明蒙尘的时期。辽阔的神州大地上笼罩了一层厚厚的阴霾,中华民族遭遇了数千年未有之大变局。

自 1840 年开始,不断向海外扩张的英国率先发动了侵略中国的鸦片战争,用坚船利炮轰开国门,并于 1842 年 8 月强迫清政府签订了中国近代历史上第一个丧权辱国的不平等条约——中英《南京条约》。此后,清政府在外国资本主义列强的侵略面前,陷入了要么妥协乞和、要么逢战就败的局面。1857 年至 1861 年的第二次鸦片战争、1884 年至 1885 年的中法战争、1894 年至 1895 年的中日甲午战争、1900 年八国联军侵华战争等均以失败而告终。

尽管爱国军民义愤填膺、英勇抗战，但是在清政府的妥协政策下，加之内政腐败、军心不稳、实力落后，外国列强对中国大肆进行主权侵蚀、军事打击、经济掠夺、文化渗透。

美国学者费正清在《美国与中国》一书中指出："从 1842 年到 1943 年整整一个世纪里，中国受不平等条约的束缚，给西方的商业和宗教活动大开方便之门。"据统计，1842 年至 1919 年，外国资本主义列强强迫中国政府订立的不平等条约就有 709 个。其中，与英国、日本和俄国订立的不平等条约尤其多。

昏昏沉睡的中国人开始发现，自己非但不是世界中心，反而大大落后于西方，甚至是邻国日本。但是，中华民族是一个蕴含巨大生命力、拥有巨大潜力的民族，一旦意识到国破家亡的现实威胁，就必将万众一心地奋勇前进。

知识分子是政治上最敏感、最早觉醒起来的。虽然他们大体上是旧式士大夫，封建传统思想根深蒂固，但是在面对国破家亡的严重威胁面前，他们率先呐喊，率先行动。早在鸦片战争时期，以魏源为代表的爱国知识分子就提出"通经致用""师夷之长技以制夷"的口号，但是他们仅仅是把向西方学习限于"技"。后来，洋务派又把学习西学局限在"器"的借鉴上，把救亡目标定在帮助封建主义复兴上，因此未能触及中国几千年的封建制度。

在寻求救国救亡真理的过程中，康有为、梁启超等发动的维新变法运动提出了"改制""变法""维新"等任务，在国内引起了巨大轰动。康有为在《上皇帝第四书》中说："今天下之言变者，曰铁路，曰矿务，曰学堂，曰商务，非不然也，然若是者，变事而已，非变法也。"

"几乎所有维新派思想家都在不同程度上逐渐接受了西方的国民参政观念"。维新派认为变法的根本是要学习西方的先进制度，改变中国封建专制制度，用资产阶级的君主立宪制度取而代之。虽然光绪皇帝没有实权，这些维新举措没有真正执行，但它却像鱼刺在喉一样，潜在地威胁到慈禧太后的权威和以她为首的保守派的利益，唤起了中国革命的先声。这确实是中国近代先进知识分子在寻找"救亡"道路上取得的实质性进步。

人们常说："时势造英雄"，毛泽东正诞生于"救亡"这一时代大主题之下。

少年时期，毛泽东在农村的生活是极其闭塞的，封建迷信渗透在社会的方方面面，因此，这就注定了早期毛泽东同千千万万的乡村少年一样，深受封建思想文化的影响。

湖南韶山的大多数农民都信神拜佛。清末时期，仅佛教寺庙就多达33座。毛泽东也成为一名虔诚的佛教徒。

毛泽东的母亲文素勤笃信佛教，因为在毛泽东出生前，她已经夭折了两个孩子了，故而她日日念经祈祷，只望这第三子平安无事。毛泽东一出生，文素勤就抱着他，拜了自己娘家后山龙潭口的一块宽二丈、高二丈八的深碧巨石为"干娘"，希望大石头可以保孩子健康。毛泽东在家中排行老三，所以取了个乳名叫"石三伢子"。毛泽东对这一称呼十分喜欢，参加革命后，他的文章偶尔会用"石山"落款，应该是"石三"演化来的。

每逢初一、十五以及重要节庆日，毛泽东和母亲都要烧香叩拜。16岁那年，母亲病倒在床，毛泽东每日早起必定向神灵菩萨跪拜祈福，还徒步去南岳衡山求神拜佛，几步一拜地一直步行几百里到南岳。

与之不同的是，毛泽东的父亲毛顺生从不信佛，这个精明强干的

"富农"满心都是发家致富,对于文素勤和毛泽东接济穷人的行为十分不满。那时的毛泽东认为,父亲之所以常常破口大骂,皆因他不信佛。后来,毛泽东回忆道:"在少年与中年时期,我的父亲在宗教上是一个怀疑主义者,但母亲则笃信神佛,她给子女们以宗教教育。我们都因父亲是一个没有信仰的人而感到难过。我们都想了许多办法来改变他的心,但是没有效果。"

在与佛家思想的接触过程中,毛泽东形成了"无我论"的哲学观点。佛教里的"无我"是一个非常重要的概念。"无我"认为世界上没有物质性的实在自体(即"我")的存在。其说又分二种:一为人无我,是说人身不外是色、受、想、行、识"五蕴"结合而成,没有常恒自在的主体;一为法无我,认为宇宙间一切事物,都由种种因缘和合而生,不断变迁,无常恒坚实的自体。① 过于执着于"我",自然会产生自私自利之心、甚至产生"我见"。"无我"这一概念提出的目的正是为了破除这些纷扰的源头,希望众生以"破除己见"的观点来看待世界。

中国古代哲学有"无我论"的思想传统,比如,《尚书》中提到"大道之行,天下为公",孔夫子把"仁者爱人"规定为做人的基本标准,老子提倡"道生万物""无为而治",汉朝董仲舒宣扬"三纲五常"。到了南北朝隋唐时期,佛教哲学迎来了鼎盛时期,提倡"众生无我"。清朝末期盛行的儒家学说,主要是宋朝程颢、程颐和朱熹这一派的学说,史称"程朱理学"。其主要观点即朱熹说的,人要"以醇儒自律",通过"存天理,灭人欲"以达到"无我""无欲"的圣贤境界。而且,从中国古代哲学史来看,程朱理学正是从唐朝佛教中禅宗这一派发展

---

① 参见李君如:《毛泽东与近代中国》,福建人民出版社 2014 年版,第 60 页。

过来的,接受了禅宗佛教的人十分容易接受程朱理学。自然,毛泽东接受了"无我论"思想。

根据《毛泽东年谱(1893—1949)》的记载,毛泽东接受了"六年孔夫子"教育经历。1902年春,毛泽东入南岸下屋场私塾读书,先读《三字经》,接着读《幼学琼林》《论语》《孟子》《中庸》《大学》。他记忆力强,能够口诵心解,很快领悟书中的道理。1904年秋,他到韶山关公桥私塾读书。1905年春,他先后就读于韶山桥头湾、钟家湾私塾。1906年秋,他到韶山井湾里私塾读书,继续读"四书五经",并开始练习书法。1907年至1908年,他虽然辍学,仍继续自主读书。1909年,他复学,在韶山乌龟颈私塾就读。1910年春,他到韶山东茅塘一位秀才毛麓钟(堂叔)家里读书,选读《纲鉴类纂》《史记》《汉书》等古籍,还读一些时论和新书。

虽然不能摆脱传统文化的支配,但是毛泽东自小就是一个敢于反抗的少年。他不愿意听父亲的话老是在家务农算账,而是想要接受一些新鲜事物。比如,1907年到1908年间,毛泽东辍学在家务农,从表兄文运昌处借了晚清著名思想家郑观应的《盛世危言》进行阅读。

这本书诞生于1893年,正是毛泽东出生的那一年。郑观应认为,一个真正意义上的"盛世"既要有接纳"危言"的雅量,又要有从"危言"中发现问题、解决问题的能力。在方法论上,他主张向西方学习,这与李鸿章等洋务派的理念是一致的。但是,在学习内容上,却超出了洋务派。

《盛世危言》对国内外政治经济、科学技术进行了一番调查,认真剖析了中国与西方的差距,认识到西方国家富强背后的深层次原因是制度,特别是政治制度。书里指出中国富国强兵之道,在于开矿山,筑铁路,发展商业;办报馆,兴学校,设立图书馆,提高人民的科学文化水平;设立议院,实行"君民共主"。对于生活在韶山冲的毛泽东来说,《盛世危言》所宣扬的一套改良主义主张打破了原先的传统知识结构,犹如一枚威力极大的炸弹,在他的思想意识里留下了不可磨灭的记忆。

除了《盛世危言》,毛泽东在 1910 年还读了类似讨论时局的小册子——《列强瓜分之危险》,内容叙述了日本占领我国台湾地区的经过,朝鲜、越南、缅甸等国被外国侵占的情况。文章开头一句:"呜呼,中国其将亡矣!",让毛泽东的心情久久无法平静。再加上长沙抢米风潮、哥老会造反事件,毛泽东看到了底层人民炽烈的反抗斗争。

"舍小我以救天下"的救国种子顿时在毛泽东心中萌芽。于是,毛泽东拒绝父亲要他去湘潭米店做学徒的安排,决定跟着在湘乡县公立东山高等小学读书的表兄文运昌,出去看一看外面的世界。他给父亲留下了一张字条,把字条夹在了父亲每日必看的账簿之中,上面写着:

孩儿立志出乡关,

学不成名誓不还。

埋骨何须桑梓地,

人生无处不青山。

这首诗是年轻时的毛泽东走出乡关、奔向外面世界的宣言书,明确表明了他胸怀天下、志在四方的远大理想。

1910 年秋,毛泽东走出了韶山冲,第一站是东山高等小学堂。在这所小学堂里,他接受着以西方自然科学和社会科学知识为主要内容的新式体系教育,经常到学校的藏书阁阅读中外历史、地理书籍,对中国古代尧、舜、秦始皇、汉武帝的功业很是仰慕。他还读了《世界大英雄传》等著作,了解到法国拿破仑、彼得大帝、叶卡捷琳娜女皇、惠灵顿、格兰斯顿、卢梭、孟德斯鸠、华盛顿和林肯等人的传记。读完之后,毛泽东寄望能够有英雄豪杰救世:"如果中国也可以出现这样的英雄人物,这样改变着中国国家的命运,就可以拯救国家的危亡了。"

其间,他开始了解时事政治,第一次知道了慈禧太后和光绪皇帝已驾崩离世有两年了,也第一次读到了资产阶级改良派读物——《新民丛报》。可以说,这本刊物对当时毛泽东在精神上的洗礼,不亚于后来《新青年》在五四运动时期所起的作用。

这份报刊的主编是"影响了半世纪知识分子"的梁启超。他在戊戌变法失败后,东渡日本,开启了流亡生活。在变革失败的挫折下,他逐渐意识到一个道理:中国的振兴和发展在于全体国民的觉醒。如果不对长期遭受封建文化禁锢的愚昧、落后、狭隘的国民性情来个彻底的改造,不论引进什么先进的器物、制度,都不会取得成效。为了抨击清王朝的腐朽统治,介绍西方资产阶级新思想、新学说,他在 1902 年创办了《新民丛报》。

毛泽东读了这份刊物后觉得十分新鲜,反复阅读里面的文章甚至能够达到背诵的程度。毛泽东赞同康有为、梁启超主张君主立宪的观点,开始信奉资产阶级改良主义。实际上,此时距离推翻清朝专制帝制、建立共和政体的全国性革命——辛亥革命,只有一年多了。

梁启超在《新民说》的"论进步"篇中写道:"不割剖而后此之苦痛将益剧,循是以往,非至死亡不止,夫孰与忍片刻而保百年,苦一部而养全体也"!同时,梁启超受生物社会学影响,把国家看作是如同动物一样的有机体,是由"五脏六腑"构成的。他认为,"国也者,积民而成。国之有民,犹身之有四肢、五脏、筋脉、血轮也",希望个人能够在国家处于危险的时候放弃自己为国牺牲。

毛泽东秉持梁启超的观点,把国家看作是一个"人",而社会个体就像这个"人"的四肢,个人应该有"壮士断腕""杀身成仁"的决心,主张献身报国。

1911 年春天,毛泽东考入湘乡驻省中学。同年 4 月,黄花岗起义爆发,起义中有不少的留日学生,为了拯救祖国,凭着一腔热血满目坚毅、从容赴难,这对不到半年后爆发的武昌起义起到了直接的鼓舞作用。

正在为国家危急存亡而担忧的毛泽东备受鼓舞。他想,为了推翻封建王朝的统治而献出了自己的生命,这 72 位革命者是多么英勇,多么令人钦佩。这更加筑牢了他为国捐躯的信念。

在迅猛发展的革命形势面前,毛泽东在行动上与封建的东西彻底决裂,自觉地投入到革命的洪流之中,成为资产阶级革命理论的积极实践者。他倡议并带头剪掉了辫子,还和一些积极分子采取突然袭击的方式,把十几个答应剪辫子却迟迟不肯行动的同学的辫子给强行剪掉了。得罪绝大多数人的事,一般人是不会干的,况且"身体发肤,受之父母"不可毁伤的封建思想在当时还是根深蒂固的。如果有人说要"剪辫子",就意味着反对清政府。毛泽东可不在乎这些,他一向敢闯敢干,加入新军,成为一名坚决拥护革命的民主主义者。

毛泽东早期一直秉持的"无我论"哲学观点本来是一种消极无为的唯心主义宇宙观。但是,他却从积极的方面改造,与救国救民的思想紧密融合,将"无我论"上升到了献身救国的层面。

二、盖我即宇宙也

1912 年春,毛泽东"以为革命已经过去",觉得自己参军的目的已经实现,决定退出军队,继续求学。但是,仅在湖南全省高等中学就读半年,毛泽东便选择离开这所中学。

至于离开的原因,他认为:"我已经十九岁了。不但没有读过几本书,连世界上究竟有些什么样的书,哪些书是我们应该读的,都一点不知道。"

他给自己制订了庞大的自修计划,日日夜夜停留在湖南省立图书馆学习。在这里,他以极大的兴趣阅读了达尔文的《物种起源》,还广泛地涉猎了 18、19 世纪西方资产阶级社会科学、自然科学代表作,包括亚当·斯密的《原富》、赫胥黎的《天演论》、约翰·穆勒的《穆勒名学》、斯宾塞的《群学肄言》、孟德斯鸠的《法意》、卢梭的《民约论》等,以及俄、美、英、法、日等国地理、历史和希腊、罗马的古典文艺作品。

毛泽东读的许多国外著作是由中国近代思想家严复翻译的。这些译作大多是西方资产阶级民主主义的文化,同封建主义的文化是对立的,所以当时被称为"尊民叛君,尊今叛古"之书。严复主张用科学方法反对唯心主义先验论。他认为西方资本主义能够国力富强,关键在于有各种科学作为依据,而之所以能有各种科学,则是由于有新的哲学方法作为指导。他驳斥那种认为中国聪明才智"运于虚",西方则"寄于实"的说法,指出问题不在于"虚""实",而在于要有一套正确的科学方法,即逻辑。这就是说,逻辑是一切科学的哲学基础。

为此，严复通过翻译西方的某些逻辑学著作，介绍了近代的科学的方法论。比如，他花了很多精力译出了一本近30万字的逻辑学学术著作——《穆勒名学》。为了使西方逻辑方法更易于被国人接受，严复用中国传统文化中的概念来表达从西学中接受过来的思想。

学习严复的逻辑学著作对毛泽东今后重视认识论和逻辑学起到一定的推动作用，并由此形成了时刻向内检视自己思维和表达逻辑性的良好习惯。此后，毛泽东更是提出："改造中国，宜有大气量人，从哲学、伦理学入手，改造哲学，改造伦理学。"

在极有价值的半年自学生活中，毛泽东集中地接受了一次较为系统的西方近代思想文化启蒙教育，建立起以西方文化为参照系，在传统文化理论的基础上形成独具个人特色思维模式。他的早期哲学思想虽然没有摆脱唯心论的主导地位，但也开始渗入了一些唯物主义因素。

1913年春，毛泽东像普通年轻人一样，再次寻找自己的出路。他认为当教员是个不错的职业，于是报考了湖南第四师范（一年后湖南第四师范并入第一师范），前后共做了5年半的师范生。

在校长孔昭绶主政下，学校"采最新民本主义规定教育方针"，强调人格和学识的全面培养。毛泽东有机会结识一批追求进步的热血青年，包括有蔡和森、何叔衡、罗学瓒、张昆弟、周世钊、萧三等，还与杨昌济、徐特立、黎锦熙、袁仲谦等优秀教员们建立起良好的师生关系。其中，对毛泽东哲学思想影响最大的当属杨昌济了。

杨昌济（1871—1920），长沙板仓人，是一位学贯古今的学者，更是一位道德高尚、思想进步的教育家。他先是留学日本6年，又赴英国修学3年，然后游历德国、瑞士。归国后，以他的留学经历从政当官轻而易举，但是他对当官发财不感兴趣，数次辞谢做官而从学，把

"欲栽长木柱青天"的教书育人看作自己的天职,有长沙大儒之名。在1936年的回忆中,毛泽东给予杨昌济高度评价:

> 给我印象最深的老师是杨昌济,他是一位从英国回来的留学生,我后来同他的生活有密切的联系。他讲授伦理学,是一个唯心主义者——但是是一个道德高尚的人。他对自己的伦理学有强烈信仰,努力鼓励学生立志做一个公平正直、品德高尚和有益于社会的人。在他的影响下,我读了蔡元培翻译的一本伦理学的书,而且在这本书的启发下写了一篇题为《心之力》的文章。我当时是一个唯心主义者,杨昌济老师从他的唯心主义观点出发,高度赞赏我那篇文章,给了我一百分。

毛泽东经常和同学去杨昌济家探讨哲学,杨昌济也非常看好毛泽东。杨昌济认为,毛泽东"资质俊秀若此,殊为难得。余因以农家多出异才,引曾涤生、梁任公为例以勉之。毛生曾务农二年,国民反正之时又曾当兵两年,亦有趣味之履历也。"

杨昌济把德国哲学家泡尔生所著的《伦理学原理》作为上课教材,毛泽东写下了1万多字的批注,其中谈到了他当时对世界的看法:

> 吾从前固主无我论,以为只有宇宙而无我。今知其不然。盖我即宇宙也。各除去我,即无宇宙。各我集合,即成宇宙,而各我又以我而存,苟无我何有各我哉。是故,宇宙间可尊者惟我也,可畏者惟我也,可服从者惟我也。我以外无可尊,有之亦由我推之;我以外无可畏,有之亦由我推之;我以外无可服从,有之亦由我推之也。

这段批语表明,毛泽东放弃了"只有宇宙而无我"的"无我论",开始转向"盖我即宇宙也"的"唯我论"哲学观。毛泽东虽早已把"无我"与爱国献身精神联系起来,但是前者毕竟是封建礼教和神权的产物,而后者则是资产阶级个性解放的产物。正如《新青年》主编陈独秀所说:"无我是古代思想,唯我是近代思想,自我扩大是最近代思潮。"

毛泽东在哲学上以主观唯心主义代替了客观唯心主义,在伦理学上以"自主意识"代替了"服从意识",这是一种思想进步。

毛泽东主张个性解放,肯定自我存在的价值。1912 年,毛泽东在湖南全省高等中学校时期写了一篇满分作文——《商鞅徙木立信论》,发出了"叹吾国国民之愚"的声音。之后,他在《〈伦理学原理〉批注》中写道:"个人有无上之价值,百般之价值依个人而存,使无个人或个体则无宇宙,故谓个人之价值大于宇宙之价值可也。"

肯定自我、相信自我是实现自我的一个重要前提。所以毛泽东对一切压抑个性和贬低、否定、违背个人意愿,妨碍个人价值实现的恶势力和理论观点作了强烈谴责。他写道:"故凡有压抑个人违背个性者罪莫大焉。故吾国'三纲'在所必去,而教会、资本家、君主、国家四者,同为天下恶魔也。"毛泽东把服从神和统治者的命令斥之为"奴求之心理"。正是在对专制制度的批判过程中,毛泽东认识到"无我论"的弊端,发现了"自我"。

毛泽东以自我实现为目的,认为"我"就是一切,"我"就是目的,自我实现既含有个体自我的实现,同时也是实现社会中的主体自我。因此,自我实现含有把他人和社会置于自己义务中来考虑的问题,他说:

吾则以为吾人惟有对于自己之义务,无对于他人之义务也。凡吾思想之所及者,吾皆有实行之义务。即凡吾所知者,吾皆有义务也,此义务为吾精神中自然发生者,偿债、践约及勿偷盗,勿作伪,虽系与他人关系之事,而亦系吾欲如此者也。所以对于自己之义务者,不外一语,即充分发达自己身体及精神能力而已。至人之急,成人之美,与夫履危蹈险,舍身以救人,亦并不在义务之上,盖吾欲如此方足以安吾之心。设见人之危难而不救,虽亦可以委为无罪,而吾心究果以此见难不救为当然乎?不以为当然,则是吾有救之义务也。救人危难之事,即所以慰安吾心,而充分发展吾人精神之能力也。

那么,又该如何"自我实现"呢?毛泽东给出了答案:"人类之目的实现自我而已,实现自我者,即充分发达吾人身体及精神之能力至于最高之谓。"

一方面,要发达个人的"身体"。毛泽东对体育做了专门研究:"体育于吾人实占第一之位置,体强壮而后学问道德之进修勇而收远效"。他认为,体育对于我们每个人具有重要的作用,不仅可以强身健体,还可以"调情感"和"强意志"。

另一方面,要发达个人的"精神"。针对这一方面,毛泽东提出了"个人主义"和"现实主义"两个伦理学主张。所谓"个人主义",是说人们所从事的一切社会生产都是为了满足个人,与之相应的道德生活也是为了成全自己。毛泽东认为,这种"个人主义"并不是功利性的、精致的"个人主义"。"利己"是最终目的,"利他"是前提条件,在实践中实现了"利他"和"利己"的统一。所谓"现实主义",则是个人要立足现实,以现实为出发点,一切为现实服务。只需"对于吾主观客观之现实者负责,非吾主观客观之现实者,吾概不负责焉"。原因在于,我们对过去和未来一无所知,而且所谓的过去与未来同个人的现实无关。

因此,"吾惟发展吾之一身,使吾内而思维、外而行事,皆达正鹄"。"现实主义"的观点主要包括:其一,强调现实,立足现实。人要在有限人生中"实现自我",就不能脱离现实去追求虚幻的永恒价值。其二,行为是外在的客观性东西,思想是内在的主观性东西,人生实现就是二者的统一。其三,"实现自我"的人生目的是强调人生价值,而不是"立名"后世。总之,其基本精神是要人们着眼于现实,通过言行一致的努力,达到理想的人格,提高个人价值。①

毛泽东之所以能在"唯我论"这一世界观上作出如此深入思考,是有深刻的历史原因的。就读湖南一师的 5 年是极不平凡的时期,国际上"协约国""同盟国"两大帝国主义阵营陷入第一次世界大战,国内也处于社会政治文化激烈动荡时期。辛亥革命的胜利果实落入袁世凯的手中,之后袁世凯称帝、张勋复辟活动接踵而至,军阀混战连绵不断,帝国主义国家趁机加紧对我国的侵略,内忧外患极为严重。1915 年,袁世凯与日本签订了丧权辱国的"二十一条"。毛泽东爱国主义情感不断加深,救国救民志向更加坚定,他写下"何以报仇?在我学子"的句子鼓励学生们自我觉醒,要奋起挽救民族危机。

同一年,以《新青年》的创刊为标志,一场空前规模的新文化运动展开了。在东西方文化交流过程中,近代中国的先进人士在对封建专制制度的反省和批判中,也开始出现了"我"的觉醒。陈独秀在1916 年发表《孔子之道与现代生活》,提倡个性解放,反对孔子之道。

---

① 参见刘翠玉、王亚娟:《毛泽东早期伦理思想中的自我观探析》,《长春工业大学学报》2009 年第 4 期。

胡适则针对"个人主义"作出详细分析,将"个人主义"分为"假个人主义""真个人主义""独善的个人主义"三种,其中"真个人主义"具有两种特性:

> 一是独立思想,不肯把别人的耳朵当耳朵,不肯把别人的眼睛当眼睛,不肯把别人的脑力当自己的脑力;二是个人对于自己思想信仰的结果要负完全责任,不怕权威,不怕监禁杀身,只认得真理,不认得个人的利害。

青年毛泽东是《新青年》的忠实读者,其"唯我论"观点自然受到陈独秀和胡适等新文化运动骨干的影响。这种思想不仅是当时新文化运动思想的体现,更是处在那个时代先进知识分子追求人类解放的思想表达。

三、精神不灭、物质不灭

毛泽东在湖南一师求学的目的,远不只是解决个人生活或是谋求个人前途。他常说:有的人读书看起来是努力的、用功的,但目的却只是为了自己的穿衣和吃饭,为了自己的小家庭,为了谋取个人的功名利禄,这是最没有出息的人。

为了避免自己成为庸俗之辈,毛泽东与一群要好的同学约定"三不谈",即不谈金钱,不谈男女间问题,不谈家庭琐事,而关心和谈论的应该是"大事",即"人的天性,人类社会,中国,世界,宇宙"。

毛泽东把读书的重点放在社会科学方面,对国文、历史、地理、哲学、伦理学等感兴趣课程,除认真听讲、做详细笔记以外,还常到图书馆借阅大量的课外书籍。在湖南一师 5 年多时间里,毛泽东精读的国内外书籍达几十种。

1917 年秋,毛泽东在杨昌济的伦理学课上读到了泡尔生的《伦理学原理》。当时,多数同学对哲学不感兴趣,而毛泽东却花了近 1 年时间,将全书通读,写下了 1 万多字的批注。细密而工整的毛笔字,记录着这位年轻人对原著的理解,以及当时的伦理观、人生观、历史观、宇宙观。毛泽东对书中的唯物主义观点,越读越觉得有趣味,把原来从属于精神的物质,提高到与精神相并列的地位。这是毛泽东通过深入学习中国传统文化和西方近代哲学社会科学后,对唯心主义世界观认知的一个重大突破。

1916 年 12 月,毛泽东在致湖南一师另一位老师黎锦熙的信中就已经表达过类似观点。他针对当时教育界普遍存在的不重视体育、不重视学生健康的陈腐观念,又鉴于同学英年早逝之类惨痛教训,写道:

> 古称三达德,智、仁与勇并举。今之教育学者以为可配德智体之三言。诚以德智所寄,不外于身;智仁体也,非勇无以为用。且观自来不永寿者,未必其数之本短也,或亦其身体之弱然尔。颜子则早夭矣;贾生,王佐之才,死之年才三十三耳;王勃、卢照邻或早死,或坐废。此皆有甚高之德与智,一旦身不存,德智则随之而隳矣!

在信中,毛泽东论述了德智体三者的关系。物质性的身体是精神性的道德和智慧的依存者,离开了身体这个物质载体,道德和智慧就无所依附乃至丧失。在同一封信中,他又提出了一种具有客观唯心主义倾向的论断,即"世界之外有本体,血肉虽死,心灵不死"。通过这封信,我们可以基本判断,此时毛泽东的基本倾向是"二元论"的哲学观。

毛泽东将这一倾向在《〈伦理学原理〉批注》中进行了更为直接的阐述。他提出了一个基本命题:"精神不灭、物质不灭"。他既坚持物质性要素的基础性地位,又坚持精神性要素的决定性作用,摇摆于唯物论和唯心论之间。他写道:

> 凡自然物不灭,吾人固不灭也,不仅死为未死,即生亦系未生,团聚而已矣。由精神与物质之团聚而为人,及其衰老而遂解散之。

他还提到:

> 一人生死之言,本精神不灭、物质不灭为基础(精神物质非绝对相离之二物,其实即一物也,二者乃共存者也)。世上各种现象只有变化,并无生灭成毁也,生死也皆变化也。既无生灭,而只有变化,且必有变化,则成于此必毁于彼,毁于彼者必成于此,成非生,毁非灭也。生于此者,必死于彼,死于彼者,必生于此,生非生,死非灭也。

这种哲学思想直接继承了《伦理学原理》作者泡尔生本人的思想,而泡尔生的哲学思想直接来源于康德哲学中的"二元论"。

列宁说:"康德哲学的基本特征是调和唯物主义和唯心主义,使二者妥协,使各种相互对立的哲学派别结合在一个体系中。"[20]

世纪初,康德哲学在我国风行一时,严复、梁启超、章炳麟、王国维、蔡元培等人物,从各自的立场出发来接受和传播康德哲学。梁启超宣扬康德的先验哲学,尤其不遗余力。他在《近世第一大哲学家康德之学说》中认为,人的生命有两种:一是肉体生命,属于现象界,受必然法则支配;一是本质生命,即"真我"或灵魂,它超越于时间和空间之外,极自由而不可方物。他在《新民说》中,进一步将宋明理学与康德的先验论相比较,"阳明之良知,即康德之真我,其学说之基础全同"。

在杨昌济的指导下,毛泽东早已对康德哲学进行了深入的学习。因此,毛泽东在阅读《伦理学原理》之时,很自然地继承了书中传达的"二元论"思想。他后来在回忆中也提到了《伦理学原理》这本书时说:

> 这本书的道理也不那么正确,它不是纯粹的唯物论,而是心物二元论。只因那时我们学的都是唯心论一派的学说,一旦接触一点唯物论的东西,就觉得很新颖,很有道理,越读越觉得有趣味。它使我对于批判读过的书,分析所接触的问题,得到了启发和帮助。

马克思主义哲学认为,宇宙中的精神与物质是反映和被反映的关系,并非是绝对同一的关系。因此,"二元论"不是科学的世界观。

年轻的毛泽东还没有接触马克思主义哲学,不能够正确认知物质与精神的关系。但值得肯定的是,同唯心主义"一元论"相比,他在"二元论"的启发下,已经把物质放到与精神同等地位。肯定物质地位这件事本身就是一个重大进步。

1917 年,时年 24 岁的毛泽东在《新青年》第 3 卷第 2 号上发表了一篇署名"二十八画生"的文章——《体育之研究》。文章虽然含有"二元论"色彩,但是诸多唯物主义观点还是值得一提的,反映了其思想正在向唯物主义转变。

他在"体育在吾人之位置"的篇目中指出:"体者,为知识之载而为道德之寓也,其载知识也如车,其寓道德也如舍。体者,载知识之车而寓道德之舍也。"他已把身体看作物质性的实体,认为物质实体决定德、智这些精神的东西。在谈到体育之效用时,他进一步论述了知识、感情、意志这些精神的东西对于体魄的依赖关系,他说:"直观则赖乎耳目,思索则赖乎脑筋,耳目脑筋之谓体,体全而知识之事以全"。这是对当时非常流行的"精神体育不能并完,用思想之人每歉于体,而体魄蛮健者多缺于思",将精神和身体孤立起来绝对对立起来的形而上学观点的有力批判。

《体育之研究》对身体强弱因体育运动而转化的论述,表明当时毛泽东在这方面的认识已很丰富很深刻。他指出,体强者如果不戒恶习,不锻炼,可转变为弱者。"盖生而强者滥用其强,不戒于种种嗜欲,以渐〈戕〉贼其身,自谓天生好身手,得此已足,尚待锻炼?故至强者或终转为至弱。"而体弱者,只要锻炼,可转变为强者。文章提到:"至于弱者,则恒自悯其身之下全,而惧其生之不永,兢业自持。于消极方面,则深戒嗜欲,不敢使有损失。于积极方面,则勤自锻炼,增益其所不能。久之遂变而为强矣。"

20 年后,毛泽东在《矛盾论》中对矛盾转化观点从哲学的高度作了精辟的概括:"事物内部矛盾着的两方面,因为一定的条件而各向着和自己相反的方面转化了去,向着它的对立面所处的地位转化了去。"这样一比较,我们可以看到关于矛盾转化的观点,毛泽东在撰写《体育之研究》时已有较为深刻的认知,只不过它是以论述体育的形式表现出来而已。

此外,在自然观上毛泽东秉持的观点也基本是唯物主义的。在他看来,"自然者,真也,实在也","凡自然者,有必然性","人类者,自然之一物也,受自然法则之支配,有生必有死,即自然物有成必有毁之法则"。即是说,自然界是独立于人的精神之外,自然法则是客观存在的,不以人的意志为转移,自然对精神、客观对主观具有决定作用。毛泽东还看到了人的主观能动性,人们面对自然万物并非无能为力。他认为,虽然"吾人之心灵限于观念,观念限于现象,现象限于实体",但人并非就是被动的。因为"吾人虽为自然所规定,而亦即为自然之一部分。故自然有规定吾人之力,吾人亦有规定自然之力。"虽然人和自然两者的力量不同,但仍是相互影响,继承和发扬了中国古代哲学中反天命的思想。在一定程度上,毛泽东把人的主观能动性和客观规律性统一起来了。

在认识论问题上,毛泽东明确提出人类知识来自客观世界。他说:"美学未成立以前,早已有美。伦理学未成立以前,早已人人有道德,人人皆得其正鹄矣。种种著述皆不过钩画其实际之情状,叙述其自然之条理。无论何种之书,皆是述而不作。"他充分肯定了人类所拥有的知识是来自对客观实际的认识,"学皆起于实践问题",一切书籍理论不过是对客观世界的描述。而且,他还坚决反对"生而知之"的说法,认为人们口中所说的"不思而得"圣贤人物是不可信的。他还明确对直接经验和间接经验做了正确的论述,看到了两者的区别和联系。他认为,人们拥有的言语和学习的知识,表面上看是先天性的,但归根结底是人们从实践活动的经验中获得的,并非"所谓先天直觉也","乃由种种之经验而来者也"。

特别可贵的是，毛泽东主张要"踏着人生社会的社会实际说话"，绝不能读死书、死读书，绝不能坐而论道，而要身体力行。在《讲堂录》中，他感慨地写道："闭门求学，其学无用，欲将万事万物，都愿学之，只有汗漫九垓，遍游四宇才行。"1917年暑假，毛泽东受到《民报》上登的一则徒步游学的消息启发，邀请当时已从一师毕业、在楚怡小学教书的萧子升，各带一把雨伞、一个挎包，装着简单的换洗衣服和文房四宝，外出游学。他们一路上游历了长沙、宁乡、安化、益阳、沅江5个县的城镇、农村，历时1个多月，步行900余里，实地考察了当地的历史、地理、社会风俗人情，农民及其他阶层人士的生活状况，并写下了厚厚的考察笔记。

1918年夏初，他又同蔡和森一起沿洞庭湖南岸和东岸，经湘阴、岳阳、平江、浏阳几县，游历半个多月。他还将沿途的见闻，用生动通俗、幽默风趣的文字，写成通讯发表。湖南一师附近有造币厂、黑铅冶炼厂和电灯公司等，集中了许多工人、人力车夫、菜贩和其他下层劳动者。毛泽东经常利用课余时间同他们接触，了解工人们的生活和思想要求。

总体来说，"二元论"思想中的唯物主义因素在毛泽东的脑海中不断发挥引领的作用。随着思想认识的不断深化和社会实践的不断展开，一旦毛泽东接触到更多的唯物主义思想，他必定就能在唯物主义和唯心主义之间作出正确的选择。

四、用"大本大源"哲学观改造世界

1913年春天到1918年6月是毛泽东在湖南一师求学的时期，这段读书经历在毛泽东心目中占据重要地位。在第一师范求学的最后一年,是毛泽东哲学思想萌发的重要一年,他竭力探求宇宙的"大本大源",即抓住根本。

"大本大源"是毛泽东早期哲学思想中的一个重要范畴。1917年8月23日给黎锦熙的信中充分反映了本源观,黎锦熙收到信后在日记里写道:"得润之书,大有见地,非庸碌者。"这封信先痛陈他对时局的看法,阐明"大本大源"提出的社会大背景:

> 今之天下纷纷,就一面言,本为变革应有事情;就他面言,今之纷纷,毋亦诸人本身本领之不足,无术以救天下之难,徒以肤末之见治其偏而不足者,猥曰吾有以治天下之全邪!此无他,无内省之明,无外观之识而已矣。

在毛泽东看来,天下大乱正是因无治国人才的原因。那么,袁世凯、孙文、康有为三人如何呢?毛泽东客观给出了答案:"孙、袁吾不论,独康似略有本源矣。然细观之,其本源究不能指其实在何处,徒为华言炫听,并无一干竖立,枝叶扶疏之妙。"

显然,毛泽东对他曾崇拜的康有为乃至孙中山都持批判态度,而对于袁世凯则更为不齿。为此,他大声疾呼:"今吾以大本大源为号召,天下之心其有不动者乎?天下之心皆动,天下之事有不能为者乎?天下之事可为,国家有不富强幸福者乎?"毛泽东抬出一人,是当时湖湘大地他最为推崇的人物——曾国藩。"愚于近人,独服曾文正",他认为曾国藩是个有"本源"的人,绝不是单纯的武夫,是善于以儒制军的思想家。

"本源"究竟是什么呢?毛泽东看到"社会组织极复杂,而又有数千年之历史,民智污塞,开通为难"。他颇有深意地说:"欲动天下者,当动天下之心,而不徒在显见之迹。"由此,他谈到要寻找大本大源:"动其心者,当具有大本大源。""夫以与本源背道而驰者而以之为临民制治之具,几何不谬种流传,陷一世一国于败亡哉? 而岂有毫末之富强幸福可言哉? 夫本源者,宇宙之真理!"

"大本大源"就是救国救民的真理。对于"宇宙之真理"的本源存在何处,毛泽东谈道:"天下之生民,各为宇宙之一体,即宇宙之真理各具于人人之心中,虽有偏全之不同,而总有几分之存在。"也即存在于人们心中。

毛泽东执意探索本源,希望运用本源来解决天下国家的问题。第一,本源可以作为号召,以动天下之人心。第二,可以"摧陷廓清"旧思想、旧道德。第三,可以帮助人们立志、成才,甚至可以使人成为圣人、贤人。第四,可用以改善人己关系,改善社会风气。

正因为"大本大源"有如此巨大的作用,所以毛泽东认为掌握这个方法之后可以提高自己,改造社会。他说,"故愚认为,当今之世,宜有大气量人,从哲学伦理学入手,改造哲学,改造伦理学,根本上变换全国之思想。此如大纛一张,万夫走集雷电一震,阴曀皆开,则沛乎不可御矣"。毛泽东当时还用他所体会的"本源"真理来评价戊戌变法,认为它只是抓住了制度和实业这些"枝节"问题,没有发动"发显"在人人心中的那个"本源",所以失败。

毛泽东追求"大本大源",与杨昌济服膺于朱熹哲学有很大关系。杨昌济虽然使用泡尔生《伦理学原理》做教本,但他也自称"所讲不限西洋之伦理学说,中国先儒如孔孟周程朱张陆王及王船山之学说亦间取之"。《论语类钞》凡三十八条,就是杨昌济自编的教材,其中引据朱子解释《论语》的语录达二十二条之多。

朱熹(1130—1200),南宋哲学家,对经学、史学、文学、乐律以至自然科学皆有贡献。在哲学上发展了程颢、程颐关于理气关系的学说，集理学之大成，建立了一个完整的客观唯心主义的理学体系，世称程朱学派。强调"天理"和"人欲"的对立，要求人们放弃私欲，服从天理。其学说在明清两代被提到儒学正宗的地位。朱熹曾在湖南讲学，因此他的思想对湖南思想界影响深远。

杨昌济欣赏朱熹抓大本大源的观点，并结合蔡元培翻译的二元论著作《哲学要领》关于"宇宙大本与吾人心灵确然同一"的命题，反复给他的学生讲解，要大家理解"宇宙之我大也""宇宙之我，精神之我也"。他启发学生认识抓大本大源的意义。

毛泽东和一批爱国青年对大本大源思想的研究探讨产生浓厚兴趣。蔡和森、张昆等人则认为，倡学攻心，进行哲学伦理学的变革，是改造国民性，再造新社会的根本出路。1918 年夏天，蔡和森在北京筹备留法勤工俭学，毛泽东写了一封信和他商讨救国大计，信里还提醒他不要忘记抓讲学攻心。

随着新文化运动的开展，毛泽东接触了新思想、新文化，对朱熹哲学伦理学的守旧内容越来越不能容忍，但是对朱熹庞大的哲学唯心主义体系，以及朱熹说明问题的方法仍然表示出极大的欣赏，并且形成了以探求"本源"为核心的早期哲学观念。

那么，又该如何获得"本源"呢？这就需要通过学习。朱熹主张做学问要由"积累"而达到"贯通"，凡事都离不开一点一滴地积累，功夫到家之后，自然融会贯通，水到渠成。如若知识积累不多，理会不透，是难以达到豁然贯通的。杨昌济在《论语类钞》第二条引了朱熹的一段话："吾子学乃铢积寸累而得之，若南轩则大本卓然先有见者也。"毛泽东在《讲堂录》中记下了对这段语录的发挥："夫善，积而成者也。是故万里之程，一步所积；千尺之帛，一丝所积。差一步，不能谓之万里;差一丝,不能谓之千尺。朱子学问,铢积寸累而得之,苟为不蓄,则终身不得矣。"他们都强调了知识积累的重要性。

积累知识的目的是为了抓住本源,朱熹特别强调这一点。朱熹批评世之倡学者"不知学之有本",因此学校虽有,而无异于虚设。朱熹把倡学和"定本"联系起来,主张用哲学伦理学塑造人心。毛泽东完全肯定朱熹对倡学目的的看法,反对偶学只抓枝节,舍本逐末,赞同必须以改造人的思想为根本。

毛泽东还认为必须要"有志"。掌握"宇宙之真理"是立志的根本。"真欲立志,不能如是容易,必先研究哲学、伦理学,以其所得真理,奉以为己身言动之准,立之为前途之鹄,再择其合于此鹄之事,尽力为之,以为达到之方,始谓之有志也。"这就是说,只有通过研究哲学与伦理学,掌握了"宇宙之真理",才能明确前进方向和行为准则。

毛泽东肯定地说,"十年未得真理,即十年无志;终身未得,即终身无志",并表示今后"只将全幅功夫,向'大本大源'处探讨。探讨既得,自然足以解释一切,而枝叶扶疏,不宜妄论短长,占去日力"。

虽然青年毛泽东是把贯通大本大源作为"宇宙真理"来探索的,固然属于唯心主义的范畴,但多多少少具备了新的时代哲学伦理学色彩,其目的是为了寻求救国之道,而朱熹强调的终究还是"三纲五常"之本。

第二章　接受并奠定马克思主义哲学基础

　　1918 年 6 月,青年毛泽东从湖南第一师范学校毕业,结束学校读书生活,开始参与社会实践运动。在这期间,他主动搜集和学习马克思主义书籍,同时积极吸收传入中国的种种哲学和社会思潮。经过审慎思考,毛泽东接受了俄国十月革命的影响和马克思主义,在政治上实现了从激进民主主义向马克思主义的转变,哲学立场上实现了从唯心主义向马克思主义哲学的转变,成为一名真正的马克思主义者。毛泽东的政治思想和哲学立场的转变,并不是一蹴而就的,而是在实践斗争中经历了一个艰难的探索过程。

一、迅速地朝着马克思主义方向发展

1918年6月,毛泽东结束了5年半修学储能的师范生时代。这一年他25岁,面临选择人生发展方向的重大问题。两个月前,青年革命团体新民学会在蔡和森家成立。会员大多数已经从学校里毕业或即将毕业,选择什么样的职业才能更好地施展抱负呢?

由于当时湖南的教育环境十分恶劣,皖系首领张敬尧被委任为湖南督军,上任后不仅对全湘施行高压统治,而且对湖南的教育摧残殆尽,知识界几乎到了无学可求的地步。会员们绝大多数都是青年人,都抱着要革新、求进步的热烈愿望,不愿停留在湖南一隅,想到中国乃至世界各处去学习新思想、新文化。当时,毛泽东也主张去求世界的学问。后来他在一封信中说道:"我们同志,应该散于世界各处去考察,天涯海角都要去人,不应该堆积在一处。最好是一个人或几个人担任去开辟一个方面。各方面的'阵',都要打开。各方面都应该有打先锋的人。"

恰好此时,已到北京大学哲学系任教的杨昌济给毛泽东寄来了一封信,信中表示:为弥补第一次世界大战后劳动力短缺的局面,法国政府想在中国招募工人。曾在法国留学的蔡元培、吴玉章等人提出"勤以作工,俭以求学",并组织华法教育学会来主办此事。希望湖南的有志青年参加这一活动。

毛泽东接到信后十分高兴,觉得这是青年同志们的一条出路,便和蔡和森等人商量,决定发动新民学会会员和进步青年赴法勤工俭学。

1918 年 8 月中旬,为落实赴法勤工俭学事宜,毛泽东与 20 多名青年第一次走出了三湘大地,第一次坐火车来到了新文化运动的中心——北京。刚到北京时,毛泽东的主要任务是统筹赴法留学工作,但是为了做好这项工作,必须首先解决北京生活费用来源。同年 10 月,经过杨昌济的热心帮忙,毛泽东在北京大学得到了一份图书馆助理员的工作,月薪 8 元。

毛泽东在时任北京大学图书馆馆长李大钊手下工作,主要工作职责是在刚刚竣工的北大红楼一楼第二报刊阅览室登记和管理新到的报刊,登记阅览者的姓名,并负责打扫卫生。当时,北大图书馆有五个阅览室:第一阅览室置中文杂志;第二阅览室置中外报纸;第三阅览室置外文杂志;第四、第五阅览室置中外书籍。毛泽东管理着天津《大公报》、长沙《大公报》、上海《民国日报》、北京《国民公报》、杭州《之江日报》、沈阳《盛京时报》、北京《导报》(英文)、《"支那"新报》(日文)两种、大阪《朝日新闻》等 15 种中外文报纸,读到许多过去从未读过的书刊。

自 1917 年蔡元培接任北京大学校长以后,力倡"循思想自由原则,取兼容并包主义"的办学理念,马克思主义、无政府主义、实用主义等学说在学校里十分流行,出现了"百家竞起、异说争鸣"生动局面。身处其中的毛泽东能够接触到这么多名流学者和有志青年,自然是他求之不得的,这给他带来的思想价值是不可估量的。

毛泽东同蔡元培、李石曾、吴稚晖、章士钊等思想界名流多次交往。其中,李石曾、吴稚晖是无政府主义的代表人物,毛泽东在同他们进行联络的过程中无疑会受到一些无政府主义思想的影响。无政府主义属于当时的激进思想之一,主要代表人物是德国的施蒂纳、法国的蒲鲁东和俄国的巴枯宁与克鲁泡特金。在政治上,无政府主义标榜反对一切国家和一切权威,反对一切政治斗争和暴力革命;在经济上,主张所谓社会主义革命之后立即实行"各尽所能,各取所需"的绝对平均主义分配原则;在哲学上,鼓吹个人主义人生观,宣扬"个人万能",主张个人绝对自由。

无政府主义的这一套观点在青年学生中有很大的影响。此前,在湖南一师毕业之际,毛泽东就邀请了蔡和森、张昆弟等人,按照克鲁泡特金的互助论思想在岳麓山进行试验,自己拾柴做饭,坚持读书自学,尝试平等友爱的互助生活。进入北大之后,毛泽东不仅同李石曾、吴稚晖进行了交往,并且很快同极力主张无政府主义的青年学生朱谦之建立了紧密的联系,大量学习吸收无政府主义的思想观点,开始讨论无政府主义在中国的实行问题。毛泽东曾经回忆说:"我读了几本无政府主义的小册子,很受影响。我和一个常来看我的北大学生时时讨论无政府主义和它在中国的可能性"。

除了无政府主义,毛泽东还接触了实用主义思想,他邀请胡适等名人和新民学会会员们进行座谈,多次以旁听生的身份旁听过胡适的课堂讲授,参加过胡适关于实用主义的演讲会。实用主义思想产生于美国,杜威是当时是最大代表,而胡适对杜威推崇备至,也是实验主义在中国的极力传播者和思想权威。在认识论上,实用主义否认客观真理,宣扬有用即真理的真理观。在社会历史观上,实用主义否认社会根本变革,主张一点一滴的进化和改良。

1917年,毛泽东读过胡适发表在《新青年》上的《文学改良刍议》之后,就十分崇拜胡适。因此,当胡适谈及实用主义哲学思想的时候,毛泽东自然怀有极大的热情吸收这一新思想。不久,毛泽东在创办的《湘江评论》中,把实验主义、杜威的教育思想等列为文艺复兴以来人类思想解放的重要代表之一。甚至到1920年6月7日,毛泽东还致信黎锦熙,说自己要从柏格森、罗素、杜威"现代三大哲学家"起来研究哲学思想,可见实用主义学说在他的脑海里是占有重要地位的。

为了交流思想和探讨问题,毛泽东还参加了两个著名的学术团体。一个是1918年10月成立的新闻学研究会,该研究会由《京报》社长、著名的新闻工作者邵飘萍发起组织,并主讲有关办报的业务知识,这对毛泽东以后创办《湘江评论》《平民通讯社》等报刊很有帮助。另一个学术团体是北京大学哲学研究会,这个研究会成立于1919年1月,由杨昌济、梁漱溟、胡适等人发起成立。它的宗旨是"研究东西诸家哲学,渝启新知"。毛泽东向来热爱哲学,自然怀着浓厚的兴趣参加了这个学术团体。毛泽东在该研究会学习研究了包括18世纪法国唯物主义在内的东西方哲学名家的著作,大大拓宽了哲学视野。

无政府主义、实用主义学说在青年中很受欢迎,在俄国十月革命胜利的影响下,马克思主义、社会主义、十月革命问题作为一种新学说、新思想,也开始受到思想界的关注。

早在19世纪末20世纪初,马克思主义在中国就有过零星的宣传。1899年2月,上海广学会出版的122号《万国公报》上第一次出现了两个对中国人来说还很陌生的名字,这就是马克思和恩格斯。这篇由英国传教士李提摩太翻译、中国教士蔡尔康撰的《大同学》中说道,"其以百工领袖著名者,英人马克思也"。而后,朱执信、陈望道、马君武、刘师培、江亢虎等人也撰文译述过马克思的学说。一批介绍马克思社会主义学说的日文著作相继被译成中文,在上海出版。但是,马克思主义并未形成一个独立的社会思潮。

十月革命胜利后,李大钊将马克思主义作为独立的社会思潮引入进来。1917年初俄国爆发二月革命之后,李大钊开始研究俄国二月革命的经验以及布尔什维克在革命中的作用,于1917年3月19日到29日先后发表了《俄国革命之远因近因》《俄国共和政府之成立及其政纲》《俄国大革命之影响》三篇文章,这些文章高度重视"二月革命"对"中国政治前途之影响",期待其"以厚我共和政治之势力"。在俄国爆发十月革命后,面对这一人类历史上崭新的政权,李大钊抱着浓厚兴趣,广泛搜集、研究相关资料,从十月革命中积极寻找中国的出路与力量。

李大钊把北京大学图书馆建设成传播十月革命思想与马克思主义的研究中心和教育基地,宣传俄国十月社会主义革命和马克思主义的基地。在1918年,他购置了两万多册中外文书籍,其中相当一部分是介绍社会主义思潮以及俄国十月革命的书刊。

由于工作的关系,毛泽东在北京大学图书馆工作期间,获得了与李大钊深刻交流的机会。毛泽东经常向李大钊请教理论问题,特别是有关马克思主义理论和俄国十月革命的问题。李大钊也热忱地扶持这个出身农村、只有中等师范学历的下属。李大钊对毛泽东提出的问题几乎是有问必答,而且经常主动找到毛泽东,向他推荐新书、介绍一些在各个领域有所专长的名师。这些交流引导了毛泽东走向马克思主义的方向。

为了表示对李大钊的支持,毛泽东在1918年11月亲自到天安门广场听了一场名叫《庶民的胜利》的演说。李大钊在演讲中说道:"1917年的俄国革命,是20世纪中世界革命的先声,世界无产阶级革命的潮流,是只能迎,不可拒的;我们应该准备适应这个潮流,不可抵抗这个潮流。"同月15日,毛泽东又看到李大钊发表的《布尔什维主义的胜利》刊登在《新青年》杂志上面,许多马克思主义观点极为新颖。李大钊所预示的"将来的环球,必是赤旗的世界!"更使毛泽东仿佛看到了中国希望的曙光。

李大钊在撰写这两篇文章时,清醒地认识到国家所面临的困境。一方面,中国虽然作为协约成员国之一,在第一次世界大战后取得战胜国的资格,但是在西方列强的支持下,野心勃勃的日本政府以"参战不力"为理由,从德国手中抢夺了山东权益并使之合法化。当时的西方驻京五国公使也与日本相呼应,宣称"中国因内争故参战不出力,影响及于各国商务甚大"。另一方面,段祺瑞政府反动而黑暗的统治达到了极点,人民生活在水深火热之中,整个国家处于崩溃的边缘。段祺瑞置国家危亡、人民生死于不顾,成立伪国会,致使"国事日非,百吏尸位于朝,万民废业于下"。为支撑其政权,段祺瑞拜倒在外国侵略者的脚下。李大钊认为,十月革命是"劳工主义的胜利",社会主义革命新时代的到来,段祺瑞等反动军阀和官僚政客这些"历史上残余的东西"将被历史潮流所覆灭。

当时,在杨昌济、李大钊的引荐下,毛泽东同新文化运动领袖陈独秀的联系得也十分紧密。自 1915 年毛泽东第一次读到《新青年》之后,就极其崇拜陈独秀,并视其为"偶像"。此时,陈独秀的思想已与创办《新青年》初期有了一个根本性的转变,即由提倡民主科学到直接干预政治、从事政治运动。

1918 年 12 月,陈独秀、李大钊等创办了以谈论时政为主要内容的《每周评论》。《新青年》的宗旨重在输入学理,不批评时政,而《每周评论》恰与此相反,重在批评时事政治。单纯在文化领域里谈来谈去,已不能跟上当前形势的发展和读者的需要,不便于及时地进行政治宣传鼓动。于是,陈独秀和李大钊共同商议创办新刊以弥补《新青年》的不足之处。毛泽东随即成了《每周评论》的热心读者,

"对政治的兴趣继续增长",思想上越来越"信奉马克思主义"。

在北京,毛泽东第一次只短短停留了半年的时间。在极短的时间内,各种新的理论观点和知识要素几乎同一时间涌进毛泽东的知识体系和思想结构当中,他的理论视野急遽拓展。虽然毛泽东对一些思想观点还没有进行深入的梳理和分析,也还没进行筛选和取舍,但可以肯定的是,毛泽东正迅速地接受着马克思主义启蒙。后来,毛泽东也回忆说:"我在北大当图书馆助理员的时候,在李大钊手下,很快地发展,走到马克思主义的路上。"

二、什么力量最强? 民众联合的力量最强

1919 年春天,毛泽东结束第一次北京之旅,与第一批准备赴法的青年离京赴沪。随后,他回到了湖南,在修业小学担任历史教员。毛泽东利用教员的职业性质,广泛和新闻界、教育界人士接触,走访长沙几个主要学校的教师和新民学会会员,向他们讲述自己在北京、上海的新思想和新经验,介绍他所接触的一些值得钦佩的人物。

在毛泽东回到湖南的一个月后,五四运动就轰轰烈烈地爆发了。从 1911 年辛亥革命到 1919 年五四运动前,中国社会已经是火山爆发的前夜,炙热的岩浆已在翻腾,酝酿着最后的爆发。巴黎和会不过是帝国主义列强的分赃会议。美国和其他西方列强只是拿中国问题作为同日本讨价还价的一个筹码,它们不可能也不想使日本在中国问题上全面让步,更绝不愿由此而导致它们在中国的既得利益受损害以至失掉。巴黎和会不顾中国提出的维护国家领土主权的三项提案,背信弃义,把德国在青岛及山东的特权,全部转让给日本。

事实教训了原来对巴黎和会抱有幻想的人,当时的中国充分诠

释了"自古弱国无外交"的定律。北京的学生首先起来用行动表示人民群众对帝国主义的无比愤慨。很快,全国各地青年学生和人民群众积极响应,发展成了有工人阶级、小资产阶级和民族资产阶级参加的全国范围的群众性革命运动。

湖南督军张敬尧立马封锁了这一消息,直到 5 月 9 日人们才从长沙的报纸上看到这场爱国运动的报道。毛泽东积极联系各个方面,突破军阀张敬尧的控制,组织湖南学生联合会,动员各校罢课支援,投身到直接的政治斗争中去。

在领导湖南学生运动过程中,毛泽东深感亟须创办提高群众觉悟的刊物。1919 年 7 月,由毛泽东主编的湖南省学联会报《湘江评论》正式创刊。这份刊物"以宣传最新思潮为主旨",设有"东方大事述评""西方大事述评""湘江杂评""世界杂评"等栏目,全用白话文,每周发行,每刊约 12000 字。

创办一份刊物绝非易事,《湘江评论》在创刊初期几乎是由毛泽东一力承办的,其辛苦程度可想而知。但是,由于"文风新颖,通俗易懂,笔调尖锐,气势磅礴,切中封建统治的要害",这份刊物深受广大青年人的欢迎。创刊号 2000 份当天全部售出,第二天又增印2000 份仍不够,于是第二期改印 5000 份。从发行量来说,可以称得上是"爆款"。

《每周评论》曾对《湘江评论》加以评介说:"《湘江评论》长处是在议论的一方面。《湘江评论》第二、三、四期的《民众的大联合》一篇大文章,眼光很远大,议论也很痛快,确是现今的重要文字。还有湘江大事述评一栏,记载湖南的新运动,使我们发生无限乐观。武人统治之下,能产出我们这样的一个好兄弟,真是我们意外的欢喜。"

在《〈湘江评论〉创刊宣言》中,毛泽东对新思潮表现出热情的欢呼:

　　时机到了！世界的大潮卷得更急了！洞庭湖的闸门动了，且开了！浩浩荡荡的新思潮业已奔腾澎湃于湘江两岸了！顺他的生。逆他的死。如何承受他？如何传播他？如何研究他？如何施行他？这是我们全体湘人最切最要的大问题，即是'湘江'出世最切最要的大任务。

　　毛泽东在呼唤新思潮的同时，基于对社会问题的思考，尖锐地提出了两个极为亮眼的问题并给予了回答：

　　世界什么问题最大？吃饭问题最大。什么力量最强？民众联合的力量最强。什么不要怕？天不要怕、鬼不要怕、死人不要怕、官僚不要怕、军阀不要怕、资本家不要怕。

　　恩格斯曾经指出："人们首先必须吃、喝、住、穿，就是说首先必须劳动，然后才能争取统治，从事政治、宗教和哲学，等等。"吃穿住行等问题的解决，是从事社会发展过程中物质资料生存的基本前提，而物质资料的生产又是满足人类的吃穿住行基本生活需要。

　　此前，毛泽东注重人的精神生活，而此次将"吃饭问题"作为世界最大的问题公开地、响亮地提出，表明了他对物质生活条件对于人类生存和发展所起到的决定性作用的肯定。在创刊宣言中，毛泽东虽然没有在提出"吃饭问题"的同时，继续论述解决这个世界最大问题的方式，即物质资料的生产方式问题。但是，可以比较清楚地看出，毛泽东在理论上肯定了社会物质生活的重要性。

　　毛泽东还运用这一基本观点来分析现实生活中出现的问题。1919年11月14日，长沙发生了轰动一时的赵五贞女士因反对包办婚姻在花轿内用剃刀自杀的社会悲剧,毛泽东立即抓住这一典型事件,在湖南报刊上接连发表了十篇文章,从包办婚姻到剥削制度,层层深入地挖掘造成悲剧的社会根源。他初步揭示了恋爱、婚姻问题对经济基础的依赖关系,认为在剥削阶级统治之下,"恋爱只算附属,中心关系还在经济",以"经济分析"的逻辑认识到了"社会制度之大端为经济制度"。

毛泽东对民众的看法也有所变化。与以往强调自我和极力推崇圣贤不同,他从俄国十月革命和五四运动中开始知道了人民群众所显示出来的巨大力量。在黑暗的中国社会环境中,民众的解放只有通过民众的联合行动才能实现。毛泽东提出了一个激动人心的口号——"民众的大联合"。显然,毛泽东的关注对象已经从"唯我"升华到"民众"了。在发现"自我"的基础上,确立"民众"的主体地位,又是一个思想上的飞跃。

五四运动爆发之后,汹涌澎湃的革命大潮席卷而来,形势的迅速发展根本不允许毛泽东按学生时代的设想,"普及哲学"以改造国民。发动和组织群众已经成为燃眉之急,于是毛泽东撰写了一篇阐述"民众"观点的重磅文章——《民众的大联合》。在这篇文章中,毛泽东详细论述人民必须联合、团结、组织起来以和有组织的统治压迫阶级对抗的极端重要性。

在《民众的大联合》的开篇,毛泽东直截了当地指出:"国家坏到了极处,人类苦到了极处,社会黑暗到了极处。补救的方法,改造的方法,教育,兴业,努力,猛进,破坏,建设,固然是不错,有为这几样根本的一个方法,就是民众的大联合。"毛泽东没有详细研究教育、兴业、建设等具体的改良方式,而是试图在更深层次上开出"民众大联合"这一根本"救国药方",医治国家和社会的诸多沉疴宿疾。

为什么采取民众联合的办法呢？毛泽东用历史事实加以论证。他认为,历史上不论哪一种运动,都要出于一些人的联合。"较大的运动,必有较大的联合。最大的运动,必有最大的联合。"当一种改革遇到反抗的时候,"胜负所分,则看他们联合的坚脆,和为这种联合基础主义的新旧或真妄为断"。辛亥革命之所以没有使中国摆脱半封建半殖民地的状态,原因之一就是没有实行民众的大联合。辛亥革命的功劳是使老百姓意识到皇帝是可以打倒的,民主是可以建设的。但是,民众并没有被联合发动起来。

恰恰相反的是,俄国十月革命正是通过民众的大联合,从而获得了社会改革的胜利。于是,毛泽东从正面列举俄国革命成功的经验,满怀激情地写道:"俄罗斯打倒贵族,驱逐富人,劳农两界合立了委办政府,红旗军东驰西突,扫荡了多少敌人,协约国为之改容,全世界为之震动。"

当大家的目光还一致关注青年学生如何爱国时,毛泽东就敏锐地察觉到"民众联合"的重要性和迫切性,这是他的过人之处。毛泽东在肯定人民群众作用的基础上,对发动和组织群众的方法也提出了新的策略原则:"我们想要有一种大联合,以与立在我们对面的强权者害人者相对抗,而求到我们的利益,就不可不有种种做它基础的小联合。"小联合以各阶层人民的切身利益做基础,大联合以各革命阶级的共同利益做基础。

毛泽东号召占我国人口大多数的农民联合起来,为减轻地租捐税,解决吃饭问题向地主阶级进行斗争,号召学生、教员、妇女等根据自己的切身利益和要求联合起来,进行各种改革和斗争。然后,在小联合的基础上,进行民众的大联合。

毛泽东还分析了贵族资本家"所赖以维持自己的特殊利益,剥削多数平民的公共利益"的原因,认为"第一是知识,第二是金钱,第三是武力"。毛泽东朦胧地认识到贵族资本家与平民的经济和政治利益的对立,但他又把这种经济和政治的对立归于有无知识。

从本质上看,此时的毛泽东还没有接受马克思的激烈的阶级斗争和无产阶级专政的道路,而赞同克鲁泡特金的温和改良主义道路。关于民众联合起来后的行动方法,毛泽东认为存在两种主张:

> 联合以后的行动,有一派很激烈的,就用"即以其人之道还治其人之身"的办法,同他们拼命的倒担。这一派的首领,是一个生在德国的,叫做马克斯。一派是较为温和的,不想急于见效,先从平民的了解入手。人人要有互助的道德和自愿工作。贵族资本家,只要他回心向善能够工作,能够助人而不害人,也不必杀他。这派人的意思,更广,更深远。他们要联合地球做一国,联合人类做一家,和乐亲善——不是日本的亲善——共臻盛世。这派的首领,为一个生于俄国的,叫做克鲁泡特金。

从上述言论可以看出,毛泽东虽然已经从"唯我论"走出来,建立起以民众为本位的世界观,但是选择的救亡与发展的方案是倾向于无政府主义的。因此,只有接受阶级和阶级斗争理论,毛泽东才能真正确立群众史观。

三、阶级专政的方法,是可以预计效果的

在《〈湘江评论〉创刊宣言》中,毛泽东主张:"向强权者为持续的'忠告运动'。实行'呼声革命'——面包的呼声,自由的呼声,平等

的呼声——'无血革命',不主张起大扰乱,行那没效果的'炸弹革命','有血革命'。"毛泽东是站在无政府主义的立场上看待强权问题的。那么,为什么要支持"无血革命""呼声革命"呢?毛泽东希望通过和平、民主的方式达到变革社会的目的,用宣传来改变执政者的思想意识和执政理念。

在他看来,"强权者都是人,都是我们的同类。滥用强权,是他们不自觉的误谬与不幸,是旧社会旧思想传染他们贻害他们。""用强权打倒强权,结果仍然得到强权。不但自相矛盾,而且毫无效力。"然而,军阀统治下的中国社会并不是温和的。

毛泽东的"呼声革命"主张很快在现实中碰壁。1919 年底,毛泽东领导和组织了"驱张运动"和"湖南自治运动",这两个运动是他"呼声革命"的两次大演习。

五四运动爆发后,张敬尧始终敌视湖南人民的爱国运动。1919 年 8 月中旬,《湘江评论》第 5 期刚刚印出,便遭到湖南督军张敬尧的查禁,罪名是宣传"过激主义"。除此之外,张敬尧贪婪残暴、无恶不作,对于学生运动采取各种方式进行镇压,解散学联,甚至上海派来的群众代表也被其派人暗杀了。一位湖南人还特地写了一首顺口溜:"堂堂呼张,尧舜禹汤。一二三四,虎豹豺狼。张毒不除,湖南无望。"

正在从事教育工作和舆论宣传工作的毛泽东无比愤慨,开始考虑发动一场"驱张运动"。1919 年 12 月,毛泽东率领一个几十人组成的驱张请愿代表团抵达北京。这是他的第二次北京之行。与第一次不同的是,这时的毛泽东已不再是一个刚刚走出校门、身无分文的湖南青年,而是湖南全省学生运动的领袖人物。

作为请愿团的团长,毛泽东撰写了大量文稿、请愿书、通讯稿和信件,组织了多次请愿、上书活动,揭露张敬尧的种种罪行,要求把张敬尧驱逐出湖南,把驱张运动推向高潮,产生了全国性的影响。青年毛泽东的名字频繁出现在各种驱张通电和社会新闻报纸上,他的社会活动能力和政治才干越来越受到关注。陈独秀耳闻目睹了毛泽东领导湖南人民开展的"驱张运动",高度赞扬了这群湖南青年的奋斗精神,发表了《欢迎湖南人的精神》一文,对"驱张运动"表示赞许:

> 我曾坐在黑暗室中,忽然想到湖南人死气沉沉的景况,不觉说道:湖南人底精神哪里去了?仿佛有一种微细而悲壮的声音,从无穷深的地底下答道:我们奋斗不过的精神,已渐渐在一班可爱可敬的青年身上复活了。我听了这类声音,欢喜极了,几乎落下泪来。

在"驱张运动"的强大攻势和谭延闿湘军的武力威胁双重压力下,张敬尧于1920年6月被迫离开湖南。驱张运动成功,似乎是"呼声革命"主张在现实中得到了验证。但是,毛泽东没有表示出兴奋和乐观,反倒发出了无奈和担忧的声音:"湖南人消极方面的驱张运动总算将要完结了"。也就是说,在毛泽东看来,这个运动并不是什么胜利,而只是画上了一个无奈的句号。因为,张敬尧被驱逐出湖南的直接原因,并不是改良主义合法请愿活动的胜利,而是军阀混战的结果。

其实,还在"驱张运动"进行的过程中,毛泽东在1920年3月12日和黎锦熙的通信中就谈到了湖南发展前景问题,对"驱张运动"作出了一些反思。信中说:

弟于吾湘将来究竟应该怎样改革,本不明白。并且湖南是中国里面的一省,除非将来改变局势,地位变成美之"州"或德之"邦",是不容易有独立创设的。又从中国现下全般局势而论,稍有觉悟的人,应该就从如先生所说的"根本解决"下手,目前状况的为善为恶,尽可置之不闻不问听他们去自生自灭。这样支支节节的向老虎口里讨碎肉,就使坐定一个"可以办到",论益处,是始终没有多大数量的。——不过,这一回我们已经骑在老虎背上,连这一着"次货"——在中国现状内实在是"上货"——都不做,便觉太不好意思了。

从这封信中可以看出,毛泽东已经比较清楚地意识到,自己所领导的"驱张运动"只是一种零零碎碎的社会改良而不是彻底的社会改造。

"驱张运动"之后,湖南向何处去? 中国究竟应该如何改造? 于是,毛泽东继续致力于"呼声革命"的另一个实践:湖南自治运动。

在张敬尧被赶出湖南的当天,毛泽东在上海《时事新报》上发表《湖南人再进一步》的文章,指出湖南"驱张运动"将要完结,"湖南人应该更进一步,努力为'废督运动'。怎样废去督军,建设民治,乃真湖南人今后应该积极注意的大问题。"

1920 年 9 月起的一个多月时间里,毛泽东连续发表《湖南建设问题的根本问题——湖南共和国》《"湖南自治运动"应该发起了》《为湖南自治敬告长沙三十万市民》等十余篇文章,系统提出湖南自治的具体主张。毛泽东设想废除军阀统治,建立以民为主的真政府;自办银行,自置实业,自搞教育;健全县、乡自治机关,成立工会、农会;保障人民集会、结社、言论、出版自由权利等各种计划。从内容上看,"湖南自治"计划实际上是毛泽东的"新村"式改良试验的翻版。而新村设计是一个不切实际的世外桃源式的空想社会主义蓝图。

我们知道,毛泽东正在向马克思主义转变,但此时他仍然对社会改良抱有期望。毛泽东主张建立独立的"湖南共和国",把湖南建设成为中国的先进地区,不是凭空设想的偶然内心冲动。当时的中国,北洋军阀政府公信力丧失,不仅由于自身腐败完全丧失了管理国家的效能,而且正是这个政权存在的本身,成了国内政治动乱的罪根祸源。人们感到无望的情况下,不得不把希望寄托在地方自治或联省自治上。他曾在第二次赴北京之后去了趟上海,在上海他当面请教过陈独秀,"讨论了我们组织'改造湖南联盟'的计划。然后我回长沙着手组织联盟"。

为了给当时的湖南统治者施压,1920 年 10 月,毛泽东组织了 2 万余人参加的"湖南自治运动"请愿活动,并亲自起草了《请愿书》。湖南督军谭延闿虽然接下了《请愿书》,但在事后断然拒绝《请愿书》的各项要求。当时,因游行队伍扯下了湖南省议会所挂的旗帜和匾额,毛泽东等人险些遭到谭延闿、赵恒惕政府的迫害。这样一场以和平请愿方式进行的自治运动最后不了了之,使得毛泽东感到"专门用口用脑的生活是苦极了的生活"。

"呼声革命"的两次行动均没有取得实效或真正解决问题。在严酷的事实面前,毛泽东对于未能触及反动政权的改良运动开始了冷静地思索。1920 年 11 月底,毛泽东在短时间内连续给向警予、欧阳泽、罗章龙、李思安、张国基、罗学瓒等人写信,畅谈自己的苦闷和新的思考。

在给向警予的信中,毛泽东对一年来领导"驱张运动"和"湖南自治运动"进行了总结。他深刻领悟到:"政治界暮气已深,腐败已甚,政治改良一涂,可谓绝无希望。"他感慨道:一年来,他出了不少力气但是效果不佳,而且"教育未行,民智未启,多数之湘人,犹在睡梦。号称有知识之人,又绝无理想计划。"虽然各种改良主义的设想提出来,但是根本没有起到大的影响和改变。由此,毛泽东明确提出:"另辟道路,另造环境"。

在给罗章龙的信中,毛泽东把"主义"比作"旗子",提出了必须要寻找新的"主义"。他说:

> 中国坏空气太深太厚,吾们诚哉要造成一种有势力的新空气,才可以将他斜换过来。我想这种空气,固然要有一班刻苦励志的"人",尤其要有一种为大家共同信守的"主义",没有主义,是造不成空气的。我想我们学会,不可徒然做人的聚集,感情的结合,要变为主义的结合才好。主义譬如一面旗子,旗子立起了,大家才有所指望,才知所趋赴。

从这些信中可以看出,毛泽东在对自身进行剖析和清算。与此同时,在大洋彼岸的勤工俭学团体中,形成了以蔡和森为首的"革命派"和以萧子升为首的"改良派"。1920年7月,两派成员在法国的小镇蒙达尼展开了一场主题为"改造中国与世界"的辩论会,双方针对救亡图存和改变世界的方式进行了唇枪舌剑的交锋。就如何改造道路的问题,蔡和森和萧子升写信告诉国内的毛泽东。

蔡和森在思考选择何种"主义"的问题过程中,于1920年8月给毛泽东写了一封信,信中认为,在中国实行无政府主义几乎没有可能,因为有两个阶级的存在并且矛盾不可调和。在各种主义中,社会主义是改造现世界对症之方,中国也不能例外;并且强调社会主义的方法就是"阶级战争——无产阶级专政"。

而萧子升依然倾向于无政府主义,"主张温和的革命——以教育为工具的革命,为人民谋全体福利的革命——以工会合社为实行改革革命之方法"。

毛泽东看到这几封信的时候,已经抛弃了实行湖南自治的幻想。经过多方面论证,毛泽东对"主义"问题的看法有了根本性变化,马克思主义思想越来越清晰。1920 年 12 月 1 日,他给蔡和森等在法新民学会会员写了一封信:

> 资本家久握教育权,大鼓吹其资本主义,使共产党人的共产主义宣传,信者日见其微。所以我觉得教育的方法是不行的。我看俄国式的革命,是无可如何的山穷水尽诸路皆走不通了的一个变计,并不是有更好的方法弃而不采,单要采这个恐怖的方法。
>
> 因上各层理由,所以我对于绝对的自由主义,无政府的主义,以及德谟克拉西主义,依我现在的看法,都只认为于理论上说得好听,事实上是做不到的。因此我于子升和笙二兄的主张,不表同意。而于和森的主张,表示深切的赞同。

毛泽东认为,方法必须像俄国一样,组织共产党,进行无产阶级社会主义革命,建立无产阶级专政。这表明,毛泽东同意蔡和森的主张,已经放弃了"呼声革命"主张,决定走俄国式的暴力革命道路,就像他在《〈政治周报〉发刊理由》中说的:"为什么要革命?为了使中华民族得到解放,为了实现人民的统治,为了使人民得到经济的幸福。"

毛泽东则与萧子升的观点产生了严重的分歧,他明确回信表示不赞同萧子升的意见。到 1921 年,他们两人在思想上的分歧已经发展到了不可调和的程度,两个人"越谈越崩"。他们两人其实都为此很伤心,但是无法找到互相协调的基础。

1921 年阳历新年,湖南长沙大雪纷飞。十几个年轻的知识分子来到潮宗街文化书社,参加新民学会举办的长沙学员新年大会。会议是在一个并不起眼的小房子里召开的,但讨论的话题却是改造中国与世界的方法和目的。28 岁的毛泽东在会上作了两次发言。这两次发言,后来以《在新民学会长沙会员大会上的发言》为题,收入《毛泽东文集》第一卷,作为全书开篇。

毛泽东在发言中说出了自己一生中最重要的选择:我赞成用俄国式的革命道路,这是诸路皆走不通了新发明的一条路。毛泽东还将当时解决社会问题的方法概括为社会政策、社会的民主主义、激烈方法的共产主义(即马克思列宁主义)、温和方法的共产主义(即罗素的假共产主义)和无政府主义五种,并一一作了比较、分析,明确提出了解决中国问题的政治主张。他最终认为:"社会政策,是补苴罅漏的政策,不成办法。社会民主主义,借议会为改造工具,但事实上议会的立法总是保护有产阶级的。无政府主义否认权力,这种主义恐怕永世都做不到。温和方法的共产主义,如罗素所主张极端的自由,放任资本家,亦是永世做不到的。激烈方法的共产主义,即所谓劳农主义,用阶级专政的方法,是可以预计效果的,故最宜采用。"

通过对各种主义和思潮的比较、甄别和筛选,毛泽东不断修正自己的思想,抛弃其中错误、空想的成分。最终,他确立了阶级斗争与无产阶级专政观念,与形形色色的改良主义划清了界线,实现了从革命民主主义到马克思主义的根本转变。

四、唯物史观是吾党哲学的根据

十月革命的胜利和五四运动爆发后,马克思、恩格斯、列宁的重要著作被大量翻译成中文并出版发行。《哲学的贫困》《共产党宣言》《〈政治经济学批判〉导言》《雇佣劳动与资本》《资本论》《法兰西内战》《社会主义从空想到科学的发展》《家庭、私有制和国家的起源》《国家与革命》等经典著作在国内迅速传播开来。

随着中国先进分子对马克思主义理论研究的不断深入,中国南北方分别形成了一个宣传马克思主义的中心。北方是北京,南方则是上海。

在北京,1920 年 3 月,李大钊、邓中夏、高君宇等在北京大学发起成立"马克思学说研究会"。蔡元培从北大借了两间屋子给研究会做活动场所,一间当办公室,一间当图书室。图书室取名为"亢慕义斋"。"亢慕义"即英文"Communism"(共产主义)的音译。

马克思学说研究会的主要活动之一是搜集和翻译马克思主义书籍。除向北大图书馆借阅外,还由会员自由捐款购买。李大钊任主任的北大图书馆为研究会从国外购书给予了具体帮助。研究会还"以研究关于马克思派的著述为目的",组织会员翻译马克思主义书籍,并且按专题分十个组进行研究,有唯物史观、阶级斗争、剩余价值、无产阶级专政、社会主义史、俄国革命与建设等。辩论会也是马克思学说研究经常开展的活动。正反两方辩论结束后,作为评判员的李大钊运用唯物史观的观点,证明由资本主义社会转变到社会主义社会,是人类社会发展的规律,不是人的意识和感情所能左右的。

为了系统地介绍马克思主义的唯物史观、政治经济学和科学社会主义,1919 年 9 月和 11 月李大钊先后在《新青年》杂志第 6 卷第 5号、第 6 号上发表了两万多字的长篇文章——《我的马克思主义观》。这篇文章是近代中国人第一篇比较全面、系统地介绍马克思主义的文章,标志着李大钊从民主主义者转变为马克思主义者。在李大钊看来,马克思的社会主义理论是马克思学说的总体,在这个总体之下,有"关于过去的理论",这就是马克思的唯物史观;有"关于现在的理论",这就是马克思的经济学;"有关于将来的理论",这就是马克思的社会民主主义理论,即马克思的革命理论。

关于马克思的第一个伟大发现——唯物史观,李大钊在文章里作了重点阐述。李大钊认为马克思的唯物史观跟以往的唯物史观是有区别的,"马氏用他特有的理论,把从前历史的唯物论者不能解释的地方,与(予)以创见的说明,遂以造成马氏特有的唯物史观,而于从前的唯物史观有伟大的功绩"。李大钊把马克思的唯物史观称为马克思的社会主义理论下的"过去的理论",旨在强调唯物史观是马克思的社会主义理论的哲学基础,是研究马克思的社会主义理论不能不首先要讲的部分。

在李大钊看来,唯物史观之所以重要,就在于马克思的社会主义理论中的每一个部分都需要唯物史观去论证。首先,马克思的社会主义理论要"确定社会组织是由如何的根本原因变化而来的"这一点,需要马克思的历史观去论证;其次,马克思的社会主义理论中要根据社会历史规律去论证现代社会经济组织的不良及其改造的必要性这一点,需要唯物史观去分析、去作解剖研究、去预言"现在资本主义的组织不久必移入社会主义的组织,是必然的运命";最后,马克思的社会主义理论要论证社会主义革命的手段和方法的最终目的是阶级斗争,也需要唯物史观提供方法论的根据。这三个方面都决定了唯物史观对于马克思的科学社会主义理论的重要性和基础性，所以，李大钊说："离了他的特有的史观，去考察他的社会主义，简直的是不可能。"①

1919年12月18日至1920年4月11日期间，毛泽东为驱逐湖南军阀张敬尧一事而再次来到北京。毛泽东同李大钊等人联系密切，开始特别注意搜集和阅读有关马克思主义的文章和中文版马克思主义书籍。这时，毛泽东获得马克思主义书籍的渠道之一正是北京大学的马克思学说研究会。后来，毛泽东回忆了学习这些书籍的情况："我第二次到北京期间，读了许多关于俄国情况的书。我热心地搜寻那时候能找到的为数不多的用中文写的共产主义书籍。有三本书特别深地铭刻在我的心中，建立起我对马克思主义的信仰。我一旦接受了马克思主义是对历史的正确解释以后，我对马克思主义的信仰就没有动摇过。"

在上海，陈独秀也于1920年5月发起成立了马克思主义研究会。这时，陈独秀已经在工界、学界、文化界开展了一系列活动，积极进行革命的宣传和组织工作，自觉地把唯物史观与中国革命实际相结合。陈独秀不仅在1919年12月1日的《告北京劳动界》一文中，肯定了"以其人之道还治其人之身"，即无产阶级专政的必要性，而且在此后半年的文章中反复告诫工人，要起而争自己的统治权。1920年4月2日，陈独秀在上海船务栈房工界联合会作题为《劳动者底觉悟》的演说，指出："世界劳动者的觉悟，计分二步：第一步觉悟是要求待遇改良，第二步觉悟是要求管理权。"所谓"管理权"，正是"要求做工的人自身站在国家、资本家地位，是要求做工的人自己

---

① 何萍：《新文化运动与马克思主义哲学中国化的开启》，《学术月刊》2022年第1期。

起来管理政治、军事、产业和第一步觉悟时仅仅要求不做工的人对于做工的人待遇改良大不相同"。陈独秀高度评价劳动工人的历史地位,彰显了群众史观。

为了揭露张敬尧的罪恶,毛泽东在1920年5月又从北京来到上海。在上海期间,毛泽东听说陈独秀住在老渔阳里2号,便多次前往拜访。二人谈了很多,讨论了对于马克思主义的信仰,讨论了湖南改造等问题。对于还在苦苦思索中国革命前途的毛泽东来说,陈独秀的信仰起到了良好的酵母作用。诚如毛泽东后来对斯诺所言:我第二次到上海去的时候,曾经和陈独秀讨论我读过的马克思主义的书籍,陈独秀谈到他自己的信仰的那些话,"在我一生中可能是关键性的这个时期,对我产生了深刻的印象","他对我产生的影响也许超过其他任何人"。

除了同李大钊和陈独秀加强思想上的交流,毛泽东还一直和新民学会会员蔡和森保持着频繁的联系。1920年底,毛泽东收到了蔡和森写来的一封信,主要讨论成立共产党的问题,他联系国际共产主义运动的发展史,进一步与毛泽东讨论了共产主义运动的问题,同时给毛泽东介绍了唯物史观。当时,蔡和森已经完成了《共产党宣言》《社会主义从空想到科学的发展》《国家与革命》《无产阶级革命与叛徒考茨基》《共产主义运动中的"左派"幼稚病》等书的翻译工作,成为新民学会中第一个马克思主义者。

在给毛泽东的信中,蔡和森以何种史观为人生哲学、社会哲学的出发点进行了探讨:"现在世界显然为两个敌对的阶级世界,学说亦显然画了鸿沟。自柏拉图统御以来的哲学思想,(人生哲学,社会哲学)显然为有产阶级的思想。其特点重理想轻生活,重精神轻物质。马克思的唯物史观,显然为无产阶级的思想。以唯物史观为人生哲学、社会哲学的出发点,结果是与有产阶级的唯理派相反,故我们今日研究学问,宜先把唯理观与唯物观分个清楚,才不至堕入迷阵。"蔡和森所反对的"唯理派"和"唯理观",正是唯心主义。

蔡和森根据唯物史观批驳了社会改良主义和无政府主义,进一步论述了无产阶级专政和建立共产党组织的必要性。他认为,共产党领导革命必须以唯物史观为其思想先导,并且在信中列出了两个公式:

俄社会革命出发点＝唯物史观。

方法＝阶级战争＋阶级专政。

俄国革命同唯物史观画上等号,这表明了中国人开始认识到唯物史观对社会革命的重要意义。毛泽东读完蔡和森的信后,对这番观点大加赞赏。虽然这时蔡和森对唯物史观的理解还是比较幼稚的,主要是片面强调物质条件的决定作用,但态度和立场是十分鲜明而坚定的。毛泽东表示"没有一个字不赞成"。

毛泽东在1921年1月21日的回信中,直截了当地指出:"唯物史观是吾党哲学的根据,这是事实,不像惟理观之不能证实而容易被人摇动。"这标志着毛泽东在思想上已确立了唯物史观。

在信中,毛泽东发挥了蔡和森的"把唯理观与唯物观分个清楚"的主张,进一步提出了以是否立足于事实而得到证实作为划分唯理观与唯物观的界线,认为唯物观因为立足于事实而"能证实",唯理观则由于不立足于事实而"不能证实"。这里的"能证实"或"不能证实",也就是能否得到现实的实践和经验的支持。

毛泽东进而以无政府主义为例,说明了何谓"不能证实而容易被人摇动"。他说:"我现在不承认无政府的原理是可以证实的原理,有很强固的理由。一个工厂的政治组织(工厂生产分配管理等),与一个国的政治组织,与世界的政治组织,只有大小不同,没有性质不同。工团主义以国的政治组织与工厂的政治组织异性,谓为另一回事而举以属之另一种人,不是故为曲说以冀苟且偷安,就是愚陋不明事理之正。况乎尚有非得政权则不能发动革命,不能保护革命,不能完成革命,在手段上又有十分必要的理由呢。"这就以近代工业组织的实践活动,来说明无政府主义国家理论由于不立足于事实而"不能证实",因此在理论上是站不住脚的。在毛泽东看来,唯理观如同无政府主义那样,不能立足于事实而"不能证实";而唯物史观与之相反,是立足于事实而"能证实"的唯物观。

毛泽东唯物史观的形成是一个动态的、不断吸收、构建的过程。他在错综复杂的革命形势下看清了事物发展本质,提出了"唯物史观是吾党哲学的根据"重要论断,为中国共产党坚持以马克思主义为指导思想奠定了基础。此后,毛泽东更是以唯物史观作为革命建设的行动指南不断在国内推进新的实践。

五、立起"主义"这面"旗子"

经过一系列实践的洗礼,毛泽东毫不动摇地捍卫马克思主义,他也越来越意识到建立革命性政党组织的重要性。这种建党自觉与陈独秀、李大钊、蔡和森等中国早期共产主义者的思想认识是同步的。

1921年3月,李大钊发表了《团体的训练与革新的事业》一文,总结世界革命的大势和苏俄十月革命的经验,分析辛亥革命后中国社会的实际状况,公开提出了中国共产党的政党观念。他指出:"我们现代还要急急组织一个团体。这个团体不是政客组织的政党,也不是中产阶级的民主党,乃是平民的劳动者的政党",即是以"第三国际为之中枢","与各国 C 派(指共产主义派——引者注)的朋友相呼应"的共产主义组织。"中国现在既无一个真能表现民众势力的团体,C 派的朋友若能成立一个强固的精密的组织,并注意促进其分子之团体的训练,那么中国彻底的大改革,或者有所附托!"

与李大钊的观点一样,陈独秀也主张在中国建立列宁领导下的布尔什维克党式的政党。1920 年 11 月 7 日,陈独秀选择"十月革命"纪念日这一天创办了理论刊物——《共产党》。这份刊物第一次在中国大地上竖起"共产党"的大旗,阐明了中国共产党人的基本政治主张,围绕着"为什么建党""建设什么样的党""党的任务是什么"等一系列基本问题进行宣传阐释。

在《共产党》的发刊词《短言》中,陈独秀大声疾呼:"我们只有用阶级战争的手段,打倒一切资本阶级,从他们手中抢夺来政权;并且用劳动专政的制度,拥护劳动者底政权,建设劳动者的国家以至于无国家,使资本阶级永远不至发生。"

其间,陈独秀、李大钊、李达等利用《共产党》月刊等为阵地,先后与反对马克思主义阶级斗争学说的张东荪和梁启超、坚持无政府主义的黄凌霜和区声白展开了坚决的斗争,讨论了什么是社会主义、中国要不要社会主义、中国需要什么样的社会主义等问题。

在南陈北李相约建党的同时,旅法的蔡和森和毛泽东也探讨着建党的问题。1920 年 8 月,蔡和森明确提出要"旗鼓鲜明成立一个共产党","中国于二年内须成立一主义明确方法得当和俄一致的党",要毛泽东早有所准备。

为了扩大马克思主义宣传和传播新文化,1920 年 7 月,毛泽东从上海返回长沙后办了两件大事。第一件事是创办文化书社。1920年7月31日,湖南《大公报》第二版刊印了毛泽东起草的《发起文化书社》。文章以简练犀利的笔触写道:"没有新文化由于没有新思想,没有新思想由于没有新研究,没有新研究由于没有新材料。湖南人现在脑子饥荒实在过于肚子饥荒,青年人尤其嗷嗷等哺","不但湖南,全中国一样尚没有新文化。全世界一样尚没有新文化。一枝新文化小花发现在北冰洋岸的俄罗斯。"可见,毛泽东已将俄国十月革命的胜利当作学习榜样。

由于书社经营的都是进步书刊,受到青年人的追捧。随着影响力越来越大,书社购销书籍的品种越来越多,经营了近300种书刊报纸,比如《新青年》《劳动界》等,销售火爆。这些革命进步书刊,把马克思主义传播到湖南各地,唤醒并提高了湖南青年的革命觉悟。后来,文化书社成为毛泽东建党建团工作及与外省党团组织联络的重要场所,中国共产党成立之后还成为湖南党组织对外联络的秘密机关。

毛泽东做的第二件事情是成立俄罗斯研究会。如何研究俄国十月革命、组织赴俄勤工俭学,是毛泽东一直思考的问题。毛泽东曾对自己选择去法国留学还是去俄国留学的问题作了认真的思考和比较,他认为"俄国是世界上第一个文明国",俄国十月革命开辟了人类历史发展的新纪元,中国人也应该学习俄国十月革命的经验,走俄国人的道路。自己应该选去俄国留学,而不是法国。毛泽东虽然决心去俄国留学,但是并不打算马上动身。为了保证学习效果,他计划待做好准备后再出国留学。他在谈到自己的计划时说:"预计一年或者二年,必将古今中外学术的大纲,弄个清楚,好作出洋考察的工具,然后组一留俄队,赴俄勤工俭学。"

虽然赴俄国学习的愿望始终未能实现,但是为了研究俄国经验,毛泽东在 1920 年 9 月正式成立了"以研究关于俄罗斯之一切事情为主旨"的俄罗斯研究会。会员们发表了不少宣传十月革命的文章，同时经毛泽东推荐,湖南的《大公报》连续转载了上海《共产党》月刊等外地报刊上的一些重要文章,对湖南进步青年发生了广泛的影响。

毛泽东还一直牵挂着新民学会发展走向问题。为了解决新民学会的思想分化问题,毛泽东在思想、组织上对新民学会进行了整顿,确保学会思想的纯洁性和统一性。1920 年 11 月,毛泽东在给新民学会会员罗章龙的信中指出,为了在中国造成"一种有势力的新空气","固然要有一班刻苦励志的'人',尤其要有一种为大家信守的'主义'。没有主义,是造不成空气的","主义譬如一面旗子,旗子立起了,大家才有所指望,才知所趋赴"。这里提到的主义,毋庸置疑是马克思主义。

在编辑新民学会通信集时,毛泽东把学会会员们世界观转变之前的通信都编在了第一集和第二集当中,而讨论共产主义和马克思主义的信件均编在第三集中。他在第三集的序言里专门提到以讨论共产主义为重点,虽然信件数量不多,但是"颇有精义"。尤其是他写的《新民学会紧要启事》,反映了他对新民学会思想分裂的思想的组织清理。《启事》认为有五种人应该从学会中清除:

> 有牵于他种事势不能分其注意力于本会者;有在他种团体感情甚洽因而对于本会无感情者;有自身毫无向上之要求者;有缺乏团体生活之兴趣者;有行为不为会友之多数满意者。本会对于有上述情形之人,认为虽曾列名为会友,实无互助互勉之可能。为保持会的精神起见,惟有不再认其为会员。并希望以后介绍新会员入会,务求无上列情形者。

在这里,毛泽东突出强调的核心就是学会的"精神",即大多数会员已经信仰的马克思主义和共产主义。新民学会实现了彻底转型,一批对马克思主义信仰坚定的革命者逐渐聚拢到一起。

尽管主张温和改良的萧子升等部分成员与多数会员分道扬镳了,但学会的 74 名成员中,先后加入共产党的有 31 人,其中不少人此后还在党内担任过重要领导职务。在 1921 年 7 月中国共产党成立之后,新民学会完成了历史任务,停止了会员活动。对此,萧子升曾感慨:"一九二〇年,新民学会出现了分裂,在毛泽东领导下,那些热衷共产主义的人,形成了一个单独的秘密组织。"

这个"秘密组织",正是长沙共产党早期组织。1920 年 8 月,陈独秀等在上海成立了共产党发起组,"预备在一年之中,于北平、汉口、长沙、广州等地,先成立预备性质的组织"。因此,长沙一开始就列入了陈独秀的建党计划。11 月间,毛泽东便收到了陈独秀、李达的来信,接受正式委托。他们还将上海成立共产党早期组织、机器工会以及《中国共产党的宣言》起草等情况,随时告知毛泽东,寄来了《共产党》月刊和社会主义青年团章程。经过慎重思考,毛泽东、何叔衡、彭璜等六人在建党文件上签了名,秘密创建了长沙共产党早期组织。

在筹组长沙共产党早期组织的同时,毛泽东还根据中共发起组的委托,进行湖南社会主义青年团的组建工作。1920 年 10 月,毛泽东开始在第一师范、商业专门学校、第一中学的在校学生中寻觅团员的对象。发展团员的工作是谨慎的,比如他在 1920 年 11 月 21 日会见建团工作骨干张文亮的时候,就反复叮嘱其"宜注重找真同志,只宜从缓,不可急进"。此后,他多次与张文亮商谈青年团成立大会事宜,并计划等陈独秀来湖南时再开,后因陈独秀未来长沙,青年团成立会于 1921 年 1 月 13 日召开。湖南社会主义青年团于 1921 年 1 月 13 日正式成立,毛泽东任书记,成立时有团员 16 人,到 7 月份发展到 39 人。

　　长沙共产党早期组织特别重视建党思想、建党原则等问题。毛泽东一方面以新民学会为依托,以马克思主义研究会、文化书社、俄罗斯研究会的名义,开展马克思主义宣传活动。此外,他还通过第一师范工人夜校,领导工人进行斗争。李达后来回忆称:在党第一次代表大会期间,代表们在住所交换各地工作经验,"当时党的工作很注重马列主义的宣传与工人运动两项,长沙小组的宣传与工运都有了初步成绩,从当时各地小组的情形看,长沙的组织是比较统一而整齐的"。

　　就这样,毛泽东周围集聚了一批马克思主义者,在大力宣传和弘扬马克思主义基础上,有效地组织领导了湖南的重大政治运动,逐步形成了科学的建党理念,最终在长沙成功创建了中国共产党早期组织。由于长沙地区党组织建设工作扎实有效,党的队伍不断发展壮大,为中国共产党的创建作出了重要贡献。

第三章　运用哲学智慧初步探索民主革命基本问题

　　从建党到大革命时期是马克思主义哲学启蒙传播的重要时期。先前马克思主义哲学在中国的传播主要局限在理论层面,而这一阶段马克思主义哲学在中国革命中得到初步应用。以毛泽东同志为主要代表的中国共产党人,力图将理论和实际相结合,将阶级斗争理论作为探求中国命运的认识工具,从实际出发对中国国情进行分析,撰写了《中国社会各阶级的分析》和《湖南农民运动考察报告》,初步回答了中国革命的基本问题。

一、革命的三民主义不死

在中国共产党诞生之后,毛泽东在湖南积极从事建立地方党团组织、发展党团员、组织工人运动等方面的工作。在革命实践过程中,他所贯彻的一条主线,就是实事求是地观察分析中国国情。

党的一大制定了党的最高纲领,即建立共产主义,但是并没有能够有效地提出符合我国国情的革命目标。为了解决这一问题,党的二大在中国近代史上第一次明确提出了反帝反封建的民主革命纲领,还规定了中国共产党的最低纲领。党的最低纲领,即党在当前阶段也就是民主革命阶段的纲领是:消除内乱,打倒军阀,建设国内和平;推翻国际帝国主义的压迫,达到中华民族完全独立;统一中国为真正的民主共和国。

针对当时国情,党的二大宣言作出重要判断,虽然辛亥革命已经获得胜利,"中国名为共和","实际上仍在封建式的军阀势力统治之下,对外则为国际资本帝国主义势力所支配的半独立国家"。

在第一次世界大战结束后,帝国主义列强经济逐渐复苏,重新加紧对中国的新一轮侵略。1921 年 11 月至 1922 年 2 月,美、英、日、法、意、中、荷、比、葡九国代表召开华盛顿会议。华盛顿会议所讨论的关于中日两国的山东问题悬案、关税自主问题、治外法权的废除问题等,无一不牵扯到中国人日益敏感的民族主义神经。中国知识阶层对于华盛顿会议及其议题的关注程度超乎美国人的想象,认为几乎是一件生死攸关的事情。然而,中国人对此次会议的期待越高,失望就越大。时任中央局书记陈独秀深刻揭露出,华盛顿会议的本质就是帝国主义列强的分赃大会,难以带来真正的和平。

为了揭露了华盛顿会议进行侵略扩张的实质和其瓜分中国的阴谋,1922年1月底,共产国际在莫斯科召开远东各国共产党及民族革命团体第一次代表大会,广泛宣传了列宁关于民族和殖民地问题理论,提出共产国际对殖民地半殖民地的策略由建立无产阶级专政、反对一切资产阶级,转变为建立反帝反封建、各阶级联合的统一战线。这对帮助中国共产党人认清中国国情和制定民主革命纲领起了很大作用。

同时,国内封建军阀割据、混战局面愈演愈烈。"入则有老弱待哺之忧,出则无立业谋生之地,行则逢掳身丧命之变,居则罹举家冻馁之祸,灾害深于水火,困苦甚于倒悬。"直系军阀先后以冯国璋、曹锟、吴佩孚为首领,得到英美的支持。奉系是以张作霖为代表的奉天省军阀集团,在日本支持下控制着东北。皖系是以段祺瑞、徐树铮为代表的安徽省籍军阀集团,依附日本。为争夺北京政府控制权,直皖战争、第一次直奉战争等相继爆发,中国陷于极度混乱、战乱频繁的境地。因此,打倒祸国殃民的北洋军阀,结束军阀割据和混战的黑暗局面,实现国家的独立、统一,成为中国社会各阶层的共同呼声。

基于对当前革命形势的客观认识,毛泽东在担任中共湖南支部、湘区委书记和中国劳动组合书记湖南分部主任期间,于1923年4月发表了一篇重要文章——《外力、军阀与革命》。

这篇文章实事求是地剖析了党的二大后的国情,阐述了为反对帝国主义和军阀势力,必须建立以中国共产党和国民党进步势力为核心的革命民主统一战线的道理。

"中国的统一到底能实现吗?"

围绕着这个疑问,毛泽东对国内的三种派别进行了分析:第一类是革命的民主派,这一派中当属国民党的力量最强大,而新兴的共产党也在快速成长。第二类是非革命的民主派,这一派包括研究系、知识派、商人派等。研究系有由原进步党首领梁启超、汤化龙组织的宪法研究会;知识派有胡适、黄炎培等人;商人派有上海总商会会长及全国纱厂联合会副会长聂云台、上海德大等纱厂经理穆藕初。第三类是反革命派,主要是和外部势力勾结的北洋军阀直、奉、皖的三大军阀派系。

根据革命的民主派和反动的军阀派的力量对比,毛泽东特别提醒革命的人们:"目前及最近之将来一个期内,中国必仍然是军阀的天下:政治更发黑暗,财政更发紊乱,军队更发增多,实业教育更发停滞,压迫人民的办法更发厉害。质言之:民主的脸面更发抓破,完全实施封建的反动政治,这样的期会要有十年八年都说不定。"

虽然如此,毛泽东根据国内外政治经济形势大胆预料,国共合作的民主派终究要战胜军阀派的光明前途:

> 我们从内外政治经济的情势上,可以断定中国目前及最近之将来,必然是反动军阀支配的天下。这个期内是外力和军阀勾结为恶,是必然成功一种极反动极混乱的政治的。但政治愈反动愈混乱的结果,是必然要激起全国国民的革命观念,国民的组织能力也会要一天进步一天。一面西南各省终不能为北方统一,虽然也不免是些小军阀,但终究还是革命分子存匿之地。这个期内,民主派分子是一天一天增加,组织一天一天强固。结果是民主派战胜军阀派,中国的民主独立政治在这个时期才算完成。
>
> 我们只知道现在是混乱时代,断不是和平统一时代,政治是只有更反动更混乱的;但这是和平统一的来源,是革命的生母,是民主独立的圣药,大家不可不知道。

从五四时期倡导民众大联合,到这时主张建立联合阵线,毛泽东的思路是连贯的。不久召开的党的三大也印证了毛泽东判断的准确性。

根据形势的发展和共产国际的指示,党的三大的中心议题是讨论共产党同国民党合作、建立革命统一战线的问题,讨论全体共产党员应否加入国民党的问题。大会在讨论这个议题时,发生了激烈的争论,出现了两种错误倾向。

一种是以张国焘为代表的"左"倾关门主义倾向。张国焘不相信能够把国民党改造成为统一战线的组织,反对全体共产党员加入国民党,也反对在工人、农民中发展国民党的组织。认为工人阶级只能在"自己政党的旗帜下"进行革命,"若加入资产阶级性的国民党组织,便不免有混乱无产阶级思想的危险"。

另一种是以陈独秀为代表的右倾机会主义倾向。陈独秀在批评张国焘"左"倾观点的同时,却散布了许多吹捧资产阶级、贬低无产阶级的右倾观点,甚至提出了"一切工作归国民党"这样明显地放弃无产阶级领导权的错误意见。

毛泽东在党的三大上多次发言,同意党内合作的形式。"在中国,资产阶级革命行不通。所有反帝运动都是由饥寒交迫者而不是由资产阶级发动的",因此"我们不应该害怕加入国民党"。同时,毛泽东不赞成"左"的和右的两种错误倾向。针对张国焘的发言,毛泽东根据粤汉铁路、安源煤矿、长沙泥木工人等在罢工中注意团结各方面人士的经验,论证了建立革命统一战线的必要性。

最终,大会通过的《关于国民运动及国民党问题的议决案》,一方面强调共产党员加入国民党的必要性:"中国共产党须与中国国民党合作,共产党党员应加入国民党。"另一方面又强调共产党员应在政治上、组织上要保持一定的独立性。

在这次大会上,陈独秀被选为中央局委员长,毛泽东第一次进入中国共产党的领导核心,被选为中央局秘书。这时他三十岁,刚好是"而立"之年。

实行国共合作,既是国共两党反对帝国主义和封建军阀的共同需要,也是两党各自发展的需要。孙中山从兴中会到同盟会,再从辛亥革命到二次革命、护国运动、护法运动,深刻认识到依靠军阀搞革命是不行的,并于 1924 年 1 月 20 日,在中国国民党第一次全国代表大会上宣布实行"联俄、联共、扶助农工"三大政策。毛泽东出席了国民党一大,当选为国民党中央候补执行委员。

但是,仅一年后孙中山逝世,国民党左派与右派进一步分化。1925 年 8 月,国民党左派领袖廖仲恺被暗杀,国民党内部逐渐形成了以蒋介石、戴季陶、胡汉民为代表的新右派。戴季陶先后出版《孙文主义之哲学的基础》《国民革命与中国国民党》等小册子,反对马克思主义的阶级斗争学说,要求已加入国民党的共产党员"脱离一切党派,作单纯的国民党党员"。同年 11 月,国民党内老右派邹鲁、谢持等自行召开所谓"国民党一届四中全会",非法宣布取消共产党员的国民党党籍,解除鲍罗廷的顾问职务,形成西山会议派。

在这一危急时刻,时任国民党中央宣传部代理部长的毛泽东,出席了中国国民党广东省第一次代表大会。在大会上,毛泽东精准把握大势,极力维护国共合作关系。他为《广东省党部代表大会日刊》写了《发刊词》,大声呼吁大家继承孙中山的遗志:"孙中山先生应乎中国被外力军阀买办地主阶级重重压迫的客观环境,为我们定下了革命的三民主义。我们的伟大领袖虽死,革命的三民主义不死。"

事实的发展正如毛泽东所判断的那样,虽然此时国共两党的矛盾火种不断燃烧,但是在军阀势力的强大压力下,两党除了携起手来打倒北洋军阀,已别无选择。1926年7月9日,伴随着"打倒列强,除军阀"的口号声,北伐战争正式开始,一场规模空前的国民大革命席卷了大半个中国。在北伐过程中,国共两党基本上是团结的,能够集中力量对敌,仅用时一年就基本消灭了吴佩孚、孙传芳的军队,重创了张作霖的军队,沉重地打击了北洋军阀的统治。

二、谁是我们的敌人,谁是我们的朋友

1925年8月,毛泽东重游橘子洲,感慨万千,写下了著名的《沁园春·长沙》:

> 独立寒秋,湘江北去,橘子洲头。看万山红遍,层林尽染;漫江碧透,百舸争流。鹰击长空,鱼翔浅底,万类霜天竞自由。怅寥廓,问苍茫大地,谁主沉浮?
>
> 携来百侣曾游。忆往昔峥嵘岁月稠。恰同学少年,风华正茂;书生意气,挥斥方遒。指点江山,激扬文字,粪土当年万户侯。曾记否,到中流击水,浪遏飞舟?

"问苍茫大地,谁主沉浮?"这仰天长问,凝结了毛泽东对中华民族将走向何方的深深思考。此时,"谁是我们的敌人,谁是我们的朋友?"是眼前面对的首要问题。

1925年,第一次国共合作推动的反帝反封建大革命风起云涌,很快就形成了以五卅运动为标志的轰轰烈烈的工人农民运动的革命高潮。但是,在国共合作的统一战线阵营中,并不是铁板一块,各种

反革命势力、伪革命势力暗中涌动。

国民党内部分化加剧,右派反对共产党及其领导的工农群众的阶级斗争。共产党内一些人对局势把握不准,认识混乱,也出现了两种错误倾向。

1925年12月,毛泽东发表了《中国社会各阶级的分析》的著名文章,是毛泽东新民主主义基本思想萌芽的重要标志,也是指导中国革命的纲领性文献之一。"谁是我们的敌人,谁是我们的朋友?"这一著名论断正是出自这篇文章。

《中国社会各阶级的分析》是《毛泽东选集》的首篇。在收文时,毛泽东对这篇文章的写作背景作出说明:"是为反对当时党内存在着的两种倾向而写的。"当时党内的第一种倾向,以陈独秀为代表,只注意同国民党合作,忘记了农民,这是右倾机会主义。第二种倾向,以张国焘为代表,只注意工人运动,不注意团结国民党内的革命力量,同样忘记了农民,这是"左"倾机会主义。

这两种机会主义虽然"倾"的方向不同,但他们都感到了自己力量不足,不知道到何处去寻找力量,到何处去取得广大的同盟军,同时也没有真正弄清革命的"敌人"是谁。

如果无产阶级革命没有找到和确立领导力量,又没有找到可靠的支持力量,那么革命的胜利将无从谈起。

那么,究竟该采取什么方法弄清谁是"敌人",谁是"朋友"呢?马克思、恩格斯在《共产党宣言》中给出了答案:"至今一切社会的历史都是阶级斗争的历史。"因此,毛泽东想要对中国社会各阶级结构进行系统分析,他说:

中国过去一切革命斗争成效甚少,其基本原因就是因为不能团结真正的朋友,以攻击真正的敌人。革命党是群众的向导,在革命中未有革命党领错了路而革命不失败的。我们的革命要有不领错路和一定成功的把握,不可不注意团结我们的真正的朋友,以攻击我们的真正的敌人。我们要分辨真正的敌友,不可不将中国社会各阶级的经济地位及其对于革命的态度,作一个大概的分析。

依据唯物史观关于社会存在决定社会意识、经济地位决定政治态度的基本原理,毛泽东在对国民革命时期阶级结构进行细致调研后,写下了《中国社会各阶级的分析》这篇说理透彻、思想深刻的著作。具体阶级分析如下:

第一,地主阶级和买办阶级。在经济落后的半殖民地的中国,地主阶级和买办阶级完全是国际资产阶级的附庸,其生存和发展,是附属于帝国主义的。这些阶级代表中国最落后的和最反动的生产关系,阻碍中国生产力的发展。他们和中国革命的目的完全不相容。特别是大地主阶级和大买办阶级,他们始终站在帝国主义一边,是极端的反革命派。其政治代表是国家主义派和国民党右派。

第二,中产阶级。这个阶级代表中国城乡资本主义的生产关系。中产阶级主要是指民族资产阶级。他们对于中国革命具有矛盾的态度:他们在受外资打击、军阀压迫感觉痛苦时,需要革命,赞成反帝国主义反军阀的革命运动;但是当革命在国内有本国无产阶级的勇猛参加、在国外有国际无产阶级的积极援助时,对于其想要达到大资产阶级地位的想法产生威胁时,他们又怀疑革命。其政治主张为实现民族资产阶级一个阶级统治的国家,他们反对以阶级斗争学说解释国民党的民生主义,并且他们反对国民党联俄和容纳共产党及左派分子。但是这个阶级的企图——实现民族资产阶级统治的国家,是完全行不通的,因为现在世界上的局面,是革命和反革命两大势力作最后斗争的局面。这两大势力竖起了两面大旗:一面是红色的革命的大旗,第三国际高举着,号召全世界一切被压迫阶级集合于其旗帜之下;一面是白色的反革命的大旗,国际联盟高举着,号召全世界一切反革命分子集合于其旗帜之下。那些中间阶级,必定很快地分化,或者向左跑入革命派,或者向右跑入反革命派,没有他们"独立"的余地。所以,中国的中产阶级,以其本阶级为主体的"独立"革命思想,仅仅是一个幻想。

第三,小资产阶级。这部分人主要包括"自耕农,手工业主,小知识阶层——学生界、中小学教员、小员司、小事务员、小律师,小商人等"。

小资产阶级有三个不同的部分:

一是有余钱剩米的,即用其体力或脑力劳动所得,除自给外,每年略有剩余。这种人胆子小、怕官,也有点儿怕革命。因为他们的经济地位和中产阶级较为接近。因此非常相信中产阶级的宣传,对于革命采取怀疑的态度。这一部分人在小资产阶级中占少数,是小资产阶级的右翼。

二是在经济上大体上可以自给的。这种人,因为受帝国主义、军阀、封建地主、买办大资产阶级的压迫和剥削,必须每天起早散晚,对于职业加倍注意,方能维持生活。他们对于反帝国主义反军阀的运动,存在着是否能够成功的怀疑,不肯贸然参加,采取了中立的态度,但是绝不反对革命。这一部分人数甚多,大概占小资产阶级的一半。

三是生活下降的。这一部分人好些原先是家境殷实的人家,渐渐变得生活下降了。这种人因为他们过去过着好日子,后来逐年下降,负债渐多,逐渐过着凄凉的日子。这种人在精神上感觉的痛苦很大。因此,是比较倾向于革命的,是小资产阶级的左翼。到革命潮流高涨、可以看得见胜利的曙光时,不但小资产阶级的左派参加革命,中派也来参加革命,即右派分子受了无产阶级和小资产阶级左派的革命大潮所裹挟,也只得附和着革命。

第四,半无产阶级。包含绝大部分半自耕农、贫农、小手工业者、店员、小贩等五种。绝大部分半自耕农和贫农是农村中一个数量极大的群体。所谓农民问题,主要就是他们的问题。他们一般都受地主、资产阶级的剥削,生活困苦、叫苦不迭。因此,他们对于革命宣传极易接受。

第五,无产阶级。这部分人在当时约 200 万人,主要为铁路、矿山、海运、纺织、造船五种产业的工人,而其中较大的一个数量是在外资产业的奴役下。这个阶级人数虽不多,"却是中国新的生产力的代表者,是近代中国最进步的阶级,做了革命运动的领导力量"。

第六,游民无产者。主要是失了土地的农民和失了工作机会的手工业工人。他们是人类生活中最不安定者,在各地都有秘密组织。这一批人很勇敢、有破坏性,如引导得法,可以变成一种革命力量。

在对中国各个阶级及其对革命的态度逐一进行分析后,毛泽东得出了"敌"和"我"的重要判断:

> 可知一切勾结帝国主义的军阀、官僚、买办阶级、大地主阶级以及附属于他们的一部分反动知识界,是我们的敌人。工业无产阶级是我们革命的领导力量。一切半无产阶级、小资产阶级,是我们最接近的朋友。那动摇不定的中产阶级,其右翼可能是我们的敌人,其左翼可能是我们的朋友——但我们要时常提防他们,不要让他们扰乱了我们的阵线。

　　1925 年秋,找到了可以依靠的力量和同盟军的毛泽东内心十分激动,于是把经过多次修改的《中国社会各阶级的分析》寄给党的最高领导人陈独秀,让他推荐在党的机关报上发表。

　　出乎意料的是,这篇呕心沥血的经典之作却得不到陈独秀的认可。陈独秀拒绝发表这篇文章。对于这段经历,毛泽东记忆深刻,1939 年在与美国记者斯诺谈话时说道:

　　　　我那时文章写得越来越多,在共产党内,我特别负责农民工
　　作。根据我的研究和我组织湖南农民的经验,我写了两本小册
　　子,一本是《中国社会各阶级的分析》,另一本是《赵恒惕的阶级
　　基础和我们当前的任务》。陈独秀反对第一本小册子里表达的
　　意见,这本小册子主张在共产党领导下实行激进的土地政策和
　　大力组织农民。陈独秀拒绝在党中央机关报刊上发表它。

　　毛泽东是中国农民的儿子。因为他生在农村,对农民的疾苦最为了解。早年他做过农村调查,了解中国的社会状况、阶级状况,对农民的社会地位和蕴藏的革命性的认识也最为深刻;对中国革命的动力在哪里,最为清楚。

　　而陈独秀在农民问题的认知上存在偏差,对农民的认识是否定多于肯定的。1923 年,陈独秀在《资产阶级的革命与革命的资产阶级》一文中就把中国资产阶级划分为三部分,即革命的、反革命的和非革命的。在《中国农民问题》一文中陈独秀又分析了中国农村的阶级状况。他依据经济地位的不同划分出地主、自耕农、半益农和农业无产阶级四个类别,其中又细分为十个等级。陈独秀对中国农村阶级状况的分析仅仅局限于其经济地位,他至多只看到农民所遭受

的痛苦,却没有看到由此决定的农民的革命态度。

当陈独秀在《中国国民革命与社会各阶级》一文中试图将经济地位和革命态度结合起来对中国社会各阶级作全面分析的时候,却得出目前农村的社会革命是"决不能实现的幻想"的错误结论。将各阶级对比后,他认为:"殖民地半殖民地的各社会阶级固然一体幼稚,然而资产阶级的力量毕竟比农民集中,比工人雄厚。"因此,只有资产阶级是民主革命的领导者。

陈独秀之所以在对中国社会的认识上步入歧途,与他对马克思主义理论机械的、僵化的、教条主义的理解是分不开的。而毛泽东是从中国社会的实际出发,绝不是从马克思主义原有的结论出发,自始至终都贯穿着唯物史观的基本原理。

《中国社会各阶级的分析》虽然未能得到陈独秀的肯定,但是真理一定会被绝大多数人所接受。1925 年 12 月,国民革命军第二军司令部政治部编辑的半月刊《革命》第 4 期刊登了该篇文章。1926 年 2 月,《中国农民》第 2 期全文转载。要知道,《中国农民》可是当时国民党农民部主办的全国性刊物,具有很强的社会影响力。

可以说,毛泽东是在陈独秀、李大钊的影响下成为马克思主义者的,他原本对陈独秀十分敬重,但此时陈独秀的形象在他的心目中产生了动摇。通过此次事件,陈独秀身上的光环在毛泽东的眼里逐渐褪去。毛泽东开始不再对陈独秀抱有幻想,"大致在这个时候,我开始不同意陈独秀的右倾机会主义政策。我们逐渐地分道扬镳了。"

三、农民问题乃国民问题的中心问题

美国著名的毛泽东研究专家施拉姆将毛泽东在建党以后的六年

经历,大致分为三个阶段:

> 前两年他在湖南从事工人运动的组织工作,这一阶段可称
> 作他的"工人"时期。此后的 1923 年和 1924 年,他作为中国共
> 产党中央委员会委员和中国国民党上海执行部的一个成员,在
> 广州和上海工作,这一阶段可称作他的"组织者"时期。最后,
> 正如大家都知道的,他在 1925 年至 1927 年主要从事农民运动,
> 这一阶段可称作他的"农民"时期。①

1925 年至 1927 年期间,"农民"二字越来越多地出现在毛泽东的文章论述中。毛泽东清晰地看到了蕴藏在农民中的伟大力量,逐渐将工作重心转移到了农民身上。

在少年时,毛泽东就怀有浓厚的农民情结。他不喜欢读传统经书,而是喜欢读《水浒传》《三国演义》之类的小说。读了这些故事后,毛泽东对农民有了朦胧的思考:为什么小说里所有人物都是"武将、文官、书生","从来没有一个农民做主人公"?

经过思考,毛泽东得出了一个答案。原来这些主人公"是不必种田的,因为土地归他们所有和控制,显然让农民替他们种田"。此后,毛泽东立志发奋读书,常对人说:我们将来也要写书,写农民和工匠的书,把农民和工匠写成英雄豪杰。

自接触马克思主义之时起,毛泽东把农民感情上升到对农民、农业生产和农民问题最初的理性认识。1919 年 7 月 28 日,他在《民众的大联合》一文中,号召农民联合起来,解决自己的问题:"种田的诸

---

① 参见[美]斯图尔特·R.施拉姆:《毛泽东的思想:从学生运动到农民运动》,田松年、杨德译,中国人民大学出版社 2005 年版。

君！田主怎样待遇我们？租税是重还是轻？我们的房子适不适？肚子饱不饱？田不少吗？村里没有没田作的人吗？这许多问题，我们应该时时去求解答。应该和我们的同类结成一个联合，切切实实彰明较著的去求解答。"

在党的创建初期，毛泽东虽然把关注的重心放在工人运动上面，但依然没有忘记农民的重要性。1923年党的三大上，领导湖南工人运动卓有成效的毛泽东，在党内第一个提出农民运动问题。毛泽东向大会指出，湖南工人数量很少，国民党员和共产党员更少，可是满山遍野都是农民，因而得出结论，任何革命，农民问题都是最重要的。他还举例子说明中国历代的造反和革命，每次都是以农民暴动为主力。中国国民党在广东有基础，无非是有些农民组成的军队，如果我们党也注重农民运动，把农民发动起来，也不难形成像广东这类的局面。

党的四大确立无产阶级要在国民革命中掌握领导权的思想后，毛泽东利用1925年2月至8月回家乡韶山养病的机会，总结实践中的经验教训，开始深入思考谁是无产阶级最合适、最可靠的同盟军这一极具战略性的重大问题。

回湖南后，毛泽东和夫人杨开慧一道在乡下四处走走看看，做了广泛的社会调查。当听说小学同学钟志申在1918年曾发动过抗缴"烟灶捐"的斗争、赶走了当地恶霸成胥生的团丁时，毛泽东很是兴奋。他后来回忆道："以前我没有充分认识到农民中间的阶级斗争的程度"，这次回韶山后，才体会到"湖南农民变得非常富有战斗性"，于是"发动了一个把农村组织起来的运动"。

毛泽东首先对农民进行了思想启蒙教育。他巧妙地利用当时湖南省长赵恒惕推行"平民教育"的时机，以普及平民教育为由开始创办农民夜校。在讲课时,根据毛泽东的课程安排,通常会注意结合农民群众的特点,尽量做到通俗易懂,且要注重启发阶级觉悟,比如夜校教员在讲解"手"和"脚"这两个字的时候就说,世人都有手和脚,农民辛苦劳作创造了世界上的一切财富,最后却两手空空,而富人肩不能扛、手不能提却吃的是山珍海味,穿的是绫罗绸缎,这都是由于地主阶级对农民的长期统治和剥削造成的。农民夜校注重进行三民主义和马克思主义的启蒙教育。

在毛泽东的领导下,农民的阶级觉悟不断提高,开始为争取自己的利益而斗争,最著名的是被誉为"韶山神话"的"平粜阻运",即在荒年缺粮时组织农民群众反对大地主囤积居奇,抬高米价的斗争。

有了这次直接领导农运的实践,毛泽东对农民问题的认识便随之深入一层。他认为成立农民协会的条件基本成熟,一夜之间,韶山挂起了20多个乡农民协会的木牌。同时,他还建立起中共韶山支部、共青团韶山支部、国民党区分部以及反帝爱国组织雪耻会,到宁乡、安化、益阳等地调查农运情况,帮助各地建立共产党组织。

1925年11月21日,毛泽东在填写《少年中国学会改组委员会调查表》中的信息时,明确地写道:"研究社会科学,现在注重研究中国农民问题"。从此,毛泽东郑重地公开宣布其探索的主攻方向已由过去注重工人运动转向中国农民问题。这是从指导中国革命的思想到实践都具有深远意义的转变,对于全党整个中国革命从战略上发生了重大的深远的影响。

国共合作以后,中共中央虽然成立了农民部,但工作主要是在国民党的旗帜下进行的。国民党成立了有共产党人参加的国民党中央农民部,其后成立了以林伯渠为主席,毛泽东、萧楚女、阮啸仙、宋子文等九人组成的中央农民委员会,以辅助农民部的工作。

　　1924 年 7 月,在共产党的推动下,国民党中央执委会和农民部在广州开办农民运动讲习所。1926 年 3 月,毛泽东被任命为第六届农民运动讲习所所长。此前已有五届毕业生,最初的主办人是彭湃。广州农民运动讲习所为中国农民运动培养和输送了一大批中坚力量和业务骨干,对后来中国革命产生了广泛而深刻的影响,因此被誉为"农民运动大本营""中国农民运动的黄埔军校"。

　　这一届农民运动讲习所无论是招生规模还是培养质量,都是前所未有的,对中国的革命发展起到积极的促进作用。教学内容都是有关中国革命的基本知识,教员大多是有实际工作经验的农民运动领导者。毛泽东亲自讲授"中国农民问题""农村教育""地理"三门课,其中"中国农民问题"授课时间最多。

　　在课堂上,毛泽东总结了中国农民斗争的历史,特别是辛亥革命以来的历史经验,认为在此之前,中国革命党人都没有注意研究农民问题,辛亥革命、五卅运动之所以失败,在于"完全未得三万万二千万之农民来帮助和拥护"。他还主编了《农民问题丛刊》,主要介绍中国农村政治、经济和各阶级的情况,各地特别是广东农民运动的经验、中国国民党的农民政策,以及苏俄和其他国家的农民运动。

　　毛泽东非常注重理论与实践的结合。他强调,学员要参与农村实际研究,深入开展农民调查。他带领学员奔赴农村实习,并将全体学员按地区组成了 13 个"农民问题研究会",列出租率、田赋、主佃关系、抗粮情形等 36 个项目,使学员全面掌握农村的政治、经济情况。同时,彭湃领导的以广东海丰为中心的东江农民运动最为成功。为了直观感受农民运动的成果,1926 年 8 月,毛泽东组织农民运动讲习所的师生,到东江实习了两周,大大地加深了全体师生对农民运动的了解、认知。

为了配合北伐战争,第六届农民运动讲习所于 1926 年 9 月结束,学员们分赴各地,投身到了农民运动之中。在历届学员的推动下,各地农民运动风起云涌,有力地支援了北伐战争。

在理论上,毛泽东先后发表了多篇考察农村的文章,深入、细致地研究和解决了中国革命的同盟军的理论问题。比如,1926 年 1 月,毛泽东在《中国农民》第 1 期上发表了《中国农民中各阶级的分析及其对于革命的态度》一文,通过马克思主义的阶级分析法,去认识、辨析农民问题。

毛泽东将农村居民分为大地主、小地主、自耕农、半自耕农、半益农、贫农、雇农及乡村手工业者、游民等 8 个阶级,并就各个阶级对革命的态度进行了比较深入的科学分析,初步形成了关于中国农村阶级分析的理论。

1926 年 9 月 1 日,《农民问题丛刊》第 1 辑出版时,毛泽东为其撰写了《国民革命与农民运动——〈农民问题丛刊〉序》,论述了农民运动与国民革命的关系,开篇第一句就直截了当地写道:"农民问题乃国民革命的中心问题"。

为了阐明这一中心主题,毛泽东紧接着写道:

农民不起来参加并拥护国民革命,国民革命不会成功;农民运动不赶速地做起来,农民问题不会解决;农民问题不在现在的革命运动中得到相当的解决,农民不会拥护这个革命。——这些道理,一直到现在,即使在革命党里面,还有许多人不明白。他们不明白经济落后之半殖民地革命最大的对象是乡村宗法封建阶级(地主阶级)。经济落后之半殖民地,外而帝国主义内而统治阶级,对于其地压迫榨取的对象主要是农民,求所以实现其压迫与榨取,则全靠那封建地主阶级给他们以死力的拥护,否则无法行其压榨。所以经济落后之半殖民地的农村封建阶级,乃其国内统治阶级国外帝国主义之唯一坚实的基础,不动摇这个基础,便万万不能动摇这个基础的上层建筑物。中国的军阀只是这些乡村封建阶级的首领,说要打倒军阀而不要打倒乡村的封建阶级,岂非不知道轻重本末? ……因此,乃知中国革命的形势只是这样:不是帝国主义军阀的基础——土豪劣绅、贪官污吏镇压住人民,便是革命势力的基础——农民起来镇压住土豪劣绅、贪官污吏。中国革命只有这一种形式,没有第二种形式。……因此,乃知所谓国民革命运动,其大部分即是农民运动。

文章一经发表,很快引起了中国社会各方面的注意。在党中央工作的瞿秋白更是要求中央宣传部依据毛泽东此文的意见增添宣传内容,后来这篇序言被收入《毛泽东文集》第一卷。

从《国民革命与农民运动——〈农民问题丛刊〉序》这篇文章来看,毛泽东这一时期关于农民问题与中国革命关系的论述相较于党内对农民问题的认识,其高超之处在于,依据历史唯物主义的基本观点,透过帝国主义、军阀统治这一现象,指出中国政治的本质在于帝国主义、军阀统治的上层建筑,坚实的基础是乡村封建阶级。因此,在半殖民地半封建的中国,民主革命的最大对象是乡村封建阶级,而要动摇这一深厚的、坚实的基础,则必须动员最广大的农民加入到国民革命中来。

四、"糟得很"和"好得很"

1927年1月4日,34岁的毛泽东身着一袭蓝布长衫,脚穿草鞋,动身前往当时农民运动发展最为迅猛的湖南,开启实地考察农民之旅。这是关系到解决中国革命中重大理论和实践问题的一次极为关键的考察。

中国是农业大国,农民占全国人口的绝大多数。近代以来,农民成为中国革命最基本的力量,农民问题解决得好坏直接关系到国运兴衰。正如1936年毛泽东所说:"谁赢得了农民,谁就会赢得了中国,谁解决土地问题,谁就会赢得农民"。

1926年11月,毛泽东从广州到上海,担任中共中央农民运动指导委员会书记,负责领导全国的农民运动。他在主持中央农委工作后第一件要做的事情,就是制定《目前农运计划》。计划提出,农民运动要首先在那些具备条件而又在国民革命中具有重要意义的地方大力开展起来。"在目前状况之下,农运发展应取集中的原则。全国除粤省外,应集中在湘、鄂、赣、豫四省发展;次则陕西、四川、广西、福建、安徽、江苏、浙江七省亦应以相当的力量去做。"为此,毛泽东立即赴长江沿岸一带考察,联络江西、湖南、湖北诸省国民党省党部,商办武昌农民运动讲习所事宜。

随着北伐战争的胜利进军,农民运动蓬勃兴起,掀起了以湖南为中心的农村革命大风暴。当年11月底,湖南已经有54个县建立了农民协会组织,会员达107万人;截至1927年1月,会员增加到了200万人。湖北、江西等省的农民运动也有了很大的发展。

从根本上看,农民运动动摇了帝国主义在中国的统治,打击了几千年来封建势力的统治基础。这时,同地主豪绅有千丝万缕联系的国民党右派,包括北伐军中的一些军官开始坐不住了,纷纷污蔑农民运动"破坏了社会秩序",是"痞子运动","扰乱了北伐后方",甚至说农民运动"糟得很"。

农民运动到底好还是不好?针对这一问题,中国共产党内部出现了"糟得很"与"好得很"两种思想认识,展开了激烈的交锋。

1926 年 12 月 13 日至 18 日,中共中央在汉口召开特别会议,毛泽东以中央农委书记身份参加了这次会议。共产国际代表鲍罗廷和陈独秀认为:"各种危险倾向中最主要的严重的倾向是一方面民众运动勃起之日渐向'左',一方面军事政权对于民众运动之勃起而恐怖而日渐向右。这种'左'右倾倘继续发展下去而距离日远,会至破裂联合战线,而危及整个的国民革命运动。"

根据这个分析,会议规定当时党的主要策略是:限制工农运动发展,反对"耕地农有",以换取蒋介石由右向左;同时扶持汪精卫取得国民党中央、国民政府和民众运动的领导地位,用以制约蒋介石的军事势力。这种策略无疑将农民阶级置于孤立无援的地步,不敢支持已经起来和正在起来的伟大的农民革命斗争。

在这次会议上,陈独秀还指责湖南农民运动"过火""动摇北伐军心""妨碍统一战线"。当农民运动的关键时刻,陈独秀担心农民运动会破坏国共合作的统一战线,被国民党的反动潮流所吓倒。

此时,党内必须有人保持清醒的头脑和无畏的批驳勇气。在关键时刻,毛泽东站了出来!

当面对复杂的问题需要作出决断时,毛泽东历来主张从调查研究入手,把事实先切实地弄清楚。早在湖南第一师范学校求学时期,毛泽东就利用 1917 年暑期时间,与同学萧子升漫游了长沙、宁乡、安化、益阳、沅江五个县,历时一个月,行程九百余里,沿途接触了城乡各阶层人员。第二年春天,他又和蔡和森沿洞庭湖南岸和东岸,经湘阴、岳阳、平江、浏阳几县,游历了半个多月。

这一次,为了说服陈独秀为首的右倾机会主义者,也为了进一步研究农民运动理论与实际的关系,毛泽东决定继续采用调查研究的方式。他从 1927 年 1 月 4 日开始陆续考察了湖南省的湘潭、湘乡、衡山、醴陵、长沙等五县,历时 32 天,行程 1400 余里。

毛泽东召集有经验的农民和从事农运工作的同志开调查会,仔细倾听他们的意见,获得了许多"见所未见,闻所未闻"的实际材料。他亲身感受到,农民们第一次当家作主,成立农会,打土豪、分田地,农村大地出现了新气象。2 月 16 日,他就考察湖南农民运动的情况写了份报告给中共中央。调查湖南农民运动的亲身经历,使毛泽东有足够的底气和自信坚持正确观点。毛泽东认为:"在各县乡下所见所闻与在汉口在长沙所见所闻几乎全不同,始发见从前我们对农运政策上处置上几个颇大的错误点。"党对农运的政策,应注意以"农运好得很"的事实,纠正政府、国民党、社会各界一致的"农运糟得很"的议论;以"贫农乃革命先锋"的事实,纠正各界一致的"痞子运动"的议论;以从来并没有什么联合战线存在的事实,纠正农协破坏了联合战线的议论。这些基本观点,构成了《湖南农民运动考察报告》的主要内容。

1927 年 3 月,《湖南农民运动考察报告》正式面世,回击了当时对农民运动的责难,赞扬农民运动"好得很",成就了"奇勋";农会的所谓"过分"举动具有"革命的意义"。

如果说毛泽东在 1925 年撰写的《中国社会各阶级的分析》,为我们解释了我们的革命斗争为什么必须重视农民问题的原因,那么,现在这篇文章就为我们解释了我们的革命斗争为什么要重视农民问题的原因,且为我们指出了农民运动在革命斗争中到底发挥了什么样的作用。

在总结党的历史经验时,毛泽东将大革命末期党对农民问题的研究归于党的农民工作的第一个时期,并总结道:"我们许多同志从平面看农村,不是立体地看农村,就是说,不懂得用阶级观点看农村。"而在考察湖南农民运动时,他正是以"解剖各种社会阶级"为主要调查方法向同志们做了正确示范。

根据唯物史观的阶级观点,毛泽东认为中国农村"是有富的,有贫的,也有最贫的,有雇农、贫农、中农、富农、地主之分"。与《中国社会各阶级的分析》比较来看,这一次以经济地位的不同对农民进行了更加细致的划分,将农民分为了富农、中农和贫农。继而通过进一步划分湖南农民运动发展的进程,来探析各阶层农民的革命态度,以保证能更好地团结革命的朋友。

在革命对象中,毛泽东着重分析了地主阶级。在中国,地主阶级遍布广大农村。一方面,它依附于帝国主义、封建军阀以保障其在封建专制统治中的基础性地位;另一方面,它也是帝国主义、封建阶级实现其统治的社会基础,也就是毛泽东所形容的"帝国主义、军阀、贪官污吏的墙角"。因此,"农民的主要攻击目标是土豪劣绅,不法地主,旁及各种宗法的思想和制度,城里的贪官污吏,乡村的恶劣习惯"。

那么,要"推翻地主武装,建立农民武装",究竟依靠谁才能真正把农民的作用发挥出来?

报告将湖南农民运动分为两个时期来进行分析。第一时期是

1926年1月至9月，即组织时期，又将组织时期分为秘密活动时期和公开活动时期，此时的农民运动还没有成为社会焦点，富农武断认为农民协会办不起来，中农认为农民协会未必立得起来，持怀疑和观望的态度。第二时期是1926年10月至1927年1月，即革命时期，此时农民有了正确的组织，造成了一个"空前的农村大革命"，富农受形势所迫，"慢慢地进了农会"，但"入会后，也并不热心"，中农虽然也不是很积极，但比富农要好一些。而关于贫农，首先，他们的经济地位最低，是"乡村中一向苦战奋斗的主要力量"；其次，他们的政治立场最坚定，"毫不迟疑地向土豪劣绅营垒进攻"；最后，他们的意识形态最进步，"最听共产党的领导"，"取得了农会的领导权"。因此，贫农无论是在秘密时期还是在公开时期、革命时期都是最积极的。

因此，我们可以得出答案，农村阶级各阶层的革命态度是：富农多和小地主阶级站在一边，其革命的态度"始终是消极的"；中农是半自耕农，其革命的态度是"游移的"；贫农是农民中极艰苦者，是"最革命"。贫民正是革命的中坚力量。

那么又该如何做才能彻底推翻地主阶级的压迫，才有建立自己政权的可能呢？毛泽东说："革命不是请客吃饭，不是做文章，不是绘画绣花，不能那样雅致，那样从容不迫，文质彬彬，那样温良恭俭让。革命是暴动，是一个阶级推翻一个阶级的暴烈的行动。"

在报告中，毛泽东始终贯穿着相信群众、依靠群众、放手发动群众的革命思想。他认为，要推翻统治中国几千年根深蒂固的封建地主权力，必须充分发动和组织起亿万农民群众，在农村掀起一个大的革命高潮，并依靠革命的暴力，坚决打倒地主豪绅，相信农民群众自己会解放自己。

实际上，中国农民也具备这样的力量，湖南农民运动就是"乡村的民主势力起来打翻乡村的封建势力",并在几个月内就做到了。毛泽东由农民运动不容小觑的实力,得出论断:"中国国民革命最大部分目标是解放农民,以完成民主革命。"

毛泽东在报告里还提出了十四件大事,第一件就是"将农民组织在农会里"。经过考察,他把农民的组织程度分为四个等级,分别为:"差不多都组织起来了""尚有一小部分没有组织""组织起来了一小部分"以及"还未组织起来"。但整体来看,农会组织的发展速度是惊人的。毛泽东分析道:"这种惊人的加速度的发展,是所以使一切土豪劣绅贪官污吏孤立,使社会惊为前后两个世界,使农村造成大革命的原因。"

由于在整个上层建筑中,政治上层建筑居主导地位,政治斗争是其他一切斗争的基础,所以在"将农民组织在农会里"。之后,便是第二件"极严重极紧要的斗争",即"政治上打击地主","把农民权力长上来"。

除了在政治上打击地主,经济、文化等领域的斗争也要紧随其后相继展开,进而逐步确立农会的合法性地位,最终帮助农民群众推翻土豪劣绅的封建统治,建立革命政权。

1927年3月,《湖南农民运动考察报告》最先在中共湖南区执行委员会机关报《战士》周报、中共中央机关刊物《向导》周报、汉口《民国日报》等报刊上连载。这是《毛泽东选集》的第二篇文章,中央局委员瞿秋白为这本书写了热情洋溢的序言。在这篇序言里,瞿秋白还给了毛泽东和彭湃一个称号:"农民运动的王!"

这份报告在国外也广受欢迎。《共产国际》的俄文版和英文版先后转载了《向导》刊印的《湖南农民运动考察报告》。英文版的编者按说:"在迄今为止的介绍中国农村状况的英文版刊物中,这篇报道最为清晰。"当时共产国际执委会主席布哈林评价报告"文字精练,耐人寻味"。

在历史的紧要关头,这篇报告在实地调研掌握社会真相的基础上,用唯物史观之"箭",去射农民运动之"的",运用阶级观点、生产力理论和群众观点,分析了中国农民阶级的革命属性,总结出组织群众、武装群众的具体方法,为革命进一步指明了方向,推动了农村大革命运动的继续发展。

正因为有了这样的基础,在随后蒋介石、汪精卫相继背叛革命的极为险恶的形势下,中国共产党才能够领导工农群众,从 1927 年大革命的失败中成功地转向土地革命战争。

五、枪杆子里出政权

在大革命失败前夕,毛泽东怀着苍凉悲壮之情登上蛇山,面对滔滔奔涌的长江水流,心潮起伏。他预感到风云将要突变,一场大劫难很快就要来临,看到领导者陈独秀依然茫然无知而无力改变,于是通过《菩萨蛮·黄鹤楼》这首词表达出内心的忧虑:

> 茫茫九派流中国,沉沉一线穿南北。
> 烟雨莽苍苍,龟蛇锁大江。
> 黄鹤知何去?
> 剩有游人处。
> 把酒酹滔滔,心潮逐浪高!

写词时,毛泽东的夫人杨开慧正在他身边,评价道:"这首词真好,前几句太苍凉了,后几句一变而显得昂扬,激动,我听了心绪也难平。"

毛泽东叹息道,目前武汉的这个局势,叫人心绪怎么静得下来!不过,我想,办法总会是有的。这就是我们所熟悉的毛泽东,不管遇到多大的困难,不管面对的形势有多危急,他都信念不灭,豪情不减,意志不衰。

在《湖南农民运动考察报告》中,毛泽东旗帜鲜明,坚定地选择了自己的立场,希望彻底革命,站到"一切帝国主义、军阀、贪官污吏、土豪劣绅"的对立面。

同时,蒋介石也态度明确,站在了广大人民群众的对立面。早在1926年3月、5月,蒋介石就先后制造了中山舰事件、整理党务案事件,打击共产党人和工农革命力量,并暴露出其建立专制独裁政权的野心。他于1926年8月25日在日记中写下这样一段文字——"他党在内捣乱,必欲使本党纠纷分裂,可切齿也。"

随着北伐的进行,长江流域特别是江浙一带的买办资产阶级和各国列强看到北洋军阀走向失败,也把自身利益的希望寄托于蒋介石为代表的新兴军事集团的身上。北伐军打到南京、上海后,蒋介石感到羽翼丰满,便计划对共产党亮出明晃晃的大刀,一场血雨腥风即将发生。

1927年4月12日,蒋介石首先在上海发动骇人听闻的四一二反革命大屠杀。凌晨,大批上海青帮流氓冒充工人,袭击各区的工人纠察队。国民革命军第二十六军借调解之名,解除了工人纠察队的武装。13日,上海工人和市民召开10万人的群众大会,要求释放被捕工友,交还纠察队被缴枪械。队伍进行到宝山路时,第二十六军突然冲出,向密集的人群扫射,当场打死100多人,伤者不计其数。

4月18日,蒋介石在南京成立国民政府,建立了代表大地主、大资产阶级利益的"国民政府"。暗藏在武汉国民政府内部的阴谋家汪精卫迅速同蒋介石勾结,发动七一五反革命政变。7月15日,汪精卫不顾宋庆龄等国民党左派的坚决反对,在武汉召开"分共"会议,宣布与共产党决裂,公开叛变革命。随后,在武汉地区又提出"宁可枉杀一千,不可使一人漏网"的反动口号,所有工会、农会等革命团体被查禁、解散。

至此,第一次国共合作彻底破裂,轰轰烈烈的国民大革命遗憾地以失败告终。

1927年大革命失败,中国共产党经受了自创立以来从未有过的巨大挫折:共产党员和革命群众遭到反动派的疯狂屠杀,党员数量由大革命高潮时期的近6万人急剧减少到1万多人,党的活动被迫转入地下。毛泽东后来曾形象地比喻说:"被人家一巴掌打在地上,像一篮鸡蛋一样摔在地上,摔烂很多。"

危急关头,共产党究竟何去何从? 中国革命的出路在哪里? 严峻的现实问题摆在了毛泽东等人面前。

1927年7月12日,根据共产国际执行委员会的指示,中共中央政治局进行了改组,停止了陈独秀等人的中央领导职务,由张国焘、李维汉、周恩来、张太雷、李立三组成了中共中央临时政治局常委会。陈独秀从此离开中共中央最高领导岗位。

为了挽救革命,政治局临时常委会毅然决定了三件大事:将党所掌握和影响的部队向南昌集中,准备发动武装起义;组织工农运动基础较好的湘、鄂、赣、粤四省农民发动秋收起义;召集中央紧急会议,讨论和决定大革命失败后的新方针。

8月7日,即南昌起义后的第六天,具有伟大历史意义的八七会议召开了。20多人参加了会议,危难之中能到会的中央委员不及半数,因此不能称为中央全会,只能叫中央紧急会议。

参会同志对大革命失败的原因和教训做了认真总结。大革命失败,客观上是由于反动势力过于强大、统一战线出现剧烈分化、蒋汪集团投入反革命阵营,主观上则是革命经验不足,难以摆脱共产国际的错误指导,出现了右倾错误,放弃了对革命尤其是武装力量的领导权。

瞿秋白代表中央常委作党的新任务的报告。他分析了当前的形势,阐述了党的策略。指出:"七月十三日我党的宣言是党的新政策之开始","土地革命已进到最高点,要以我们的军队来发展土地革命"。"农民要求暴动","我们必须要燃着这爆发的火线,造成土地革命"。"在此种形势之下,我们的策略是独立的工农阶级斗争"。为了使这一斗争策略能够实现,他还提出三项具体方针:第一,"我们更要注意与资产阶级争领导权";第二,"要纠正过去错误,要注意群众,要由下而上";第三,"在革命暴动中组织临时革命政府,此政府仍用国民党的名义,但我们要占多数,成为工农民权独裁的政权"。

在会议讨论中,许多同志批评中央在处理国民党问题、农民土地问题、武装斗争问题等方面的右倾错误。有的同志还批评了苏联顾问、共产国际代表的一些错误。第一个站起来发言的是身穿长袍的毛泽东,发言次数最多的也是毛泽东,共有七次发言。他在发言中着重讲了三个问题:一是领导权问题,二是农民问题,三是军事问题。

关于领导权问题,他有一个很形象的比喻,他将国共两党的合作比喻为共同建造了一座房子。我们虽然"像新娘子上花轿一样"扭扭捏捏、勉勉强强地搬进了房子,但是"始终无当此房子主人的决心",即忽视了争取革命领导权。关于农民问题,他批评了忽视农民运动的偏向。关于军事问题,他说,"从前我们骂中山专做军事运动,我们则恰恰相反,不做军事运动专做民众运动。蒋唐(指蒋介石和湖南军阀唐生智)都是拿枪杆子起的,我们独不管"。"以后要非常注意军事,须知政权是从枪杆子中取得的。"蒋介石通过一次一次的事变,跟共产党人翻脸,屠杀共产党人,电报几乎都是"见电立决""斩立决""立决",让共产党人真正认识到什么叫枪杆子。

在八七会议上,毛泽东提出了"枪杆子里出政权"这一重要论断。这一论断是中国共产党从大革命失败的血的教训中取得的,它指出了中国革命的特点,实际上提出了以创建人民武装、军事斗争作为党的工作重心的问题。

毛泽东从主张"呼声革命""无血革命"到主张"暴力革命",并最终提出"枪杆子里面出政权",其间所经历的转变和洗礼,对我们党来说,同样是一个付出巨大、得之不易的珍贵过程。

受五四运动的影响,毛泽东在长沙创办了《湘江评论》,第一期的创刊宣言由毛泽东亲自撰写,创刊宣言里写道:"我们承认强权者都是人,都是我们的同类,滥用强权是他们不自觉的谬误,是旧社会、旧思想传染他们,贻害他们。用强权打倒强权,结果仍然得到强权,不但自相矛盾,而且毫无效率。"很显然,青年时期的毛泽东对"暴力革命"是颇不以为然的。

而现在,毛泽东纠正了"书生主观的错误",提出了争取农民支持、独立领导革命的思想,要把民众运动和军事运动结合起来。

这次会议前后,党领导和发动南昌起义及秋收起义,重新点燃革命烈火,打响了武装反抗国民党的第一枪,使处在危急关头的中国革命出现了新的转机。

第四章　哲学智慧在土地革命战争时期的成功实践

土地革命战争时期，以毛泽东同志为主要代表的中国共产党人自觉运用马克思主义的世界观和方法论，科学分析了中国社会的性质和中国革命的特点，实行工农武装割据，开辟了一条以农村包围城市，武装夺取政权的特殊的革命道路。这一时期，毛泽东在同国民党"围剿"和党内教条主义进行艰苦斗争的过程中，明确提出马克思主义本本要同中国革命实际相结合的科学命题。毛泽东哲学思想体系框架初步形成，马克思主义哲学在中国开花结果了。

一、突破"城市中心论"

1927 年大革命失败后,在中国革命道路问题上,如何确定一条正确的革命道路,是摆在全党面前的一个重大课题。中国共产党内有三种声音:

> 持"左"倾盲动主义观点的人主张,立即组织全国城市起义,夺取全国政权;
>
> 持右倾保守观点的人主张,先做群众工作,然后夺取全国政权;
>
> 而毛泽东持第三种观点,主张建立工农武装割据,突破"城市中心论",通过农村包围城市,最后武装夺取全国政权。

从现在来看,毛泽东所持的观点是正确的,但是得出这一结论经历了艰苦的发展过程。

1927 年 8 月 7 日,在中国革命处于严重危机的情况下,党中央在湖北汉口秘密召开了八七会议。会议批评了大革命后期党内以陈独秀为代表的右倾机会主义错误,同时正确规定了武装斗争必须同农村的土地革命相结合的方向。瞿秋白主张利用农民武装暴动的极好时机去发动土地革命,之后他在《农村的游击战争之前途》一文中指出,现阶段革命已不能有夺取"首都"、一击而中的发展形势,要使农村的游击战争达到建立革命地域的目标。

毛泽东在这次会议上同样强调了农民问题和军事问题的重要性,提出"以后要非常注意军事。须知政权是由枪杆子中取得的"。

尽管这些思想为后来提出的工农武装割据思想作了初步的酝酿,但是对于从战略上建立农村根据地、开展长期的农村游击战争问题还没有明确的认识。

关键问题是,不少党内同志还没有摆脱"城市中心论"的影响,党的高级领导机关仍然长期留在上海等大城市里,党的工作重点仍然放在城市工人方面。因此,八七会议虽然解决了抓枪杆子的问题,但是抓了枪杆子以后往哪去呢? 最初的选择依旧是城市。

所谓"城市中心论",是对欧洲资本主义国家的无产阶级以城市为中心的革命道路理论的简称。这条以城市为中心的革命道路的核心,是无产阶级及其政党将自己的工作重心放在城市,在一个较长的和平时期内主要在城市进行合法斗争,争取工人群众,积蓄革命力量;待全国革命形势成熟时,再举行城市工人武装起义,先占领城市,然后将革命推进到农村。它是一条欧洲无产阶级革命曾经走过、并被俄国十月革命证实是正确的道路。马克思、恩格斯和列宁及时总结了欧洲无产阶级沿着这条道路所进行的革命斗争的经验,使之成为无产阶级革命学说的有机组成部分。①

起初,毛泽东并没有对"城市中心论"提出异议。之前,虽然他已经在《中国社会各阶级的分析》《湖南农民运动考察报告》等著作中提出要重视农民、依靠农民,但是他领导的秋收起义,目的还是攻打中心城市——长沙。

1927 年 9 月 9 日,毛泽东以前敌委员会书记的身份在湖南发动秋收起义。由于全国革命形势已经走向低潮,国民党的军事力量在

---

① 参见潘敬国:《在历史节点上实现理论创新——略论毛泽东在土地革命时期对马克思主义中国化的四点贡献》,见《毛泽东与中华民族伟大复兴:纪念毛泽东同志诞辰 120 周年学术研讨会论文集(上)》,中央文献出版社 2014 年版。

各地都大大超过革命力量,实行残酷的白色恐怖,按上级要求攻打长沙的计划严重受挫。起义前5000多人的队伍最后只留下了1500余人。毛泽东见形势不佳,将剩余的人撤到湖南东部的浏阳县文家市。

1927年到1928年底,以夺取中心城市为目标的军事行动接连遭到失败。南昌起义后,根据中共中央预定的计划,起义部队直奔广东潮汕地区,想和那里的农民起义军会合,进军广州,恢复广东革命根据地,重新举行北伐;同时夺取出海口,以便获得共产国际和苏联的援助。结果,在敌军的围攻之下,这一目的没有达到。

失败的原因是,"左"倾盲动错误在全党取得了支配地位,不少共产党人燃烧着对敌人的怒火,但对中国政局的复杂性和中国革命长期性认识不足,并且受到俄国依靠中心城市武装起义取得革命胜利的经验的影响。周恩来也在总结历史经验时曾指出:当时南下广东,想依赖外援,攻打大城市,而没有直接到农村中去发动和武装农民,实行土地革命,建立农村根据地,这是基本政策的错误。

为了正确认识中国革命的基本问题,1928年6月18日至7月11日,党的六大在莫斯科郊外纳罗法明斯克城五一村召开。大会认真总结了大革命失败以来的经验教训,指出现阶段中国革命依然是资产阶级性质的民主主义革命。在革命处于低潮时,党的总路线是争取群众,党的中心工作不是千方百计组织暴动,而是做艰苦的群众工作,以积蓄力量。大会基本上统一了全党的思想,对克服党内仍然存在的浓厚的"左"倾情绪,摆脱被动局面,起了积极的作用。但是这次大会也存在不足,主要是仍然把城市工作放在中心地位。

自秋收起义失败后,毛泽东就清楚地认识到,敌大我小、敌强我弱是现实问题,起义部队遭到严重挫折,攻占中心城市已无可能。因此,要改变攻打长沙的计划,必须转移到敌人统治力量薄弱的农村中去! 毛泽东说服大家放弃继续攻打长沙的计划,带着秋收起义失败的队伍,走上了崎岖的山路。起义部队在向反动统治力量薄弱的地区转移的过程中,处境十分困难。从文家市距江西井冈山有 367 公里,但是毛泽东率领的部队却走了近 40 天。当时,就有人说:"还是散了吧,就这么几个人,能顶什么用?"

有一天,大伙在一个镇子休息的时候,一群人又聚在一起谈论散伙的事。有人就问毛泽东:"毛委员,凭我们这几个人,这几条枪,革命能成功吗?"毛泽东却满怀信心地说:"我们这几个人,这几条枪,用不完,绰绰有余,愿走都可以走,不信,咱们有言在先,到庆祝革命胜利的那天,我们肯定死不光。"

1927 年冬到 1928 年春,毛泽东在国民党的统治力量薄弱、群众基础较好的井冈山地区开展土地革命,一面建立红色政权,创立了第一个典型的农村革命根据地。1928 年 4 月,朱德和陈毅率领南昌起义余部和湘南起义农军辗转来到井冈山。朱毛两军会师,合编为工农革命军第四军,井冈山的武装力量由过去的不到 2000 人扩展到 1 万多人。

从进攻大城市转为向农村进军,是中国革命具有决定意义的新起点。这是一条从未走过的新路,做出这样的决断需要巨大的勇气。这同中共中央原定方案是不一致的,起义队伍内部存在着争议,并且自己也没有相关经验。老一辈革命家陆定一曾经指出:

> 革命从以城市为中心转到以乡村为中心。这在以往是没有前例的。法国的巴黎公社和俄国的十月革命,都是首都的暴动。只要在首都夺取了政权,就是全国革命的胜利,否则,就是失败。而中国革命却不是这样,城市革命处于低潮时,可以到乡村去,

继续革命,以"乡村包围城市"的方法夺取全国政权。

在进行革命实践的同时,毛泽东也从理论上进行了思考,将思考凝结在《中国的红色政权为什么能够存在?》这篇著名的文献之中。他从分析中国社会矛盾的特殊性入手,说明中国红色政权的存在和发展,是世界上一种特殊的矛盾现象。文章写道:

> 一国之内,在四围白色政权的包围中,有一小块或若干小块红色政权的区域长期地存在,这是世界各国从来没有的事。这种奇事的发生,有其独特的原因。而其存在和发展,亦必有相当的条件。

毛泽东是一个非常善于观察形势和总结经验的人,根据中国社会和中国革命的特点,指出了红军和红色政权在中国存在和发展的五个条件:

第一,中国是帝国主义间接统治的经济落后的半殖民地国家,半封建的地方的农业经济和帝国主义对中国实行划分势力范围的分裂剥削政策,使白色政权之间继续不断地发生分裂和战争,造成小块区域的红色政权能够发生和存在的条件;

第二,红色政权首先发生和能够长期地存在的地方,是经过第一次大革命影响的地方,例如湖南、广东、湖北、江西等省;

第三,全国革命形势是向前发展的,则小块红色政权的长期存在是没有疑义的;

第四,相当力量的正式红军的存在,是红色政权存在的必要条件;

第五，有一个要紧的条件，就是共产党组织的有力量和它的政策的不错误。

在文章中，毛泽东首次提出"工农武装割据"的思想。他认为，对中国工农武装割据的红色政权能够存在和发展持有怀疑态度的人，主要是没有搞清楚中国社会矛盾的特殊性。他说："有些同志在困难和危急的时候，往往怀疑这样的红色政权的存在，而发生悲观的情绪。这是没有找出这种红色政权所以发生和存在的正确的解释的缘故。我们只需知道中国白色政权的分裂和战争是继续不断的，则红色政权的发生、存在并且日益发展，便是无疑的了。"

然而，远在上海的中共中央并不了解这一切。他们不能弄清楚《中国的红色政权为什么能够存在？》中提出的建立"工农武装割据"的思想。

恰好在这个时候，中央派人送来了"六月来信"。这是毛泽东上井冈山以来收到的第一封中央信件。整整一年了，和中央失去了联系，现在终于接上头了。毛泽东满心欢喜，认为有必要向党中央系统汇报在井冈山创建革命根据地的情况。

1928年11月25日，毛泽东充满自信地在井冈山给中央写了一个报告——《井冈山的斗争》。报告里总结了井冈山工农武装割据的经验，进一步阐明"工农武装割据"的思想。毛泽东提出，只要"边界红旗子始终不倒，不但表示了共产党的力量，而且表示了统治阶级的破产，在全国政治上有重大的意义。所以我们始终认为罗霄山脉中段政权的创造和扩大，是十分必要和十分正确的"。

《井冈山的斗争》与《中国的红色政权为什么能够存在？》的写作时间前后仅差50天，可以说是姊妹篇。它们讲述的是同一件事情，那就是"工农武装割据"。两篇文章都科学地说明了中国"工农武装割据"的红色政权的出现、存在和发展的必然性和现实性,奠定了毛泽东工农武装割据理论最重要的哲学基础。

毛泽东的报告由湖南省委代表袁德生从井冈山经安源赴上海,递交给中共中央。党的六大后担任政治局常委的周恩来,肯定毛泽东对中国社会矛盾特殊性的判断,旗帜鲜明地和毛泽东、朱德站到了一起,高度重视井冈山开创的"工农武装割据"新局面。周恩来在给贺龙等人的指示信中,详细介绍了毛泽东、朱德的经验,明确表示要突破"城市中心论"的禁锢,指出"目前所应注意者,还不是占领什么大城市,而是在乡村发动群众,深入土地革命,扩大游击区域"。

毛泽东后来在《中国革命战争的战略问题》《战争和战略问题》《中国革命和中国共产党》等著作中,进一步阐发了"工农武装割据"的思想,更确切地把这个理论概括为:"建立农村革命根据地,实行农村包围城市,最后夺取全国政权。"同时,根据第二次世界大战引起的国际形势的新变化,毛泽东指出东方各殖民地国家的人民也可以利用敌人的矛盾,建立"工农武装割据",去最后夺取全国政权。

道路决定命运,找到一条正确道路是多么不容易。可以说,井冈山道路的开辟,是大革命惨遭失败后,在坚持探索和浴血奋战中实现的,也是在突破"城市中心论"革命模式中创立的。毛泽东在井冈山时期创造性地开创了"工农武装割据"的全新理论,点燃了中国革命的星星之火。这星星之火将来也必定形成燎原之势。

二、星星之火,可以燎原

1929 年 1 月,在红四军和红五军在井冈山会师之际,国民党湖南军阀何键指挥湘赣两省"会剿"的 3 万兵力围攻井冈山,红四军主力陷入困境。根据当时的情况,根据地军民承受着巨大的经济和军事压力,毛泽东、朱德被迫率红四军主力下山,到赣南、闽西一带开展游击战争。下山后,前委的领导工作重心主要在军队,决定军委暂停办公,由前委直接领导军内各级党委。

不久,红四军内部掀起了一场争论。领导干部就党对军队领导的问题发生了激烈的讨论。当时红军的主要成分是农民和小资产阶级,在战斗中又吸收了不少国民党军队的俘虏,不少军事干部又出身于旧军队,加上部队又一直处于战斗频繁的环境之中,政治思想工作没有跟上,致使旧军队的一些不良倾向反映到红军中来。有些人认为党委领导是"自上而下的家长制",并指责毛泽东是"书记专政",还有些军事干部认为,军事高于一切,甚至还说"军事好政治自然会好",主张政治机关附属于军事机关。

6 月下旬,陈毅主持召开了红四军党的第七次代表大会。毛泽东提出,应当加强党对军队的领导和思想政治工作。由于赞成错误主张的同志一时占了多数,毛泽东的正确意见未能被大多数人所接受。会议把毛泽东提出的"集权制领导原则"视为"形成家长制度的倾向",并给予毛泽东党内"严重警告"处分。这次大会改选了红四军党的前敌委员会,毛泽东落选,而陈毅被选为前委书记。这是毛泽东一生中唯一一次"自下而上"的落选,他很受刺激,甚至一度提出"希望经中央派到莫斯科留学并休息一段时间"。红四军七大后,毛泽东前往闽西特委指导地方工作,没想到感染了疟疾,不得不辗转到深山农村隐居养病,离开红四军长达四个多月。毛泽东病情一度甚重,以至于国民党媒体造谣他已死于肺结核病,就连共产国际的官方公报都因误传发了讣告。

毛泽东离开红四军之后,部队中的右倾思想、取消观念、分家观念、离队观念、小团体倾向、极端民主化等不正确倾向泛滥,党的工作和政治工作被削弱。朱德、陈毅对此十分忧虑,想着力整顿。陈毅决定前往上海向中央汇报红四军的情况和党内争论,于是有了著名的"陈毅五万言报告书"。

党中央在听取了陈毅的汇报后,决定由周恩来、李立三、陈毅组成委员会,起草一个关于红四军的决议,共同研究解决红四军中存在的问题及往后的发展方向。周恩来经常到旅馆和陈毅长谈,一谈就是几个小时。他们在里屋谈话,陈毅的哥哥在外面下棋掩护。周恩来向陈毅提出要把毛泽东同志请回来,并且委托陈毅代中央起草一封给红四军前委的指示信。

根据周恩来的多次谈话,陈毅起草了中共中央给红军第四军前委的指示信,即"九月来信"。"九月来信"是一个对红四军乃至全国红军建设都具有重要指导意义的文件。这封信分析了国内外形势,肯定了毛泽东关于"工农武装割据"的思想和建军问题上的正确主张。

针对红四军争论的党的领导问题,这封信给出明确回应:"党的一切权力集中于前委指导机关,这是正确的,绝不能动摇。不能机械地引用'家长制'这个名词来削弱指导机关的权力,来做极端民主化的掩护。前委对于一切问题毫无疑义应先有决定后交下级讨论,绝不能先征求下级同意或者不作决定俟下级发表意见后再定办法。"同时,要求红四军维护朱德、毛泽东的领导,毛泽东仍为前委书记。

毛泽东看到中央的来信,十分高兴,表示病已好,遵照中央指示,在前委工作。12月底,红四军九大在福建省上杭县古田召开,因此这次会议又称为"古田会议"。会议确立了人民军队建设的基本原则,宣示"中国的红军是一个执行革命的政治任务的武装集团",重申了党对红军实行绝对领导的原则,反对以任何借口削弱党对红军的领导,必须使党成为军队中的坚强领导和团结核心。

根据中央指示,古田会议重新选举了红四军前委委员 11 人,毛泽东再次担任前委书记。会议结束后,红四军立即投入到反粤闽赣三省敌人"会剿"的艰苦战斗中去。新的前委利用行军、战斗的间隙,抓紧一切时间,在红四军内部开展传达贯彻会议决议的活动,把会议决议当作党课教材和红军法规,组织学习讨论。

红四军组织干部认真学习了大会决议,党委和各支部都按照决议逐条地、全面地对本部队、本支部存在的问题进行自查。许多干部、战士主动检查了自身不足,批评了不重视党的领导、不愿做群众工作、打骂士兵、破坏俘虏政策、破坏群众纪律以及吃喝嫖赌等不良倾向。

古田会议决议是我党、我军建设史上的一个伟大的纲领性文件,也是我党政治建军的重要里程碑,创造性地解决了在中国农村进行革命战争的环境中怎样建设无产阶级政党和人民军队的问题。会议决议的精神不仅在红四军中贯彻实行,各地红军也都先后实行。

就在军队实现浴火重生的时候,1930 年新年伊始,毛泽东又收到一封奇特的"贺年信"。信的字里行间自始至终透露出一股悲观情绪,写信人是时任红四军第一纵队纵队长林彪。林彪在这封信中主要表达两层意思:第一层是认为中国的革命高潮不会很快到来,红军对"红旗到底打得多久"产生了悲观情绪;第二层是面对敌人的重兵"围剿",建议用流动游击的方式来扩大红军的政治影响。

古田会议后第五天,即 1930 年 1 月 5 日,为了恢复党内对中国革命的信心,毛泽东经过深思熟虑,给林彪回复了一封长达六七千字的信。在收入《毛泽东选集》第一版的时候,这封信改题为《星星之火,可以燎原》。

　　针对"悲观论",毛泽东阐明了辩证的形势观。当时,无论是要求攻打大城市的"左"倾主张,还是只愿意流动游击而不想在农村建立巩固根据地的右倾思想,都是与在认识论上对形势和敌我力量对比的错误估量有关。

　　在这篇文章中,毛泽东自觉运用了辩证唯物主义的认识论方法,强调要透过现象看本质,他指出:"在对于时局的估量和伴随而来的我们的行动问题上,我们党内有一部分同志还缺少正确的认识。"紧接着展开了具体阐释:

　　　　他们的这种理论的来源,主要是没有把中国是一个许多帝国主义国家互相争夺的半殖民地这件事认清楚。如果认清了中国是一个许多帝国主义国家互相争夺的半殖民地,则一,就会明白全世界何以只有中国有这种统治阶级内部互相长期混战的怪事,而且何以混战一天激烈一天,一天扩大一天,何以始终不能有一个统一的政权。二,就会明白农民问题的严重性,因之,也就会明白农村起义何以有现在这样的全国规模的发展。三,就会明白工农民主政权这个口号的正确。四,就会明白相应于全世界只有中国有统治阶级内部长期混战的一件怪事而产生出来的另一件怪事,即红军和游击队的存在和发展,以及伴随着红军和游击队而来的,成长于四围白色政权中的小块红色区域的存在和发展(中国以外无此怪事)。五,也就会明白红军、游击队和红色区域的建立和发展,是半殖民地中国在无产阶级领导之下的农民斗争的最高形式,和半殖民地农民斗争发展的必然结果;并且无疑义地是促进全国革命高潮的最重要因素。六,也就会明白单纯的流动游击政策,不能完成促进全国革命高潮的任务,而朱德毛泽东式、方志敏式之有根据地的,有计划地建设政权的,深入土地革命的……

毛泽东还找到了持"左"倾观点和右倾观点的人的认识根源,认识问题主要在于主观主义:

犯着革命急性病的同志们不切当地看大了革命的主观力量,而看小了反革命力量。这种估量,多半是从主观主义出发。其结果,无疑地是要走上盲动主义的道路。另一方面,如果把革命的主观力量看小了,把反革命力量看大了,这也是一种不切当的估量,又必然要产生另一方面的坏结果。

那么,要如何克服主观主义的片面看问题的毛病呢?毛泽东在文章中也给出了答案。

一种方法是客观地比较分析不同矛盾的组合情况。他把中国和西欧作了比较:"在西欧各国的革命的主观力量虽然比现在中国的革命的主观力量也许要强些,但因为它们的反动统治阶级的力量比中国的反动统治阶级的力量更要强大许多倍,所以仍然不能即时爆发革命。现时中国革命的主观力量虽然弱,但是因为反革命力量也是相对地弱的,所以中国革命的走向高潮,一定会比西欧快。"

另一种可靠的科学的分析方法是"看事情必须要看它的实质,而把它的现象只看作入门的向导,一进了门就要抓住它的实质"。这是针对"容易给只观察当前表面现象不观察实质的同志们"而提出的解决方法。

　　毛泽东分析了三种"抓住表面抛弃实质"的情况。一是对革命力量估计的失误。虽然"一九二七年革命失败以后,革命的主观力量确实大为削弱了",但是"在虽只有一点小小的力量,但是它的发展会是很快的。它在中国的环境里不仅是具备了发展的可能性,简直是具备了发展的必然性,这在五卅运动及其以后的大革命运动已经得了充分的证明。"二是对反革命力量的估量失误。持"左"倾观点的人,"把阶级敌人看得一钱不值;到现在还传为笑谈的所谓'十分动摇'、'恐慌万状'两句话",这就会出现"政治上的盲动主义"。持右倾观点的主要被敌人气势汹汹的架势吓倒了,结果就发生了"红旗到底打得多久"的疑问。三是对红军一时境遇的估量失误。毛泽东说:"特别是我们在红军中工作的人,一遇到败仗,或四面被围,或强敌跟追的时候,往往不自觉地把这种一时的特殊的小的环境,一般化扩大化起来,仿佛全国全世界的形势概属未可乐观,革命胜利的前途未免渺茫得很。"

　　"如问中国革命高潮是否快要到来,只有详细地去察看引起革命高潮的各种矛盾是否真正向前发展了,才能作决定。"中国社会各种矛盾的真正发展趋势是:"中国是全国都布满了干柴,很快就会燃成烈火。'星火燎原'的话,正是时局发展的适当的描写。只要看一看许多地方工人罢工、农民暴动、士兵哗变、学生罢课的发展,就知道这个'星星之火',距'燎原'的时期,毫无疑义地是不远了。"因此,我们必须透过现象抓住实质才能克服主观主义。

　　毛泽东在信中把建立农村革命根据地、实行"工农武装割据"的问题提到异常突出的地位。他批评林彪等人"没有建立赤色政权的深刻观念,因之也就没有由这种赤色政权的深入与扩大去促进全国革命高潮的深刻的观念"。根据各地红军、游击队和根据地建设的经验,毛泽东明确表示:"朱德毛泽东式、方志敏式之有根据地的,有计划地建设政权的,深入土地革命的,扩大人民武装的路线是经由乡赤卫队、区赤卫大队、县赤卫总队、地方红军直至正规红军这样一套办法的,政权发展是波浪式地向前扩大的,等等的政策,无疑义地是正确的。"

毛泽东还着重地指明了坚持农村根据地斗争的意义,认为:"必须这样,才能树立全国革命群众的信仰,如苏联之于全世界然。必须这样,才能给反动统治阶级以甚大的困难,动摇其基础而促进其内部的分解。也必须这样,才能真正地创造红军,成为将来大革命的主要工具。总而言之,必须这样,才能促进革命的高潮。"这些论述,进一步发展了"工农武装割据"的思想,实际上就是要把党的工作重点开始由城市转移到农村,从而形成了在农村地区开展游击战争,深入进行土地革命,建立和发展红色政权,待条件成熟时再夺取全国政权的关于中国革命新道路的理论。

在信的末尾,毛泽东得出中国革命高潮快要到来的论断,他以激情澎湃的词句把革命的光明前途付诸笔端:"中国革命高潮快要到来,决不是如有些人所谓'有到来之可能'那样完全没有行动意义的、可望而不可即的一种空的东西。它是站在海岸遥望海中已经看得见桅杆尖头了的一只航船,它是立于高山之巅远看东方已见光芒四射喷薄欲出的一轮朝日,它是躁动于母腹中的快要成熟了的一个婴儿。"

不久,1930 年 4 月,有人在给《红旗》报写的信中指出:"现在就全国看来,农民运动的发展比较城市的工人运动要快得多。""在这一种情势之下,若我们依然是将大部分的力(量)都用在城市中,实不如用在农村中为好,在农村中一定得的效果更大。若是革命势力占据了广大农村之后,他还是可以联合起来包围城市,封锁城市,用广大的农村革命势力以向城市进攻,必然可以得着胜利。"①

可见,毛泽东的这封回信是一次很好地整顿党内思想的机会,透过现象抓住了实质,正确揭示了中国革命的发展趋势,使革命者看清了前进道路,增强了革命必胜的信心。

三、游击战的"十六字诀"

1929 年 3 月,毛泽东、朱德等率领红四军主力部队离开井冈山根据地后,第一次进入福建省,乘胜进占长汀县城,并成立了长汀县革命委员会。4 月,红四军由福建回师赣南,先后进占瑞金、雩都、宁都、兴国等县城,积极发动群众,开展土地革命,进一步打开了局面。

这时,毛泽东决定给中央报告游击战的真实情况,并起草了《红四军前委关于目前形势闽赣斗争情况和红军游击战术向中央之报告》。这份报告主要是针对 1929 年 2 月 7 日"二月来信"的内容。根据共产国际领导人的意见,党中央在信中要求"将红军的武装力量分成小部队的组织散入湘赣边境各乡村中进行和深入土地革命",认为这样才能"避免敌人目标的集中"。毛泽东极力否定这一观点,在报告中写道:

我们三年来从斗争中所得的战术,真是和古今中外的战术都不同。用我们的战术,群众斗争的发动是一天比一天扩大的,任何强大的敌人是奈何我们不得的。我们的战术就是游击的战

---

① 《关于无产阶级领导的问题(周子敬来信)》,《红旗》1930 年 5 月 24 日。

术。大要说来是:"分兵以发动群众,集中以应付敌人。""敌进
我退,敌驻我扰,敌疲我打,敌退我追。""固定区域的割据用波
浪式的推进政策。强敌跟追,用盘旋式的打圈子政策。""很短
的时间,很好的方法,发动很大的群众。"这种战术正如打网,要
随时打开,又要随时收拢。打开以争取群众,收拢以应付敌人。
三年以来,都是用的这种战术。

在这份报告中,毛泽东完整提出了"敌进我退,敌驻我扰,敌疲
我打,敌退我追"这十六个字。这十六个字是战争史上的一个伟大
创造。同年 9 月 28 日,中共中央在给红军第四军前敌委员会的指示
信中(即"九月来信"),将其概括为"十六字诀"。

虽然游击战的"十六字诀"带有一定的朴素性质,但它把进与
退、走与打、攻与防有机地结合在一起,在敌强我弱的情况下取得了
趋利避害、避实击虚的实际效果。对于红军作战能力的提升,蒋介石
那方则哀叹道:"剿匪之难,甚于大战。彼利用地形之熟识、与民众
之协同,避实就虚,随心所欲;而官兵则来往追逐,疲于奔命矣。"

《孙子兵法》说:"我专敌分""以十攻一"。凡是善于集中兵力
的将领,一般都会获得战争的胜利,凡是分兵应付的,几乎没有不失
败的。懂得这个用兵谋略的人不少,但是能够用好的人不多。毛泽东
正是其中杰出的一位。

在运用"十六字诀"的过程中,毛泽东清晰、妥当地处理了游击
战争中集中与分散之间的辩证关系。他的脑海里很早就有了"集
中"这一概念。1928 年,他在《中国的红军政权为什么能够存在?》一
文中指出:"集中红军应付当前敌人,反对分兵,避免敌人各个
击破。"

同年,毛泽东还在给中央正式报告《井冈山的斗争》一文中用正面、反面例子进行了深入阐述。正面经验是:"因为这些策略的适当,加上地形之利于斗争,湘赣两省进攻军队之不尽一致,于是才有四月至七月四个月中的各次胜利。虽以数倍于我之敌,不但不能破坏此割据,并且不能阻止此割据的日益扩大,此割据对湘赣两省的影响则有日益加大之势。"而负面教训是井冈山 1928 年著名的八月失败,这也证明了毛泽东战略策略的正确性。毛泽东尖锐地指出:"八月失败,完全在于一部分同志不明了当时正是统治阶级暂时稳定的时候,反而采取统治阶级政治破裂时候的战略,分兵冒进,致边界和湘南同归失败。"

经过正反两方面的比较,毛泽东提出:"此反动政权暂时稳定时期,敌人能集中大量军力来打红军,红军分散是不利的。我们的经验,分兵几乎没有一次不失败,集中兵力以击小于我或等于我或稍大于我之敌,则往往胜利。"

集中兵力的作战原则,不仅在小规模的作战中适用,大规模的作战也同样适用。在五次反"围剿"中充分证明了这个原则。比如,1931 年 4 月第二次反"围剿"。当时,蒋介石调集 20 万大军,命令军政部长何应钦为总司令,发起第二次"围剿"。这一次蒋介石迫切想要一雪此前惨败之耻。蒋介石认为第一次大"围剿"败在"长驱直入",于是第二次"围剿"采取"稳扎稳打,步步为营"的战术,布成一条弧形阵线。从容镇定的毛泽东和朱德商定,仍采取第一次反"围剿"时的打法,实行"诱敌深入",集中优势兵力,找准敌方暴露出来的弱点再逐个击破。毛泽东、朱德指挥红一方面军,以"横扫千军如卷席"之势,15 天横扫 700 里,五战五捷,歼敌 3 万多人,缴枪 2 万多支和大量军用物资,淋漓痛快地粉碎了第二次"围剿"。

但是，如果不按这个战略战术作战，结果必定失败。第五次"围剿"就是最佳的反面例子。当时，李德采用阵地战术与敌人硬碰硬，结果越拼命越消耗自己的力量。正如遵义会议通过的《中共中央关于反对敌人五次"围剿"的总结决议》所说："阵地战的方式对于敌人有利，而对于现时工农红军是极端不利的。""我们红军粉碎堡垒主义的方法，依然是依靠运动战，依靠在堡垒阵线前后左右发展游击战争，以配合红军的行动，以及依靠深入的白军士兵运动。"

在强调集中的同时，实际上毛泽东并不反对分兵。他只是根据不同的情况，把分兵区别为两种，即近距离分兵和远距离分兵。他说："打开以争取群众，收拢以应付敌人。"这里的"打开"就是指近距离分兵。他接着指出："在好一点的环境和比较健全的领导机关两个条件下"，进行远距离分兵，这"是为了更能争取群众，更能深入土地革命和建设政权，更能扩大红军和地方武装。"人民群众的力量是无穷无尽的，只有完全依靠人民群众，才能夺取革命战争的胜利。毛泽东的战略战术思想都是建立在依靠群众的基础之上的，这是群众史观的具体表现。

1929 年 9 月，周恩来根据实际经验，对红军的战略战术作出重要阐述。在分兵和集中问题上，周恩来批评了分散红军、集中怕目标太大等不正确的观念，认为红军此时的主要任务"是如何去实行游击以求本身的扩大，如何集中力量去实现党的政治口号以发动群众斗争。分兵游击集中指导是不可移易的原则。分兵时应密切联络互相策应，应防敌人各个击破"。

关于根据地建设问题，是毛泽东在长期的、分散的农村游击战争环境中，关注的另一个重要问题。毛泽东正确处理了根据地与游击区的关系问题。如果仅仅把游击作为一种单纯的军事战术样式，肯定不会重视根据地建设,或者即使建立了,也可能因大规模地盘旋而丧失,那么不可避免地就会陷入流寇主义。为了保持党的无产阶级先锋队性质,也为了建设无产阶级性质的、具有严格纪律的、同人民群众保持紧密联系的新型人民军队,毛泽东起草了《关于纠正党内的错误思想》,明确地批判了流寇主义思想。

毛泽东指出,这种思想表现在"不愿做艰苦工作建立根据地,建立人民群众的政权,并由此去扩大政治影响,而只想用流动游击的方式去扩大政治影响","肃清流寇思想,实为红军党内思想斗争的一个重要目标"。建立根据地而不去巩固它,同样也是错误的,因此,毛泽东认为,"割据地区,扩大采取波浪式推进政策,反对冒进政策。"这就是说,只有巩固根据地建设,波浪式地向前发展,中国革命的胜利才是有希望的。从哲学意义上讲,这是辩证法否定之否定规律在中国革命道路问题上的表现。

此外,毛泽东还有机地结合了政治、经济、文化、宣传等各方面,把游击战放在战略层面,而不是把它看成单纯的战术问题。他在《关于纠正党内错误思想》中指出:"红军是一个执行革命的政治任务的武装集团","红军绝不是单纯的打仗,还要负责宣传群众、组织群众、武装群众、帮助群众建立革命政权以至共产党组织等重大任务"。

经过三年的游击战争,红军力量迅速发展,根据地已经遍及11省达10多块。而国民党军阀混战不休,规模越来越大,中原大战打了近半年之久,死伤达30万,这就减轻了对南方各省根据地环境的压力,给革命战争的发展造成了有利的时机。

1930年5月,红军已经初步具有了战略转变的条件。党中央作出了关于红军的决议案,6月,整编成第一、第二、第三军团,开始由游击战争向正规战争的转变。由于革命战争发展不平衡，各战略区情况不同，毛泽东在《中国革命战争的战略问题》中指出："主要是超越了从前的朴素性，然而基本的原则，仍然是那个十六字口诀——后来的东西是它的发展罢了。"两年后，毛泽东在《战争和战略问题》一文中明确了上述观点，他说土地革命后期，"主要是正规战争，但所谓的正规战争是中国型的，是表面在集中兵力打运动战和指挥上组织上的某种程度的集中性和规划性方面，其他则仍是游击战性的，低级的，因此，这种正规战，在某种意义上，是提高了游击战。"我们把这种战争形式叫作"带游击性的运动战"。

到1931年11月之时，红军力量迅速发展，根据地也在不断扩大。全国已形成中央、湘鄂西、鄂豫皖、琼崖、赣东北（后发展为闽浙赣）、湘鄂赣、湘赣、右江等革命根据地。后来又建立了川陕、陕甘、湘鄂川黔、鄂豫陕、闽东等革命根据地。

这一时期，我们可以清楚地看到毛泽东已经将哲学充分融入军事，初步形成了军事思想体系。马克思主义哲学的群众观点得到很好的运用，毛泽东字里行间闪耀着军事辩证法思想的光辉。这一切都为人民战争的战略战术的形成和发展奠定了扎实的基础。

四、没有调查，没有发言权

在大革命失败以后，如果不承认中国革命应首先以农村为中心，那放在共产党面前的只有两种可能的选择。

一种是放弃革命斗争而去同帝国主义者及国民党反动统治集团妥协，比如鼓吹合法主义的托、陈取消派。大革命失败后，作为中国共产党主要负责人的陈独秀不仅没有及时总结失败的教训，反而同中国的托洛茨基派结合在一起,采取取消革命运动的立场,诬蔑红军运动是所谓的"流寇运动"。陈独秀错误地判断,中国社会性质和中国革命的性质已经改变了,第一次国内革命战争的结果,是资产阶级取得了胜利,并在中国建立了资产阶级政权。中国暂时不能搞革命了,只能搞合法斗争。要等到资本主义大大发展,无产阶级人数增加以后,再搞社会主义革命。这是典型的二次革命论。1929年11月,鉴于陈独秀完全拒绝党的警告并且在行动上公开反党,中央决定开除陈独秀的党籍。

另一种则是在力量不够的时候,同强大的敌人作决定胜负的战斗,比如"左"倾冒险主义所犯的错误。大革命失败后,经过两年多的艰苦奋斗,党逐步从极其严重的困境中摆脱出来,革命斗争局面有了明显好转,但敌强我弱的形势并没有根本性改变,更没有形成中国革命高潮。然而,共产国际在1929年2月、6月、8月和10月向中共中央发来多次含有"左"倾错误主张的指示信和决议案。特别是10月26日的指示信,认定"中国进到了深刻的全国危机的时期","现在已经可以并且应当准备群众,去实行革命的推翻地主资产阶级联盟的政权,而建立苏维埃形式的工农独裁"。

共产国际的这些错误主张,为李立三"左"倾冒险错误提供了理论依据。他机械照搬俄国革命经验,习惯从"本本"出发,拿着马克思主义的"本本"以及俄国的经验,在中国瞎指挥。李立三在《红旗》《布尔塞维克》等党的机关刊物上发表《新的革命高潮前面的诸问题》等多篇文章,提出关于中国革命的一系列"左"倾观点,企图通过一省或数省首先取得胜利方式进而夺取全国政权,给中国革命造成了非常大的损失。

从根本上看,这两种选择的性质虽然不同,但是结局却是相同的。那就是导致中国革命的失败。

毛泽东深刻认识到其中的危害,主张从中国实际出发,走前人所没走过的路,强烈抵制共产国际的那些脱离中国实际的错误指示。但是,对于一些党内教条主义者来说,这种做法无疑会牵扯到他们的神经。

1930 年 5 月,《红旗》就以"记者"名义发表文章,批评主张农村包围城市的观点违反了"无产阶级是革命的领导者,农民是无产阶级的同盟者"这个马克思主义原理。同年 6 月,中共中央在决议中批评农村包围城市的思想"是一种极错误的观念"。

为了反对党和红军中的教条主义思想,毛泽东决定进行大规模的深入调查。1930 年 5 月 2 日,红四军攻克江西寻乌县城,毛泽东从百忙中抽空,对寻乌做了调查。在这次调查中,毛泽东对寻乌县各领域、各行业进行了深度调查。他从寻乌市场所经营的各种货物去"剖解"这个地区的生活情况和组织内容。他细心地分析了 5 家盐店、17 家杂货店、一家油行、一家豆行、10 家酒店、7 家水货店、7 家药店、2 家黄烟店、16 家裁缝铺、10 家旅店、8 家理发店、7 家首饰店……

为了研究杂货店的生意,他搞清了杂货店经营的全部内容,弄清了其中肥皂、毛巾、电筒、洋火、信纸等 23 种最畅销的商品。他还了解了水货店经营的内容,以咸鱼、海带、糖、豆粉、猪皮、闽笋、鱿鱼等 11 门产品为主,海参、香菇、云耳等 28 种为次,详述了这 39 种土特产品、水产品在寻乌的销售情况。

根据丰富的调研结果,毛泽东成功写成了《寻乌调查》。这篇调查报告是毛泽东所进行的关于中国历史与现状的调查中,保存下来的篇幅最大的一部,长达 8 万多字,分五章 39 节。除了寻乌调查,毛泽东先后还去了永新、宁冈、兴国进行了社会调查。

调查研究加深了中国共产党人对中国各阶级状况的了解,有效争取了中国革命的基本力量,找到了依据中国国情的社会变革道路。在寻乌调查 11 年后,毛泽东回顾起这次调查时说:

> 我们相信事物是运动着的,变化着的,进步着的。因此,我们的调查也是长期的。今天需要我们调查,将来我们的儿子、孙子也要做调查,然后,才能不断认识新事物,获得新知识。

1930 年 5 月,在寻乌调查期间,毛泽东对调查研究作出系统性、理论性的思考,从哲学高度进行概括,写下了《调查工作》。新中国成立后公开发表时,改名为《反对本本主义》。

"没有调查,没有发言权。"文章第一句就点明了调查工作的极端重要性。这是对马克思主义的唯物主义认识论原理作了通俗、鲜明的概括。写这篇文章的目的,是针对党内面临共产国际的盲目指挥以及对共产国际指令的盲目执行,而使中国革命蒙受了沉重损失的情况。无产阶级的事业虽然在本质上是国际性的,需要学习别国革命的先进经验。但是,学习并不是要求人们去照抄书本上的个别词句或别国革命的具体公式。

此前,古田会议决议曾尖锐地批评了主观主义的指导,认为这种指导,"其必然的结果,不是机会主义,就是盲动主义"。决议提到三条纠正主观主义的方法,包括用马克思列宁主义的方法去代替主观主义的分析和估量、要注意社会经济的调查和研究、说话要有证据等。这些都与调查研究相关。但是具体怎么做,决议里没有说得这么详细和透彻。于是,毛泽东写在了《反对本本主义》这篇文章中。

关于要不要马克思主义这个问题,毛泽东在文章中给出明确答

案:"马克思主义是对的",并且要"必须同我国的实际情况相结合"。他这么写道:

> 我们说马克思主义是对的,决不是因为马克思这个人是什么"先哲",而是因为他的理论,在我们的实践中,在我们的斗争中,证明了是对的。我们的斗争需要马克思主义。我们欢迎这个理论,丝毫不存什么"先哲"一类的形式的甚至神秘的念头在里面。读过马克思主义"本本"的许多人,成了革命叛徒,那些不识字的工人常常能够很好地掌握马克思主义。马克思主义的"本本"是要学习的,但是必须同我国的实际情况相结合。我们需要"本本",但是一定要纠正脱离实际情况的本本主义。

如果马克思主义理论不同实践相结合,那么后果是危害革命事业。毛泽东对此进行了着重说明:

> 不根据实际情况进行讨论和审察,一味盲目执行,这种单纯建立在"上级"观念上的形式主义的态度是很不对的。为什么党的策略路线总是不能深入群众,就是这种形式主义在那里作怪。盲目地表面上完全无异议地执行上级的指示,这不是真正在执行上级的指示,这是反对上级指示或者对上级指示怠工的最妙方法。
>
> 本本主义的社会科学研究法也同样是最危险的,甚至可能走上反革命的道路,中国有许多专门从书本上讨生活的从事社会科学研究的共产党员,不是一批一批地成了反革命吗?就是明显的证据。

那么,又该如何纠正这种本本主义？毛泽东认为,本本主义产生的思想根源,即唯心主义,只有坚持唯物主义的思想路线,坚持理论与实际相结合的原则的重要性,才能从根本上丢掉这种保守的、唯心的思想路线。他说:

> 你试试离开实际调查去估量政治形势,去指导斗争工作,是不是空洞的唯心的呢？这种空洞的唯心的政治估量和工作指导,是不是要产生机会主义错误,或者盲动主义错误呢？一定要弄出错误。这并不是他在行动之前不留心计划,而是他于计划之前不留心了解社会实际情况,这是红军游击队里时常遇见的。那些李逵式的官长,看见弟兄们犯事,就懵懵懂懂地乱处置一顿。结果,犯事人不服,闹出许多纠纷,领导者的威信也丧失干净,这不是红军里常见的吗？
>
> 必须洗刷唯心精神,防止一切机会主义盲动主义错误出现,才能完成争取群众战胜敌人的任务。必须努力作实际调查,才能洗刷唯心精神。

毛泽东还从多个方面阐述了共产党人的世界观和方法论。比如,讲到群众路线问题时,毛泽东特别强调:"共产党的正确而不动摇的斗争策略,绝不是少数人坐在房子里能够产生的,它是要在群众的斗争过程中才能产生的,这就是说要在实际经验中才能产生。"

讲到独立自主问题时,毛泽东以十分明确的语言提出:"中国革命斗争的胜利要靠中国同志了解中国情况。"

讲到纠正领导干部的作风问题时,毛泽东尖锐地指出:"你对于某个问题没有调查,就停止你对于某个问题的发言权。这不太野蛮了吗？一点也不野蛮。你对那个问题的现实情况和历史情况既然没有调查，不知底里，对于那个问题的发言便一定是瞎说一顿。瞎说一顿之不能解决问题是大家明了的，那末，停止你的发言权有什么不公道呢？许多的同志都成天地闭着眼睛在那里瞎说，这是共产党员的耻辱，岂有共产党员而可以闭着眼睛瞎说一顿的吗？"

讲到共产党的政策和策略的源泉时，毛泽东批评了那些不做调查研究的现象，特别反对闭门造车的作风，他指出："共产党的正确而不动摇的斗争策略，决不是少数人坐在房子里能够产生的，它是要在群众的斗争过程中才能产生的，这就是说要在实际经验中才能产生。"

当然，毛泽东反对"本本主义"，并不意味着抛弃学习马克思主义的"本本"。1932年4月，毛泽东率领红军打漳州时，得到了一本《反杜林论》中译本，经常带在身边翻阅。在后来长征行军那样艰难的条件下，他也一直带在身边，没有丢失。《反杜林论》中文本译者吴黎平深为这件事所感动。在当时的环境里，毛泽东不可能读到许多马列书籍，虽然书读得不多，但读得遍数不少，因而也就能深刻理解和把握马克思主义的精神实质。

在中国共产党的历史上，《反对本本主义》第一次明确地提出了马克思主义本本要同中国实际情况相结合的命题，这就为克服教条主义，争取中国革命的胜利奠定了思想和理论基础。在反对把马克思主义教条化的过程中，毛泽东对马克思主义哲学的基础理论——认识论作出独创性的阐发，提出了具有实际意义的马克思主义社会认识论。这把马克思主义哲学向前推进了一大步，显示了毛泽东哲学思想的特殊本质。因此，《反对本本主义》可以看作是毛泽东哲学思想初步形成的标志。

五、独立自主地使用自己的力量

中国革命的发展并不是一帆风顺的。随着第一次大革命失败后局势的好转,加上共产国际的错误指导,土地革命时期党内发生了三次"左"倾错误。

第一次"左"倾路线是瞿秋白提出的。1927 年 11 月 9 日至 10 日,中共中央在上海召开由瞿秋白主持的临时政治局扩大会议。会议通过了由共产国际代表罗明纳兹起草的《中国现状与党的任务决议案》以及组织问题、政治纪律问题等决议。此时,革命处于低潮,党的组织和工农群众革命运动遭到敌人的极大摧残。共产党员从大革命时期近六万人减至一万多人。然而这次会议在共产国际代表罗明纳兹的"左"倾思想指导下,却错误地认为这时中国革命的性质是所谓"不断革命",革命形势仍在继续高涨,反对退却,要求继续进攻,命令少数共产党员和群众去执行毫无胜利希望的武装暴动的总策略。从 1927 年 11 月到 1928 年 4 月,这条路线虽然只统治党内半年,但是在实际工作中给共产党造成了惨重的损失。

第二次"左"倾路线是以李立三为代表,对革命形势作了根本错误的估计,他认为"在革命高潮到来的形势下,群众组织可以飞速地从极小的组织发展到几十万人甚至几百万人的伟大组织,同样,党的组织也可以在几星期甚至几日内变成广泛的群众的党"。而革命"将在一瞬间,爆发出伟大的斗争"。他坚持"城市中心论",要求红军集中力量攻打武汉等中心城市。但是,实践证明了这条路子走不通,不到 4 个月,就宣告破产了。这个战略总方针虽然不是国际的直接指示,但是与共产国际没有正确地推广十月革命的基本经验,而把它提供的先城市后农村武装夺取政权的具体经验加以绝对化,机械地向各国推广有很大的关系。

第三次"左"倾路线是以王明为代表的"左"倾教条主义提出的。这一次使中国革命遭受到严重挫折,危害相较于前两次"左"倾错误大得多。

原本从1930年冬到1931年秋,在前三次反"围剿"战争中,红军以少胜多,先后粉碎了10万、20万、30万敌军的"围剿",积累了丰富的作战经验,创造出一整套具有中国红军特色的战略战术。长期被分割的赣南、闽西两块革命根据地也连成了一片,形成了以瑞金为中心的巩固的中央革命根据地(也就是中央苏区)。随着红军的发展,革命根据地的扩大,到这个时候,毛泽东关于以"农村为中心"实行"工农武装割据"的各方面的具体路线都已大体形成。

按照这个形势发展下去,尽管敌我力量对比实力悬殊,但与前面几次反"围剿"战争的形势相比,并不能说第五次反"围剿"注定就要失败的。可惜的是,在王明"左"倾教条主义的影响下,临时中央领导人博古,依靠共产国际派来的军事顾问、德国人李德把握大局。他们把过去苏区前三次反"围剿",以及第四次反"围剿"中抵制王明"左"倾教条主义进攻战略而获得胜利的成功经验抛得干干净净,完全照搬苏联红军的正规战战法,指挥军队与国民党军队硬拼。不能在敌强我弱的形势下,"集中优势兵力,选择敌人的弱点,在运动中,有把握地去消灭敌人的一部或大部,以各个击破敌人,彻底粉碎敌人的'围剿'",反而"使敌人持久战与堡垒主义的战略战术,达到了他的目的"。最终导致第五次反"围剿"失利,革命事业受到重大损失,中央红军主力被迫退出中央根据地,不得不实施战略转移,开始长征。

实际上,每一次"左"倾路线都与共产国际有关系。尤其是第三次"左"倾错误。

1930年10月,共产国际给中共中央来信,提出李立三的路线是反共产国际的政治路线。从莫斯科回国不久、受到共产国际东方部副部长米夫器重的留苏学生王明、博古等,通过不正常的途径比中央先获知这封信的内容,立刻打起"反对调和主义"的旗号,猛烈攻击六届三中全会后的中央,在党内造成严重的思想混乱,使中央难以正常工作。

王明还散发他写的《两条路线》的小册子。在这本小册子中,他夸大中国革命反资产阶级、反富农斗争的意义,否认中间营垒的存在;继续强调全国性的"革命高潮"和在全国范围的"进攻路线",急于夺取包括中心城市在内的一个或几个主要省份的首先胜利;宣称党内的主要危险是"右倾机会主义""实际工作中的机会主义"和"富农路线"。这些主张,本质上是王明的政治纲领。

1931年1月7日,党的六届四中全会于上海秘密举行。这是王明在共产国际代表的支持下取得党中央领导地位,全面推行国际路线的起点。从这时起,以教条主义为特征的王明"左"倾错误在党中央开始长达四年的统治。由于王明等人的主张比李立三的"左"倾错误更"左",气焰更盛,有更多的理论装饰,对中国革命造成的危害也就更大。

"左"倾教条主义的中央通过派遣中央代表或新的领导干部,逐步地将错误路线推行到红军和根据地中。在错误路线影响下进行的肃反斗争严重扩大化,使大批领导干部和战士遭到杀害,给红军和根据地造成严重损失。在中央革命根据地,毛泽东的许多正确主张,被指责为"狭隘的经验论""富农路线"和"极严重的一贯右倾机会主义"。"左"倾错误领导对红军反"围剿"斗争的不利影响愈趋严重。

王明去莫斯科后,由博古负责的临时中央,对王明"左"倾教条主义有了更具体的发展。王明的"左"倾路线从 1931 年 1 月六届四中全会起直到 1934 年 10 月红军开始北上长征,在全党统治了四年之久。蒋介石的"围剿"没有把共产党和红军剿灭,王明的"左"倾路线却几乎断送了整个中国革命事业。

为了检讨和总结第五次反"围剿"的军事错误和长征以来的经验教训,1935 年 1 月 15 日至 17 日,在遵义召开中共中央政治局扩大会议。这一次会议是第五次反"围剿"战争失败到抗日战争兴起的转折点,从极端危急的情况下挽救了中国共产党和中国革命。

经过三天热烈讨论,会议作出下列决定:

> (一)毛泽东同志选为常委。(二)指定洛甫同志起草决议,委托常委审查后,发到支部讨论。(三)常委中再进行适当的分工。(四)取消三人团,仍由最高军事首长朱、周为军事指挥者,而恩来同志是党内委托的对于指挥军事上下最后决心的负责者。

按照惯例,会议决定需由共产国际批准,才能算数,但是当时党中央与共产国际联络的电台在过湘江时被敌机炸毁。在中国革命生死存亡的危急关头,共产党在没有任何外来干预下,第一次独立自主地解决了当时最紧迫的军事和组织问题。

遵义会议的一系列重大决策,是中国共产党同共产国际中断联系的情况下独立自主地作出的。邓小平后来评价说:

在历史上,遵义会议以前,我们的党没有形成过一个成熟的党中央。从陈独秀、瞿秋白、向忠发、李立三到王明,都没有形成过有能力的中央。我们党的领导集体,是从遵义会议开始逐步形成的。

28 年后的 1963 年 9 月,毛泽东在一次会见外宾时,这样评价遵义会议:

有先生有好处,也有坏处。不要先生,自己读书,自己写字,自己想问题。这也是一条真理。我们过去就是由先生抓着手学写字。从 1921 年党成立到 1935 年,我们就是吃了先生的亏。纲领由先生起草,中央全会的决议也由先生起草,特别是 1931 年的,使我们遭到了很大的损失。从那之后,我们就懂得要自己想问题。我们认识中国,花了几十年时间。中国人不懂中国情况,这怎么行! 真正懂得独立自主是从遵义会议开始的。这次会议批评了教条主义。教条主义说苏联一切都对,不同中国的实际相结合。

从时间维度上看,1921 年中国共产党创建到 1935 年是 14 年,而 1935 年到创立新中国又是 14 年,遵义会议刚好处在时间轴线上的中点;从思想维度上看,1935 年却是中国共产党历史上一个生死攸关的拐点——"从那以后,我们就懂得要自己想问题"。

遵义会议后,毛泽东成功地指挥红军四渡赤水河,西进云南,巧渡金沙江,跳出了国民党的包围圈,掌握了长征的主动权。

六、中日矛盾成为主要矛盾

从 1931 年九一八事变开始,又经过 1932 年淞沪抗战和 1933 年日军大举进攻热河,到 1935 年华北事变,由于日本帝国主义武装侵略和步步紧逼,中国社会矛盾和阶级关系发生了重大变化。毛泽东运用马克思主义基本原理,对这一重大变化进行了深刻剖析:"九一八事变后,中日民族矛盾逐渐上升为主要矛盾,中国国内阶级关系发生重大变动。"

"认清中国的国情,乃是认清一切革命问题的基本的根据。"中日民族矛盾上升为中国社会主要矛盾。建立抗日民族统一战线,不论从全党的认识来说还是从革命的具体实践来说,都经历了一个曲折发展的过程。在这个过程中,我们党同蒋介石的"攘外必先安内"的反动政策作坚决斗争。

以蒋介石为代表的国民党政府在九一八事变后,面对日本帝国主义的侵略,顽固地实行"攘外必先安内"的反动政策,对日采取"不抵抗"政策,致使日本侵略军迅速占领中国东北,同时侵犯上海,并炮制伪满洲国。除了对外妥协投降,蒋介石始终没有放弃对革命根据地的反革命"围剿",把大量的精力投入到内战当中,这样的消极政策使日本帝国主义的侵略更加肆无忌惮,也遭到了国内人民的强烈反对。

到 1935 年时,日本帝国主义大大加快了侵略中国的步伐,并且把矛头进一步指向华北,使中华民族同日本侵略者之间的民族矛盾急遽上升了。国民党政府先后同日本签订了丧权辱国的塘沽协定,达成"何梅协定"等,把河北、察哈尔两省的大量主权拱手让给日本。

但日本帝国主义并不因此罢手,反而更加得寸进尺,发动所谓"华北自治运动",企图将河北、山东、山西、察哈尔、绥远五省和北平、天津、青岛三个特别市脱离中国政府管辖,由它直接控制。

日本帝国主义者侵略华北的行动,激起了全国人民的愤怒,广大人民强烈地感受到民族危机日益深重,因此,对国民党政府的丧权辱国行为更加感到愤慨。民族资产阶级中要求国民党政府改变对日政策的呼声日益增强。国民党内部的爱国分子,对国民党政府一贯执行亲日政策的不满情绪也更明显地表现出来。一些不在南京政府内掌权的地方势力和政治集团,趋向于拿起抗日的旗帜来反对控制南京政府的蒋介石、汪精卫集团。

在这中华民族面临生死存亡的紧要关头,如何挽救民族的危亡,如何联合尽可能多的力量进行抗日斗争,成为摆在中国共产党和中国人民面前的最紧迫的问题。

刚刚到达陕北的中共中央发布《为日本帝国主义并吞华北及蒋介石出卖华北出卖中国宣言》。《宣言》指出:"在亡国灭种的紧急关头,我们的出路,只有坚决的武装起来,开展反对日本帝国主义侵略的民族革命战争,与打倒卖国贼首蒋介石国民党的革命战争。"《宣言》提出中国工农红军愿同"一切抗日反蒋的中国人民与武装队伍"联合起来,反对日本帝国主义。

随后,毛泽东发表对《红色中华》报记者的谈话,重申"苏维埃中央政府愿意与国内任何武装队伍订立反蒋的作战协定",进行民族革命战争,以求中国领土的解放和完整。

1935年12月下旬,在陕北瓦窑堡召开的中央政治局会议和会议通过的《关于目前政治形势与党的任务决议》,标志着党的抗日民族统一战线的政治路线和策略的完成。而毛泽东根据瓦窑堡会议精神在党的活动分子会议上所作的《论反对日本帝国主义的策略》的报告,则是对党的政治路线和策略转变的理论概括和说明。这篇文章是继《反对本本主义》之后的又一篇重要历史文献,是毛泽东实事求是思想路线在中国革命实践中一个极其重要问题——统一战线问题上的运用、体现和展开。

在《论反对日本帝国主义的策略》中,毛泽东科学地分析了当时我国政治形势:"一九三一年九月十八日的事变,开始了变中国为日本殖民地的阶段。只是日本侵略的范围暂时还限于东北四省,就使人们觉得似乎日本帝国主义者不一定前进了的样子。今日不同了,日本帝国主义者已经显示他们要向中国本部前进了,他们要占领全中国。现在是日本帝国主义要把整个中国从几个帝国主义国家都有份的半殖民地状态改变为日本独占的殖民地状态。"毛泽东明确指出:"日本帝国主义决定要变全中国为它的殖民地,而中国革命的现时力量还有严重的弱点",这两个基本事实要求中国共产党提出抗日民族统一战线的策略方针。

毛泽东在报告里全面分析了中国社会各阶级关系的新变化,说明建立抗日民族统一战线具备了可能性。他指出:"中国的工人和农民都是要求反抗的。""中国的小资产阶级也是要反抗的。""问题摆在民族资产阶级、买办阶级和地主阶级面前,摆在国民党面前,又是怎样的呢?"

毛泽东着重分析了民族资产阶级,科学地说明了民族资产阶级的两面性及其左翼有参加革命抗日的可能性,他写道:

> 问题是在今天的情况下,民族资产阶级有没有发生变化的可能性呢?我们认为是有这种可能性的。这是因为民族资产阶

级同地主阶级、买办阶级不是同一的东西,他们之间是有分别的。民族资产阶级没有地主阶级那样多的封建性,没有买办阶级那样多的买办性。民族资产阶级内部有同外国资本和本国土地关系较多的一部分人,这一部分人是民族资产阶级的右翼,我们暂且不去估计他们的变化的可能性。问题是在没有那些关系或者关系较少的那些部分。我们认为在殖民地化威胁的新环境之下,民族资产阶级的这些部分的态度可能发生变化。这个变化的特点就是他们的动摇。他们一方面不喜欢帝国主义,一方面又怕革命的彻底性,他们在这二者之间动摇着……变化的程度怎样呢? 总的特点是动摇。但在斗争的某些阶段,他们中间的一部分(左翼)是有参加斗争的可能的。其另一部分,则有由动摇而采取中立态度的可能。

在对中国社会各阶级对抗日问题态度的方面,毛泽东得出的结论就是:"在日本帝国主义打进中国本部来了这个基本的变化上面,变化了中国各阶级之间的相互关系,扩大了民族革命营垒的势力,减弱了民族反革命营垒的势力。"就是说,在中国具备了建立抗日民族统一战线的可能性。同时,毛泽东论证了建立抗日民族统一战线具有十分的必要性:"日本帝国主义决定要变全中国为它的殖民地,和中国革命的现时力量还有严重的弱点,这两个基本事实就是党的新策略即广泛的统一战线的出发点。组织千千万万的民众,调动浩浩荡荡的革命军,是今天的革命向反革命进攻的需要。只有这样的力量,才能把日本帝国主义和汉奸卖国贼打垮,这是有目共见的真理。因此,只有统一战线的策略才是马克思列宁主义的策略。"

毛泽东特别强调了党在民族统一战线中的领导权问题,要求全党牢牢汲取 1927 年革命失败的经验教训:"现时革命方面的特点,是有了经过锻炼的共产党,又有了经过锻炼的红军。这是一件至关重要的事。如果现时还没有经过锻炼的共产党和红军,那就会发生极大的困难。""共产党和红军不但在现在充当着抗日民族统一战线的发起人,而且在将来的抗日政府和抗日军队中必然要成为坚强的台柱子,使日本帝国主义者和蒋介石对于抗日民族统一战线所使用的拆台政策,不能达到最后的目的。"

最后,毛泽东满怀信心地说:"共产党人现在已经不是小孩子了,他们能够善处自己,又能够善处同盟者。"就是说,中国共产党人已经长大成熟了,他能够正确处理建立抗日民族统一战线过程中的各种复杂矛盾关系。"我们中华民族有同自己的敌人血战到底的气概,有在自力更生的基础上光复旧物的决心,有自立于世界民族之林的能力。"这说明独立自主是我们民族的本性,只要我们中华民族团结起来,必能打败日本侵略者,重振中华雄风。

我们看到,以毛泽东为代表的党的马克思主义策略路线形成了,而且这个策略思想是与哲学思想统一的,是以哲学为指南和基础的,逐步成为党中央观察和处理中国革命重大问题的根本指导思想。

第五章　哲学智慧指导化解多重风险考验

抗日战争时期,中国共产党面临三重风险考验:一是苏联对中国共产党的影响,导致党内"左"倾教条主义问题严重;二是日本帝国主义的侵略,导致中国面临亡国灭种的危险;三是国民党不断制造摩擦,导致抗日民族统一战线面临随时破裂的危险。为了应对上述问题,毛泽东运用哲学智慧,一一予以化解:通过《实践论》《矛盾论》等著作,提高党内同志们的理论水平,并开展整风运动,清算党内主观主义、宗派主义和党八股;通过《论持久战》《论反对日本帝国主义的策略》等名

篇,系统论述持久战总方针和人民战争思想,并提出建立抗日民族
统一战线,实现最广泛的全民族抗战局面;通过《目前抗日统一战
线中的策略问题》等文章,以有理有利有节的斗争原则赢得国共两
党团结抗战。可以说,在整个抗日战争期间,毛泽东都在自觉运用
马克思主义哲学武器结合当时的国情,分析社会矛盾,指导革命
实践。

一、哲学名著纠正"左"倾教条主义

毛泽东的《实践论》《矛盾论》以哲学形式表达了中国革命的实
践智慧,是中国革命的认识论和辩证法,成为中国共产党人世界观和
方法论的基本底色。

《实践论》《矛盾论》写作于 1937 年 7 月、8 月,是毛泽东哲学思
想的代表性著作,其诞生有着深厚的历史背景。中国共产党从 1921
年成立到 1937 年全面抗战爆发的历史进程中,革命道路艰难曲折,
既有成功的经验,也有失败的教训。这其中,在苏联的支持下,王明
"左"倾教条主义在党内占了统治地位。这些喝过"洋墨水"的人自
诩为"马列主义理论家",鼓吹"山沟里出不了马列主义",指责
毛泽东的正确主张是"狭隘的经验论""右倾机会主义"等,最终导致
红军的第五次反"围剿"失败,被迫进行"战略转移",给中国革命造
成重大的损失。当遵义会议事实上确立了毛泽东在全党全军的领导
地位后,毛泽东开始思考如何纠正"左"倾教条主义。他到处找马列
的书来读,甚至患病躺在担架上也还在读《反杜林论》。当红军到达
陕北后,读书条件得到显著改善,毛泽东仍然专注清算教条主义错
误。他时常自叹"我的工具不够",因此,到延安发愤读书,"作工具

的研究,即研究哲学,经济学,列宁主义,而以哲学研究为主"①。凡是在延安能找到的马列哲学著作和有关读物,毛泽东都找来读。在延安没有的,他就写信请国统区从事统战工作的同志买。李达写的《社会学大纲》在 1937 年出版后,专门给毛泽东寄了一本。他读后很高兴,专门回信称赞这是一本好书,是中国人自己写的第一本马克思主义的哲学教科书。他对艾思奇的《哲学与生活》评价也很高,读后还作了 3000 字的详细摘录,并写信说"你的《哲学与生活》是你的著作中更深刻的地方,我读了得益很多"。除此之外,他还读了大量的哲学方面的书籍,这为他写《实践论》和《矛盾论》奠定了坚实的基础。

这年 7 月,在延安凤凰山简陋的窑洞中,毛泽东写出《辩证法唯物论(讲授提纲)》第二章第十一节"实践论",这一节后来单独成篇,以原题为篇名编入《毛泽东选集》。写作"实践论"的目的正是"揭露看轻实践的教条主义这种主观主义"。以此作为讲稿,毛泽东在抗大深入浅出讲授"实践论",用生动的例证讲解深奥的哲学原理,"听课的老同志笑了,新同志笑了,教员笑了,炊事员也笑了。一把钥匙开了千把锁"。新中国成立后,经修改完善,1950 年 12 月 29 日,《实践论》刊发于《人民日报》头版。

《实践论》是为着用马克思主义的认识论观点去揭露中国共产党内的主观主义特别是教条主义的错误而写的。这篇文章以认识和实践的辩证关系为核心,全面地阐明实践作为认识的来源、动力、标准对于认识的基础地位和主导作用,指出:人的认识一点儿也不能离开社会实践,实践是认识的来源,是推动认识发展的动力,是检验认

---

① 《毛泽东书信选集》,中央文献出版社 2003 年版,第 123 页。

识的真理性的标准,"实践的观点是辩证唯物论的认识论之第一的和基本的观点"。文章论述了基于实践的关于认识的发展过程,即从实践中产生感性认识,从感性认识上升到理性认识,从理性认识又回到实践。"实践、认识、再实践、再认识,这种形式,循环往复以至无穷,而实践和认识之每一循环的内容,都比较地进到了高一级的程度。"①文章论述了绝对真理和相对真理的相互关系,指出:在绝对真理的长河中,人们对于在一定发展阶段上的认识只具有相对的真理性。无数相对的真理之总和,就是绝对的真理。客观现实世界的变化运动永远没有完结,人们在实践中对于真理的认识也就永远没有完结。马克思列宁主义并没有结束真理,而是在实践中不断地开辟认识真理的道路。文章对教条主义和经验主义的表现形式及特征作了分析,指明教条主义者不承认认识依赖于实践,他们的思想超过客观过程的一定发展阶段,离开了当前大多数人的实践,离开了当前的现实性;经验主义者不承认革命理论对革命实践的指导作用,他们尊重经验而看轻理论,因而不能通观客观过程的全体,缺乏明确的方针,没有远大的前途,沾沾自喜于一得之功和一孔之见。② 文章从哲学的高度,指出教条主义和经验主义的本质,都是以主观和客观相分裂,以认识和实践相脱离为特征的。

8月7日,毛泽东写完《辩证法唯物论(讲授提纲)》第三章第一节"矛盾统一法则",并以此为讲稿在抗大作过讲演。这一节后来经他作了部分补充、删节和修改,以《矛盾论》为篇名收入《毛泽东选集》。《矛盾论》是作者继《实践论》之后,为了同一目的,即为了克服存在于中国共产党党内的严重的教条主义思想而写的。文章指出,

---

① 《毛泽东选集》第一卷,人民出版社 1991 年版,第 284、296—297 页。
② 参见《毛泽东选集》第一卷,人民出版社 1991 年版,第 291—295 页。

事物的矛盾法则,即对立统一的法则,是唯物辩证法的最根本的法则。事物发展的根本原因,不是在事物的外部而是在事物的内部,在于事物内部的矛盾性,一事物和他事物的互相联系和互相影响则是事物发展的第二位的原因。"外因是变化的条件,内因是变化的根据,外因通过内因而起作用"。① 文章论述了矛盾的普遍性和特殊性,而特别着力地分析了矛盾的特殊性问题。文章说:矛盾的普遍性是指矛盾存在于一切事物的发展过程中,每一事物的发展过程中存在着自始至终的矛盾运动;矛盾的特殊性是指一事物区别于他事物的及每一物质的运动形式所具有的特殊的本质。研究矛盾的特殊性,不能带主观随意性,必须对它们进行具体的分析。不同质的矛盾,只有用不同质的方法才能解决。教条主义者不懂得必须研究矛盾的特殊性,拒绝对具体事物做任何艰苦的研究工作,不用脑筋具体地分析任何事物。他们不了解各种革命情况的区别,因而也不了解应当用不同的方法去解决不同的矛盾,而只是千篇一律地使用一种自以为不可改变的公式到处硬套。文章论述了主要矛盾和矛盾的主要方面,指出:在复杂的事物的发展过程中,有许多的矛盾存在,其中必有一种是主要矛盾。主要矛盾起着领导的、决定的作用,其他的矛盾则处于次要的和服从的地位。抓住了这个主要矛盾,一切问题就迎刃而解了。矛盾着的两方面中,必有一方面是主要的,他方面是次要的。事物的性质,主要是由取得支配地位的矛盾的主要方面所规定的。矛盾的主要和非主要的方面互相转化着,事物的性质也就随着起变化。文章说,对于主要的矛盾和非主要的矛盾、矛盾的主要方面和非主要方面的研究,是革命政党正确地决定其政治上和军事上

---

① 《毛泽东选集》第一卷,人民出版社 1991 年版,第 302 页。

的战略战术方针的重要方法之一。文章论述了矛盾的同一性和斗争性。矛盾的同一性包含两种情形:第一,事物发展过程中的每一种矛盾的两个方面,各以同它对立着的方面为自己存在的前提,双方共处于一个统一体中;第二,矛盾着的双方,依据一定的条件,各向着其相反的方面转化。矛盾的斗争性是指两个矛盾方面的互相排斥、互相斗争。矛盾的斗争贯穿于过程的始终,并使一过程向着他过程转化。对抗是矛盾斗争的一种形式,而不是矛盾斗争的一切形式。对抗性矛盾和非对抗性矛盾在一定条件下可以互相转化。斗争性寓于同一性之中,在同一性中存在着斗争性。有条件的相对的同一性和无条件的绝对的斗争性相结合,构成了一切事物的矛盾运动。①

实践论和矛盾论除了纠正党内"左"倾教条主义错误、提高同志们的哲学思想水平外,还具有重大的实践价值。毛泽东的实践智慧可以说就是把马克思主义的普遍原理与中国革命实际相结合。实践智慧指的是一种有关实践或行为的明智考虑的理性能力,表现为在普遍性原理的指导下对具体性和特殊性的关注,表现为驾驭和处理实践中相互矛盾因素的能力。中国革命的极为特殊性和复杂性,决定了需要高超的实践智慧才能取得胜利。忽视中国革命实践的具体性而执着于普遍性的理论,正是教条主义的思想特征。毛泽东的智慧在于,一方面在中国革命实践中表现出卓越的实践智慧,另一方面又将这种实践智慧升华为普遍性的哲学理论。或者说,对中国革命实践的具体性及实践智慧进行反思,以哲学的形式表达出来。这不仅使毛泽东远远超越党内的教条主义者,而且使毛泽东的哲学思想从根本上超越于纯粹的理论哲学或书斋哲学。

---

① 参见《毛泽东选集》第一卷,人民出版社 1991 年版,第 305—333 页。

《实践论》《矛盾论》这两篇光辉著作,丰富和发展了马克思主义的认识论和辩证法,蕴含着深邃的哲学思想,其不仅为中国共产党提供了科学的世界观和方法论,还为党的思想路线奠定了理论基础,是我们党的巨大精神财富,至今仍具有重要的指导意义。

二、整风运动清算"左"倾教条主义

20世纪40年代的延安整风,是中国共产党历史上一次全党范围的普遍的马克思主义教育运动,也是一次伟大的思想解放运动。通过延安整风,毛泽东提出反对主观主义、宗派主义、党八股,是对马克思主义哲学思想的灵活运用,使全党不仅初步确立了实事求是的思想路线,破除了将苏共经验和共产国际指示神圣化的教条主义,而且将马克思主义中国化的第一个理论成果——毛泽东思想确定为党的指导思想,从而极大地推动了马克思主义中国化的进程,对中国革命和建设事业产生了深远的影响。

冬去春来,中国人民在浴血抗战中迎来了1942年。这时全面抗日战争已经进入第6年,虽然形势依然严峻,但是随着抗日力量不断增长,中国抗战和世界反法西斯斗争已经处在胜利的前夜。

在抗战紧要关头开展全党整风,是党中央和毛泽东深谋远虑的战略之举。全面抗战以来,日军不断加紧对敌后根据地的"扫荡",使党领导的抗日民主根据地受到很大损害。国民党顽固派两次发动反共攻势,加紧封锁边区,使根据地财政经济遇到了极大困难,中国共产党及其领导的抗日军民进入抗战以来最困难的时期。

从党自身情况看,一方面,党内对历史上曾经出现的"左"、右倾错误,特别是王明的"左"倾教条主义错误,还没来得及从思想上彻底清算。主观主义、宗派主义、党八股等残余还严重束缚着广大党员的思想。另一方面,抗战以来党的队伍有了突飞猛进的发展。红军长征到达陕北时,全国仅有党员 4 万人左右。短短几年之后,到1942 年初,全国已有党员 80 万人,党领导的武装力量达 50 万人。但是,快速的发展也带来了不少问题:党员队伍大部分是抗日救亡高潮时投身革命的,新党员、新干部在全党占 90%。他们大多没有经过革命斗争的严峻考验,对马克思主义与中国革命的实际还缺乏深入理解,党员干部的政治素质和理论水平亟待提高。

指导艰苦卓绝的抗日战争和伟大社会革命,必须要有一个坚强有力的党。党内外形势任务的变化发展,迫切需要通过开展整风运动,使全党接受一次普遍的马克思主义教育和思想启蒙,从而推动全党的团结和统一,使党成为领导抗日战争和伟大社会革命的坚强核心。毛泽东对整风寄予了厚望,他希望通过整风,“把马列主义搞通,把主观主义反倒”,“延安的干部教育好了,学习好了,现在可以对付黑暗,将来可以迎接光明,创造新世界,这个意义非常之大,这是全国性的”。[①] 这段话深入透彻地阐明了整风的重大意义。

1942 年 2 月 1 日,毛泽东在中央党校开学典礼作了《整顿学风党风文风》的报告,提出:“我们的学风还有些不正的地方,我们的党风还有些不正的地方,我们的文风也有些不正的地方。所谓学风有些不正,就是说有主观主义的毛病。所谓党风有些不正,就是说有宗派主义的毛病。所谓文风有些不正,就是说有党八股的毛病。”“反对主观主义以整顿学风,反对宗派主义以整顿党风,反对党八股以整顿文风,这就是我们的任务。”[②]关于主观主义,报告指出:“我们党内

---

① 《毛泽东文集》第二卷,人民出版社 1993 年版,第 411—412 页。
② 《毛泽东选集》第三卷,人民出版社 1991 年版,第 812 页。

的主观主义有两种:一种是教条主义,一种是经验主义。""但是在这两种主观主义中,现在在我们党内还是教条主义更为危险。""对于马克思主义的理论,要能够精通它、应用它,精通的目的全在于应用。""马克思列宁主义理论和中国革命实际,怎样互相联系呢? 拿一句通俗的话来讲,就是'有的放矢'。""马克思列宁主义和中国革命的关系,就是箭和靶的关系。""真正的理论在世界上只有一种,就是从客观实际抽出来又在客观实际中得到了证明的理论,没有任何别的东西可以称得起我们所讲的理论。""我们所要的理论家是什么样的人呢? 是要这样的理论家,他们能够依据马克思列宁主义的立场、观点和方法,正确地解释历史中和革命中所发生的实际问题,能够在中国的经济、政治、军事、文化种种问题上给予科学的解释,给予理论的说明。"①关于宗派主义,报告指出:"由于二十年的锻炼,现在我们党内并没有占统治地位的宗派主义了。但是宗派主义的残余是还存在的,有对党内的宗派主义残余,也有对党外的宗派主义残余。对内的宗派主义倾向产生排内性,妨碍党内的统一和团结;对外的宗派主义倾向产生排外性,妨碍党团结全国人民的事业。"②关于党八股,报告指出:"党八股是藏垢纳污的东西,是主观主义和宗派主义的一种表现形式。它是害人的,不利于革命的,我们必须肃清它。"报告最后指出:"我们反对主观主义、宗派主义、党八股,有两条宗旨是必须注意的:第一是'惩前毖后',第二是'治病救人'。""对待思想上的毛病和政治上的毛病,决不能采用鲁莽的态度,必须采用'治病救人'的态度,才是正确有效的方法。"③他在报告中剖析了主观主

---

① 《毛泽东选集》第三卷,人民出版社 1991 年版,第 819、815、817、814 页。
② 《毛泽东选集》第三卷,人民出版社 1991 年版,第 821 页。
③ 《毛泽东选集》第三卷,人民出版社 1991 年版,第 827—828 页。

义和宗派主义问题,对它们的表现作了具体分析,阐明了整风的方针是"惩前毖后,治病救人"。这个报告编入《毛泽东选集》时,题为《整顿党的作风》。

1942年2月8日,毛泽东在延安干部会上作《反对党八股》的演说,明确指出党八股是主观主义和宗派主义的一种表现形式,并列举了党八股的八大罪状,把文风提到了党风的高度,使人耳目一新。他指出:党八股是主观主义、宗派主义的一种表现形式,打倒党八股,就使主观主义、宗派主义没有藏身的地方。"从历史来看,党八股是对于五四运动的一个反动。""但五四运动本身也是有缺点的。那时的许多领导人物,还没有马克思主义的批判精神,他们使用的方法,一般地还是资产阶级的方法,即形式主义的方法。"所以,党八股"也是五四运动的消极因素的继承、继续或发展"。"如果我们今天不反对新八股和新教条主义,则中国人民的思想又将受另一个形式主义的束缚。"演说详细论述了党八股的"八大罪状",并强调指出:"无产阶级的最尖锐最有效的武器只有一个,那就是严肃的战斗的科学态度。""要使革命精神获得发展,必须抛弃党八股,采取生动活泼新鲜有力的马克思列宁主义的文风。"①这个演说也编入《毛泽东选集》。

毛泽东这两个报告,标志着延安整风运动由准备时期转入普遍整风时期,由少数高级干部的学习发展到延安各级领导机关的干部和党员的学习。

1942年4月3日,中央宣传部作出《关于在延安讨论中央决定及毛泽东同志整顿三风报告的决定》。5月下旬,中央政治局决定成立中央总学习委员会,负责领导整风学习。延安各单位、各系统包括

---

① 《毛泽东选集》第三卷,人民出版社1991年版,第831—832、835、840页。

中央机关和陕甘宁边区等都成立了学习委员会,有 1 万多名干部参加整风学习。

在整风过程中,学习氛围十分浓厚。那时候,在前方没有好的学习条件。毛泽东提倡,抓紧在延安这个和平环境学习。各地选出来的七大代表,集中到中央党校学习。一时间,同志之间无处不谈整风学习,无处不谈思想改造,会上会下,饭后到延河散步,星期天访亲看友,大家都在相互切磋,砥砺奋进。有的干部说:原来一直觉得自己又进步又革命,同旧世界早就决裂了。其实,旧思想、旧意识还很深,小资产阶级王国在主宰一切。立场、感情、思想同工农兵格格不入,通过这次整风学习,才使自己从孤悬万丈的高空,落到真正平实的地面,真正在精神领域进行了一场自我革命。

特别值得一提的是,在延安整风期间,中央领导率先垂范,身体力行。毛泽东带头作自我批评。他评价自己说:“决议(指《关于若干历史问题的决议》)把许多好事挂在我的账上,我不反对,但这并不否认我有缺点错误,只是因为考虑到党的利益才没有写在上面,这是大家要认识清楚的,首先是我。”“一九四一年边区老百姓中有人说雷公咋不打死毛泽东,这就引起我的警觉,分析原因,发现是征粮太重了,于是就发展大生产运动。党校去年有人说我是官僚主义,这也使我下决心到党校去多接近一些人。”“决议案上把好事都挂在我的账上,所以我对此要发表点意见。写成代表,那还可以,如果只有我一个人,那就不成其为党了。”①毛泽东带头开展批评和自我批评,营造了与人为善、团结同志,同时又敢于批评、帮助同志的良好局面,有力推动了整风运动的深化。

---

① 《毛泽东文集》第三卷,人民出版社 1996 年版,第 284—285 页。

曾经到访过延安的美国记者斯诺回忆说，他在红军营地发现："最使人感到兴趣的也许是分别用来进行表扬和批评的红栏和黑栏了。'表扬'的内容是称赞个人或集体的勇气、无私、勤劳和其他美德。在黑栏里，同志们互相进行严厉的批评，并批评他们的军官（指名道姓的），例如说没有把步枪擦干净，学习马虎，丢掉一颗手榴弹或一把刺刀，值勤时抽烟，'政治落后'，'个人主义'，'反动习气'，等等。"朱德告诉斯诺："军队里任何一个战士都可以直接向总司令告状——而且也常常这样做。"①1942 年 12 月，一位分区司令员向毛泽东汇报工作时，提到自己被边区的一个老乡提了意见，受批评了。毛泽东高兴地说道，这是天大的好事！这个老乡很有觉悟，中国几千年的历史，都是老百姓受官府的气，受当兵的欺负，他们敢怒不敢言，现在他敢向你一个分区司令提意见，敢批评"长官"，你们看这有多么好！这是多么了不起的变化！②

延安整风是中国共产党历史上一次伟大自我革命的创举。通过整风，全党提高了马克思主义水平，统一了认识。实事求是的思想深入人心，理论联系实际、密切联系群众、批评和自我批评的优良作风自此形成，在之后的革命斗争中产生了不可估量的巨大作用。

三、我们的文学艺术都是为人民大众的

在整风过程中，延安文艺界的问题也暴露出来。全面抗战爆发后，全国的文艺青年从四面八方奔赴延安，他们满怀革命和救国热

---

① ［美］埃德加·斯诺：《西行漫记》，东方出版社 2010 年版，第 290、357 页。
② 参见黄一兵：《作风建设永远在路上——从延安整风运动说起》，《百年潮》2019 年第 9 期。

情,但对如何掌握革命文化的武器为抗战和人民大众服务,如何与工农兵结合正确发挥自己的才能,并不是很清楚。毛泽东运用马克思主义哲学思想,结合知识分子群体的自身特点,提出了文艺工作的原则,指明了文艺工作者努力的方向,为文艺工作的进一步繁荣打下了坚实的基础。

　　文艺界内部除了存在上述问题,由于长期以来的一些争论、分歧,还存在宗派主义和不团结的现象。对此,毛泽东十分重视。为了深入了解情况,他接触了许多文艺界人士,同萧军、艾青、刘白羽、丁玲等进行了深入交谈,真诚坦率交换意见。1942年4月下旬的一天,毛泽东邀请鲁迅艺术学院文学系和戏剧系的几位党员教师何其芳、严文井、周立波、曹葆华、姚时晓等到杨家岭谈话。毛泽东一见面就问:你们是主张歌颂光明的吧? 听说你们有委屈情绪。一个人没有受过十年八年委屈,就是教育没有受够。又说:知识分子到延安以前,按照小资产阶级的幻想把延安想得一切都很好。延安主要是好的,但也有缺点。这样的人到了延安,看见了缺点,看见了不符合他们的幻想的地方,就对延安不满,就发牢骚。在回答是喜欢李白还是喜欢杜甫的问题时,毛泽东说:我喜欢李白,但李白有道士气。杜甫是站在小地主的立场。有人问:现在反映抗日战争的作品感人的比较少,是不是由于生活要经过沉淀,经过一段时间的隔离,然后才能够写成很好的作品? 毛泽东说:写当前的斗争也可以写得很好,4月6日《解放日报》上一篇黄钢的作品《雨》,写得很好,就是写当前敌后抗日战争的。[①] 经过认真调查和充分准备,党中央和毛泽东决定召开文艺座谈会来解决存在的问题。

---

① 　参见杜忠明:《延安文艺座谈会纪实》,中央文献出版社2012年版,第152—154页。

5月2日至23日,中共中央在杨家岭召开了延安文艺座谈会,有100多人参会。这次会议共召开了三次大会。毛泽东在2日出席延安文艺工作者座谈会,发表讲话。他说:"今天邀集大家来开座谈会,目的是要和大家交换意见,研究文艺工作和一般革命工作的关系,求得革命文艺的正确发展,求得革命文艺对其他革命工作的更好的协助,借以打倒我们民族的敌人,完成民族解放的任务。""在我们为中国人民解放的斗争中,有各种的战线,就中也可以说有文武两个战线,这就是文化战线和军事战线。我们要战胜敌人,首先要依靠手里拿枪的军队,但是仅仅有这种军队是不够的,我们还要有文化的军队,这是团结自己、战胜敌人必不可少的一支军队。""我们今天开会,就是要使文艺很好地成为整个革命机器的一个组成部分,作为团结人民、教育人民、打击敌人、消灭敌人的有力的武器,帮助人民同心同德地和敌人作斗争。为了这个目的,有些什么问题应该解决的呢?我以为有这样一些问题,即文艺工作者的立场问题,态度问题,工作对象问题,工作问题和学习问题。"①关于立场问题,毛泽东指出:"我们是站在无产阶级的和人民大众的立场。"②关于态度问题,指出:歌颂和暴露两种态度都是需要的,问题是在对什么人。对于敌人,应当暴露他们的残暴和欺骗,指出他们必然要失败的趋势。对于人民群众、人民的军队、人民的政党,则应当赞扬,使他们团结、进步、同心同德、向前奋斗。③ 关于工作对象问题和工作问题,指出:工作对象问题就是文艺作品给谁看的问题。"文艺作品在根据地的接受者,是工农兵以及革命的干部"。这"就发生一个了解他们熟悉他们的问

① 《毛泽东文集》第三卷,人民出版社1996年版,第847—848页。
② 《毛泽东文集》第三卷,人民出版社1996年版,第848页。
③ 参见《毛泽东文集》第三卷,人民出版社1996年版,第848—849页。

题"。要了解和熟悉各种人,了解和熟悉各种事情,就需要做很多的工作。"我们知识分子出身的文艺工作者,要使自己的作品为群众所欢迎,就得把自己的思想感情来一个变化,来一番改造"。关于学习问题,指出:"我的意思是说学习马克思列宁主义和学习社会"。"文艺工作者应该学习文艺创作,这是对的,但是马克思列宁主义是一切革命者都应该学习的科学,文艺工作者不能是例外"。文艺工作者还要学习社会。只有这样,"我们的文艺才能有丰富的内容和正确的方向"。① 毛泽东还结合自己的经历,现身说法,讲述了知识分子接触工农、转变感情的过程,给与会者留下全新感受和难忘印象。会议进行了热烈的讨论。

　　5月16日,毛泽东出席了第二次全体会议,听取了与会者对文艺问题发表的各种意见。

　　5月21日,毛泽东出席中共中央政治局会议,会议讨论目前时局、整风学习、文艺座谈会等问题。关于延安文艺座谈会的结论问题,毛泽东说:延安文艺界中小资产阶级自由主义浓厚。现在很多作品描写的是小资产阶级,对小资产阶级的同情。鲁迅的《阿Q正传》是同情工农的,与延安文艺界不同。必须整顿文风,必须达到文艺与群众结合。要注意普及与提高,并以普及为基本的。同时,注意吸收外国的东西。会议同意毛泽东指出的延安文艺界中存在着的偏向,党的文艺政策的基本方针是为群众和如何为群众的问题。会议决定,今后中央宣传部、中央组织部要根据毛泽东在延安文艺座谈会所作的结论,经常有计划地召集文艺界的党员开会,加强党对文艺界整

---

① 《毛泽东文集》第三卷,人民出版社1996年版,第851—852页。

风运动的领导。①

　　5月23日,毛泽东出席最后一次全体会议。在会议结论中,他进一步阐明了革命文艺为人民大众服务的根本方向的问题。面对着文艺界存在的错综复杂的种种问题,他不是就事论事地纠缠在这些具体问题上,而是高屋建瓴地从问题的根本下手。他一开始就说:"什么是我们的问题的中心呢? 我以为,我们的问题基本上是一个为群众的问题和一个如何为群众的问题。""我的结论,就以这两个问题为中心,同时也讲到一些与此有关的其他问题。"②这就从千头万绪中一下子抓住了要领。萧军评论道:"毛泽东看问题深刻,文艺界那么多问题,他一抓就抓住了。"③毛泽东在讲话中尖锐地指出:"为什么人的问题,是一个根本的问题,原则的问题。过去有些同志间的争论、分歧、对立和不团结,并不是在这个根本的原则的问题上,而是在一些比较次要的甚至是无原则的问题上。而对于这个原则问题,争论的双方倒是没有什么分歧,倒是几乎一致的,都有某种程度的轻视工农兵、脱离群众的倾向。""这个根本问题不解决,其他许多问题也就不易解决。"④"同志们很多是从上海亭子间来的;从亭子间到革命根据地,不但是经历了两种地区,而且是经历了两个历史时代。一个是大地主大资产阶级统治的半封建半殖民地的社会,一个是无产阶级领导的革命的新民主主义的社会。到了革命根据地,就是到了中国历史几千年来空前未有的人民大众当权的时代。我们周

---

　　① 参见《毛泽东年谱(1893—1949)(修订本)》中卷,中央文献出版社2013年版,第380—381页。
　　② 《毛泽东选集》第三卷,人民出版社1991年版,第853、854页。
　　③ 萧军:《难忘的延安岁月》,见《延安文艺回忆录》,中国社会科学出版社1992年版,第114页。
　　④ 《毛泽东选集》第三卷,人民出版社1991年版,第857—858页。

围的人物,我们宣传的对象,完全不同了。过去的时代,已经一去不复返了。因此,我们必须和新的群众相结合,不能有任何迟疑。"①在如何为工农兵服务的问题上,毛泽东着重谈了普及和提高的关系,他认为:我们提高,是在普及基础上的提高;我们的普及,是在提高指导下的普及。在目前条件下,普及工作的任务更为迫切。"所谓普及,也就是向工农兵普及,所谓提高,也就是从工农兵提高。"这就需要解决向工农兵学习的问题,和新的时代相结合的问题,毛泽东深刻地指出:"鲁迅的两句诗,'横眉冷对千夫指,俯首甘为孺子牛',应该成为我们的座右铭。"他号召:"一切共产党员,一切革命家,一切革命的文艺工作者,都应该学鲁迅的榜样,做无产阶级和人民大众的'牛',鞠躬尽瘁,死而后已。"关于文艺批评,毛泽东说:我们要求的是"政治和文艺的统一,内容和形式的统一,革命的政治内容和尽可能完美的艺术形式的统一"。② 毛泽东对讨论中暴露出的许多思想问题,就其中比较重要的进行了分析。他最后说,延安文艺界还严重地存在着作风不正的东西,还有很多的唯心论、教条主义、空想、空谈、轻视实践、脱离群众等缺点,"需要有一个切实的严肃的整风运动","展开一个无产阶级对非无产阶级的思想斗争"。他相信经过整风,大家"一定能够创造出许多为人民大众所热烈欢迎的优秀的作品,一定能够把革命根据地的文艺运动和全中国的文艺运动推进到一个光辉的新阶段"。③ 他指出,为什么人的问题,是一个根本的问题、原则的问题。我们的文学艺术都是为人民大众的,首先是为工农兵的,为工农兵而创作,为工农兵所利用的。中国的革命的文学家

①　《毛泽东传(1893—1949)》,中央文献出版社 2004 年版,第 667—668 页。
②　《毛泽东选集》第三卷,人民出版社 1991 年版,第 859、877、869—870 页。
③　《毛泽东选集》第三卷,人民出版社 1991 年版,第 875、877 页。

艺术家,有出息的文学家艺术家,必须到群众中去,必须长期地无条件地全心全意地到工农兵群众中去,到火热的斗争中去,到唯一的最广大最丰富的源泉中去,观察、体验、研究、分析一切人,一切阶级,一切群众,一切生动的生活形式和斗争形式,一切文学和艺术的原始材料,然后才有可能进入创作过程。① 这个讲话和 5 月 2 日作的结论合为一篇编入《毛泽东选集》,题为《在延安文艺座谈会上的讲话》。

毛泽东作总结讲话的时候,夜幕已经降临。会场从室内挪到礼堂外的露天场地。在西北高原广阔的天宇下,煤气灯的光芒格外耀眼,大家认真聆听,思想豁然开朗,眼前展现出一片崭新的天地。

延安文艺座谈会的召开对文艺界的整风运动起到了有力推进作用。延安文艺界一扫过去那种脱离实际、脱离群众的不良风气,深入群众,深入基层,创造出《白毛女》《兄妹开荒》《小二黑结婚》《李有才板话》《王贵与李香香》等优秀作品。

特别重要的是,毛泽东在延安文艺座谈会的讲话中提出了著名的"思想入党"的观点:"我们有许多同志还不大清楚无产阶级和小资产阶级的区别。有许多党员,在组织上入了党,思想上并没有完全入党,甚至完全没有入党","为要领导革命运动更好地发展,更快地完成,就必须从思想上组织上认真地整顿一番。而为要从组织上整顿,首先需要在思想上整顿,需要展开一个无产阶级对非无产阶级的思想斗争。"②

这段话的意义已经不限于文艺界整风,对指导全党思想建设和作风建设,特别是提高广大党员干部改造世界观的自觉性,都有重要意义。

---

① 参见《毛泽东选集》第三卷,人民出版社 1991 年版,第 861、863 页。
② 《毛泽东选集》第三卷,人民出版社 1991 年版,第 875 页。

四、唯物史观揭示兵民的力量

毛泽东在《论持久战》中提出的"兵民是胜利之本",揭示了共产党人的持久战更加注重动员与武装民众,是在动员群众基础上进行的抗战,最终胜利一定属于中国。历史充分表明,以毛泽东为主要代表的中国共产党人,注重以本土资源作为动力,善于运用马克思主义哲学原理分析和解决重大现实问题,并在实践中丰富和发展马克思主义理论,最终战胜了强大的敌人,充分体现了毛泽东思想的理论价值与现实意义。

1937年7月7日,卢沟桥事变爆发,日本侵略者先后占领北平、上海、南京等大城市,大片国土相继沦陷。

一时间,对抗战失去信心者大肆渲染悲观主义情绪,"亡国论"甚嚣尘上。这种论调被民族失败主义者、汉奸、亲日派所利用,通过论证中国不能抗日,滋长投降派妥协情绪。不过,平型关大捷、台儿庄大捷等胜利喜讯从前线传来,又使一些人冲昏了头脑,盲目自信于"速胜"。

在民族生死存亡之际,社会上的许多人急躁焦虑,或妥协或轻敌,导致"亡国论"和"速胜论"的错误观点在当时都有相当大的市场。

抗日战争的发展过程究竟如何?中国能否取得反侵略战争的胜利?怎样才能夺取胜利?多久才能取得胜利?战火硝烟弥漫,对于这些问题中国迫切需要答案。毛泽东灵活运用矛盾的观点,通过初步总结全国抗战经验,批驳种种错误观点,在《论持久战》中指明抗日战争的发展方向。

为了写作《论持久战》，毛泽东酝酿许久，提议成立延安抗日战争研究会，吸收理论干部和军事干部参加，通过集思广益，形成系统的正确理论。在繁重的工作之余，毛泽东大量阅读资料和著作，从《孙子兵法》到克劳塞维茨的《战争论》，纵横古今，涵盖中西。

1938 年 5 月 26 日—6 月 3 日，毛泽东在延安抗日战争研究会作《论持久战》讲演。他全面分析了中日战争所处的时代和中日双方的基本特点，阐述了中国抗日战争的持久战总方针，批驳了亡国论和速胜论。他指出："中日战争不是任何别的战争，乃是半殖民地半封建的中国和帝国主义的日本之间在二十世纪三十年代进行的一个决死的战争。"战争的双方存在互相矛盾的许多特点，基本的特点是"日本的军力、经济力和政治组织力是强的，但其战争是退步的、野蛮的，人力、物力又不充足，国际形势又处于不利。中国反是，军力、经济力和政治组织力是比较地弱的，然而正处于进步的时代，其战争是进步的和正义的，又有大国这个条件足以支持持久战，世界的多数国家是会要援助中国的"。"这些特点，规定了和规定着双方一切政治上的政策和军事上的战略战术，规定了和规定着战争的持久性和最后胜利属于中国而不属于日本。"[1]亡国论者只看到敌强我弱这一个特点，速胜论者则根本忘记敌强我弱这一特点。他根据敌我双方互相矛盾着的各种因素以及这些因素在战争过程中的发展变化，预见了中国持久抗战将经历的三个阶段："第一个阶段，是敌之战略进攻、我之战略防御的时期。第二个阶段，是敌之战略保守、我之准备反攻的时期。第三个阶段，是我之战略反攻、敌之战略退却的时期。"[2]他着重分析了争取战略相持阶段到来的条件和相持阶段中敌

---

① 《毛泽东选集》第二卷，人民出版社 1991 年版，第 447、449—450 页。
② 《毛泽东选集》第二卷，人民出版社 1991 年版，第 462 页。

我斗争的形势,指出:"这个第二阶段是整个战争的过渡阶段,也将是最困难的时期,然而它是转变的枢纽。中国将变为独立国,还是沦为殖民地,不决定于第一阶段大城市之是否丧失,而决定于第二阶段全民族努力的程度。如能坚持抗战,坚持统一战线和坚持持久战,中国将在此阶段中获得转弱为强的力量。"①他还阐明能动性在战争中的作用,战争和政治的关系,实行持久战总方针所应采取的具体作战方针、作战原则和作战形式等。他指出:"在第一和第二阶段即敌之进攻和保守阶段中,应该是战略防御中的战役和战斗的进攻战,战略持久中的战役和战斗的速决战,战略内线中的战役和战斗的外线作战。在第三阶段中,应该是战略的反攻战。"②他进一步明确八路军的战略方针是:"基本的是游击战,但不放松有利条件下的运动战。"③他提出"兵民是胜利之本",阐明人民战争思想,说:"武器是战争的重要的因素,但不是决定的因素,决定的因素是人不是物。力量对比不但是军力和经济力的对比,而且是人力和人心的对比。军力和经济力是要人去掌握的。""战争的伟力之最深厚的根源,存在于民众之中。"④他再次强调人民军队政治工作的三大原则:第一是官兵一致,第二是军民一致,第三是瓦解敌军。他的讲演最后说:"抗日战争是持久战,最后胜利是中国的——这就是我们的结论。"⑤《论持久战》是毛泽东重要的军事著作,收入了《毛泽东选集》第二卷。

1938 年 7 月 1 日,党的《解放》杂志第 43、44 期的合刊正式刊出

① 《毛泽东选集》第二卷,人民出版社 1991 年版,第 465 页。
② 《毛泽东选集》第二卷,人民出版社 1991 年版,第 484 页。
③ 《毛泽东选集》第二卷,人民出版社 1991 年版,第 500 页。
④ 《毛泽东选集》第二卷,人民出版社 1991 年版,第 469、511 页。
⑤ 《毛泽东选集》第二卷,人民出版社 1991 年版,第 515 页。

《论持久战》,文章以《论持久战——论抗日战争为什么是持久战与最后胜利为什么是中国的及怎样进行持久战与怎样争取最后胜利》为题名。同年 7 月,延安解放社出版了《论持久战》单行本,毛泽东亲笔题写的书名和署名印在封面右侧上,亲笔题词"坚持抗战,坚持统一战线,坚持持久战,最后胜利必然是中国的"印在扉页。《论持久战》在国内外一经公开发表,就立即作为战略指导思想运用于以中国共产党为中流砥柱的全民抗战中。

《论持久战》是毛泽东同志运用马克思主义的认识论、方法论,精辟分析中国紧迫现实问题的又一经典之作。他批判了当时在认识抗日战争前途问题上的唯心论和机械论,指出日本发动的侵华战争不可能使中国灭亡,中国人民也不可能在短时间取得反侵略战争的胜利,抗日战争将会经历战略防御、战略相持、战略反攻三大阶段,并对每个阶段的特点、中国人民的胜利结局以及世界反法西斯战争的形势及走向作出了具体而透彻的分析与判断。毛泽东同志创造性地提出"兵民乃胜利之本"、广泛发动和依靠人民群众、积极开展人民战争的思想,为争取抗日战争的胜利指明正确道路,极大地鼓舞和坚定了中国人民夺取抗战胜利的信心和决心,对于取得全国抗战胜利起到了非常重要的战略指导作用。

五、矛盾论是抗战斗争的智慧之源

面对经济、军事实力远超中国的日本侵略者,中华民族遇到了一个强大的、凶悍的敌人。与此同时,国民党从狭隘的阶级利益出发,不断与中共发生摩擦。在这种内外交困的情况下,制定怎样的战略、战术和路线方针,关系到中华民族的生死存亡。毛泽东运用马克思主义哲学原理,紧密结合中国革命实际,始终主张站在维护全民族利益的高度,建立抗日民族统一战线,实行全面抗战。

在中共中央率领红军北上到达陕甘地区前后,日本侵略者利用国民党统治者的不抵抗主义,加紧对华北的侵略,使平津上空战云密布,整个华北危在旦夕。面对日益加深的民族危机,许多大中城市先后爆发学生运动。各地工人在全国总工会的号召下,纷纷举行罢工,支援学生斗争。上海和其他地方的爱国人士、爱国团体也纷纷成立各界救国会,要求停止内战,出兵抗日。抗日救亡斗争迅速发展成为全国规模的群众运动。这些情况表明,中国各种抗日力量要求汇合起来,组成抗日民族统一战线,共御外敌,这一使命历史地落在中国共产党身上。

中共中央结束长征到达陕北后,于1935年12月17—25日在瓦窑堡召开政治局扩大会议,讨论军事战略问题、全国的政治形势和党的策略路线问题。12月27日,毛泽东根据会议精神,作了题为《论反对日本帝国主义的策略》的报告。在报告中,他运用马克思哲学的矛盾方法论,论述了目前形势的基本特点,就是日本帝国主义要变中国为它的殖民地。这种情形,威胁到了全国人民的生存,给中国一切阶级和一切政治派别提出了"怎么办"的问题。中国工人阶级和农民阶级是中国革命最坚决的力量,他们都是要求反抗的。中国的小资产阶级也是要反抗的。大土豪、大劣绅、大军阀、大官僚、大买办们的主意早就打定了。他们组成了一个卖国贼营垒,他们的利益同帝国主义的利益是不可分离的,他们的总头子就是蒋介石。这一卖国贼营垒是中国人民的死敌。民族资产阶级是一个复杂的问题,但在今天的情况下,民族资产阶级是有发生变化的可能性的。民族资产阶级没有地主阶级那样多的封建性,没有买办阶级那样多的买办

147

性。在殖民地化威胁的新环境之下,他们的特点是动摇,但在斗争的某些阶段,他们中间的一部分(左翼)是有参加斗争的可能的。其另一部分,则有由动摇而采取中立态度的可能。他还指出:即使在地主买办阶级营垒中也不是完全统一的,这是半殖民地的环境,即许多帝国主义争夺中国的环境所造成的。由此,在革命统一战线策略方针上,他提出了一个重要原则,就是"我们要把敌人营垒中间的一切争斗、缺口、矛盾,统统收集起来,作为反对当前主要敌人之用"。因此,他特别强调:目前是大变动的前夜。党的任务就是把红军的活动和全国的工人、农民、学生、小资产阶级、民族资产阶级的一切活动汇合起来,成为一个统一的民族革命战线。在建立民族统一战线方面,他指出:党的基本的策略任务就是建立广泛的民族革命统一战线。当着革命的形势已经改变的时候,革命的策略,革命的领导方式,也必须跟着改变。目前的时局,要求我们勇敢地抛弃关门主义,采取广泛的统一战线。他进一步阐明统一战线的策略同关门主义的策略之间的原则区别,指出:日本帝国主义决定要变全中国为它的殖民地,和中国革命的现时力量还有严重的弱点,这两个基本事实就是党的新策略即广泛的统一战线的出发点。组织千千万万的民众,调动浩浩荡荡的革命军,是今天的革命向反革命进攻的需要。因此,只有统一战线的策略才是马克思列宁主义的策略。关门主义的策略则是孤家寡人的策略。关门主义"为渊驱鱼,为丛驱雀",把"千千万万"和"浩浩荡荡"都赶到敌人那一边去,只博得敌人的喝彩。我们一定不要关门主义,我们要的是制日本帝国主义和汉奸卖国贼的死命的民族革命统一战线。至于中国共产党在抗日民族统一战线中的领导作用,他指出:共产党和红军不但在现在充当着抗日民族统一战线的发起人,而且在将来的抗日政府和抗日军队中必然要成为坚强的台柱子。只要共产党和红军本身是存在的,发展的,那么,抗日民族统一战线必然也会是存在的,发展的。这就是共产党和红军在民族统一战线中的领导作用。共产党人现在已经不是小孩子了,他们能够善处自己,又能够善处同盟者。① 这篇报告收入《毛泽东选集》第一卷。

1937 年 5 月 2—14 日,中共中央在延安召开有苏区、白区和红军代表参加的党的全国代表会议,为迎接全国抗日战争的到来,做了重要准备。

在 8 日的会议上,毛泽东作《为争取千百万群众进入抗日民族统一战线而斗争》的讲话。他指出:我们说和平取得了,并不是说和平巩固了,相反,我们说它是不巩固的。在这种情况下,我们的结论不是回到"停止内战"或"争取和平"的旧口号去,而是前进一步,提出"争取民主"的新口号,只有这样才能巩固和平,才能实现抗战。我们提出"巩固和平""争取民主""实现抗战"这样三位一体的口号,是为了把革命车轮推进一步。关于民主问题,他指出:那种认为强调民主是错误,仅仅应该强调抗日的看法,是不正确的。民主是新阶段中最本质的东西,为民主即是为抗日。抗日与民主互为条件,民主是抗日的保证,抗日能给民主运动发展以有利条件。关于革命前途问题,他指出:两篇文章,上篇与下篇,只有上篇做好,下篇才能做好。坚决地领导民主革命,是争取社会主义胜利的条件,我们是为着社会主义而斗争。我们是革命转变论者,主张民主革命转变到社会主义方向去,主张经过民主共和国的一切必要的阶段,到达于社会主义,既反对尾巴主义,又反对冒险主义和急性病。不流血的转变是我们所希望和力争的。关于干部问题,他指出:要完成党在新时期的中

---

① 参见《毛泽东选集》第一卷,人民出版社 1991 年版,第 148、151、152、155、157 页。

心任务,要有许多最好的干部。我们党的组织要向全国发展,要自觉地造就成万数的干部,要有几百个最好的群众领袖。这些干部和领袖必须懂得马克思列宁主义,有政治远见,有工作能力,富于牺牲精神,能独立解决问题,在困难中不动摇,忠心耿耿地为民族、为阶级、为党而工作。关于争取千百万群众的问题,他指出:把党的方针变为群众的方针,还须要我们长期坚持的、百折不挠的、艰苦卓绝的、耐心而不怕麻烦的努力。如果经过这种努力而争取千百万群众在我们领导之下的话,那我们的革命任务就能够迅速地完成。① 毛泽东的报告和结论分别收入《毛泽东选集》第一卷。

1937 年 8 月 22—25 日,中共中央在陕北洛川城郊召开政治局扩大会议。这是在全国抗战刚刚爆发的历史转折关头召开的一次重要会议。会议通过了《中共中央关于目前形势与党的任务的决定》《中国共产党抗日救国十大纲领》和毛泽东为中央宣传部起草的宣传鼓动提纲《为动员一切力量争取抗战胜利而斗争》。该提纲分析了卢沟桥事变后全国性抗战的总形势,对国民党转变政策在抗战问题上的进步表示赞许,称赞所有前线的军队,不论陆军、空军和地方部队,都进行了英勇的抗战,显示了中华民族的英雄气概。同时提纲指出,国民党当局在发动民众和改革政治等问题上依然没有什么转变。要实现全面的民族抗战,必须全国上下共同实行一个彻底抗日的纲领,即抗日救国十大纲领。

抗日救国十大纲领的主要内容是:(一)打倒日本帝国主义;(二)全国军事总动员;(三)全国人民总动员;(四)改革政

① 参见《毛泽东选集》第一卷,人民出版社 1991 年版,第 272、274、276、277、279 页。

治机构;(五)抗日的外交政策;(六)战时的财政经济政策;
(七)改良人民生活;(八)抗日的教育政策;(九)肃清汉奸卖国
贼亲日派,巩固后方;(十)抗日的民族团结。宣传提纲强调:必
须抛弃单纯政府抗战的方针,实现全面的民族抗战的方针。中
国共产党在自己一贯的方针下,愿意和中国国民党及全国其他
党派,站在一条战线上,组成民族统一战线的坚固长城,坚决反
对投降妥协的汉奸理论和民族失败主义,争取抗日战争的彻底
胜利。①

该宣传提纲发表在 1937 年 9 月 6 日出版的《解放》周刊第 15
期,后收入《毛泽东选集》第二卷。

毛泽东关于实行全民族全面抗战路线和建立抗日民族统一战线
的主张,是其充分运用矛盾的方法论分析中日两国国情的结果,为争
取抗日战争取得最后胜利指明了方向。

自从国共实现第二次合作后,虽然两党共同对抗日本帝国主义
的侵略,但是国民党始终没有放弃反共立场,不时制造军事冲突,导
致两党关系一度走到破裂的边缘。中国共产党站在中华民族生死存
亡的高度,尽量维持国共合作的局面。这一时期,毛泽东运用矛盾论
的观点分析国民党集团的不同阶层所要求的利益不同,提出了团结
进步势力、争取中间势力、孤立顽固势力的观点,并进一步提出以斗
争求团结,斗争的原则是有理有利有节的著名观点。

1937 年抗战爆发之后,第二次国共合作形成,中共军队接受改
编,中共方面旗帜鲜明的"拥蒋抗日",国民政府也根据中共要求陆

---

① 《毛泽东选集》第二卷,人民出版社 1991 年版,第 354—357 页。

续向八路军提供军费和物资,双方在抗战初期的合作不能说没有诚意的,两党关系在初期相对融洽,政治上军事上的合作也相对积极。

但是在整个抗战期间,国共两党虽然表面上达成合作共识,但局部仍有摩擦冲突,直到1941年1月皖南事变发生,国共剑拔弩张几近全面决裂。抗战期间国共有三次较大的冲突,在中共党史上被称为"三次反共高潮"。

第一次反共高潮是国民党进攻陕北、山西等地。1939年1月,国民党五届五中全会召开,蒋介石对中共政策发生转变,决心实行防共限共措施。1939年5月,胡宗南以30万兵力包围封锁陕甘宁边区,先后占领淳化、洵邑、正宁、宁县、镇原5个县城,并集结大军准备进攻延安。但在根据地中共有很强的群众基础,国民党军队并没有占到便宜。11月还发生了"晋西事变",阎锡山进攻"新军",即山西青年抗敌决死队,该部队实际领导人是薄一波。国民党石友三、高树勋、朱怀冰等部进攻太行山地区,被击溃。到了1940年,共产党已经基本控制了山西一部、河北、山东的大部分地区。国民党失掉了在华北的优势地位。

面对国民党制造的反共高潮,毛泽东运用矛盾论的观点结合当时的斗争实际,针对国民党做出正确的斗争策略。1940年3月11日毛泽东在延安中国共产党的高级干部会议上作报告提纲——《目前抗日统一战线中的策略问题》,对斗争策略进行了充分展示。报告从9个方面进行了深入阐述。关于目前的政治形势,报告指出,抗日战争已进入战略相持阶段,但是敌人仍然坚持其灭亡中国的基本政策,并用破坏抗日统一战线、加紧敌后"扫荡"、加紧经济侵略等方法实行这种政策。在抗日战场上,共产党所抗击的日军兵力,同国民党比起来几乎占到了同等的地位。关于抗日战争胜利的基本条件，是抗日民族统一战线的扩大和巩固。

报告指出，必须采取发展进步势力、争取中间势力、反对顽固势力的策略。这是不可分离的三个环节，而以斗争为达到团结一切抗日势力的手段。发展进步势力，就是发展无产阶级、农民阶级和城市小资产阶级的力量，就是放手扩大八路军、新四军，就是广泛地创立抗日民主根据地，就是发展共产党的组织到全国，就是发展全国工人、农民、青年、妇女、儿童等的民众运动，就是争取全国的知识分子，就是扩大争取民主的宪政运动到广大人民中间去。争取中间势力，就是争取中等资产阶级，争取开明绅士，争取地方实力派。反对顽固势力，就是同大地主大资产阶级作坚决斗争，但必须注意三项原则：一是自卫原则。人不犯我，我不犯人，人若犯我，我必犯人。二是胜利原则。不斗则已，斗则必胜，决不可进行无计划无准备无把握的斗争。三是休战原则。这三个原则换一句话来讲，就是"有理""有利""有节"。

报告还强调，国民党是一个由复杂成分组成的党，其中有顽固派，有中间派，也有进步派，整个国民党并不等于顽固派。在发展进步势力、争取中间势力、孤立顽固势力的斗争中，知识分子的作用是不可忽视的，顽固派又正在极力争取知识分子，因此，争取一切进步的知识分子于我们党的影响之下，是一个必要的重大的政策。[1] 该报告收入了《毛泽东选集》第二卷。

第二次反共高潮是国民党发动皖南事变。1940 年 10 月 19 日，蒋介石指使何应钦、白崇禧以国民党政府军事委员会正、副参谋总长

---

① 参见《毛泽东选集》第一卷，人民出版社 1991 年版，第 744—752 页。

名义致电八路军朱德、彭德怀和新四军叶挺、项英,强令将在黄河以南的八路军、新四军于 1 个月内开赴黄河以北。11 月 9 日,朱德、彭德怀、叶挺、项英复电何应钦、白崇禧,据理驳斥了国民党的无理要求,但为顾全大局,仍答应将皖南新四军部队开赴长江以北。而蒋介石对此不予理睬,仍按原定计划密令第三战区顾祝同、上官云相将江南新四军立即"解决"。

1941 年 1 月 4 日,皖南新四军军部直属部队等 9000 余人,在叶挺、项英率领下开始北移。1 月 6 日,当部队到达皖南泾县茂林地区时,遭到国民党 7 个师约 8 万人的突然袭击。新四军英勇抗击,激战 7 昼夜,终因众寡悬殊,弹尽粮绝,除一部分分散突围外,少数被俘,大部壮烈牺牲。军长叶挺被俘,副军长项英、参谋长周子昆突围后遇难,政治部主任袁国平牺牲。1 月 17 日,蒋介石反诬新四军"叛变",宣布取消新四军番号,声称将把叶挺交付"军法审判"。这就是震惊中外的皖南事变。

面对极其严峻复杂的形势,中国共产党始终以抗日大局为重,既在政治上坚决反击,也在军事上严守自卫。1 月 20 日,毛泽东以中央军委发言人的名义发表谈话,揭露国民党顽固派的反共阴谋,抗议其武装袭击新四军的暴行。同日,中央军委发布重建新四军军部的命令,陈毅任代军长,刘少奇任政治委员。新四军军部的重建和部队的整编,意味着国民党当局企图消灭新四军的反动计划彻底破产。

第三次反共高潮是胡宗南军队进攻陕甘宁边区。1943 年 5 月 15 日,共产国际执委会主席团发表关于解散第三国际的决定。国民党借机大造反共舆论。6 月 18 日,胡宗南根据蒋介石的密令,在洛川召开军事会议,准备以重兵闪击延安,部署从对付日军的河防主力撤出 6 个师,向西调动,加上原封锁陕甘宁边区的数十万军队,沿宜川、洛川、淳化、固原线,准备分9路闪击延安。7月7日,国民党军炮击陕甘宁关中分区,袭扰边区境内。为击退国民党的反共活动,6月14日中国共产党组织3万人的群众大会,致电蒋介石,呼吁团结抗日。

为了制止国民党顽固派掀起的第三次反共摩擦,中国共产党继续采取针锋相对的斗争方针。7月4日,毛泽东急电董必武指出,蒋介石调集20余师兵力包围陕甘宁边区,战事有数日内爆发的可能,形势极度紧张。须立即将上述情况向外传播,发动制止内战运动,特别通知英美有关人员。8日,中央书记处在给各中央局、中央分局的电报中提出:"中央决定发动宣传反击,同时准备军事力量粉碎其可能的进攻。"①9日,毛泽东致电彭德怀,进一步强调在作军事准备的同时,须极力进行政治动员,开展宣传斗争,并将此种宣传散布至西安、重庆各地及英、美、苏各国。7月4日和6日,朱德分别致电胡宗南和蒋介石,抗议胡宗南部的挑衅,呼吁团结,停止内战。12日,毛泽东为《解放日报》写的题为《质问国民党》的社论,严正指出:国民党"撤退河防大军,准备进攻边区,发动内战,这是一种极端错误的行为,是不能容许的"②。社论号召全国人民起来制止内战。对于国民党的反共宣传,1943年夏秋,中国共产党发表了《评〈中国之命运〉》等一系列文章,揭露蒋介石独裁内战的阴谋。各抗日根据地也按照中央的部署,纷纷集会、示威,广泛地开展大规模的反内战运动。同时,陕甘宁边区的警卫部队坚决地回击国民党军队的试探性进攻,使国民党在军事上也无机可乘。

国民党企图发动第三次反共摩擦,不仅受到中共的强烈反抗,而

---

① 《毛泽东年谱(1893—1949)(修订本)》中册,中央文献出版社2013年版,第452页。
② 《毛泽东年谱(1893—1949)(修订本)》中册,中央文献出版社2013年版,第454页。

且也受到国统区人民的谴责和国际舆论的强烈反对,因此还没有发展成为大规模武装进攻便被制止了。

毛泽东关于抗日民族统一战线的策略原则和斗争实践,反击了国民党的反动行径,维护了抗日民族统一战线的稳固,对争取抗战的最后胜利起到了重要的指导作用。

六、马克思主义哲学原理与中国革命的结晶

毛泽东提出的中国革命的"三大法宝",是中国共产党的伟大成绩,也是中国革命的伟大成绩。以毛泽东为代表的中国共产党人,从党自身建设的特点和中国的国情出发,运用马克思主义哲学和建党学说与中国革命实践相结合,形成了具有特色的中国共产党建设理论,以其独创性内容丰富和发展了马克思列宁主义的党的建设学说。

1939年7月9日,毛泽东到延安东川的桥儿沟为即将出征的华北联合大学师生们送行,当场发表了即席演讲。他引用了《封神榜》的一个故事作比喻说:"当年姜子牙下昆仑山,元始天尊送给他杏黄旗、番天印、打神鞭三件宝物,姜子牙用这三件法宝打败了所有的敌人。今天你们也要下山了,要去前线跟日本侵略者作战,我也赠你们三个法宝:统一战线、游击战争和革命团结。"①随后,毛泽东把统一战线比喻为"打神鞭",把游击战争比喻为"番天印",把革命团结比喻为"杏黄旗",并说用这三个法宝可以将一切妖魔镇压下去。这是毛泽东关于党的"三大法宝"的生动表达。

"三大法宝"的正式表述最早出现在毛泽东倡议创办的中共中

---

① 文辉抗、叶君健:《万众瞩目的延安》,湖南人民出版社2004年版,第135页。

央党内刊物——《共产党人》的发刊词中。出版这样一个党内刊物，是"早就计划"的事，但创刊于 1939 年 10 月，则有着深刻历史背景。一方面，"抗日民族统一战线中的投降危险、分裂危险和倒退危险日益发展着"；另一方面，"我们党已经走出了狭隘的圈子，变成了全国性的大党"。当时，党的任务十分清楚，那就是"动员群众克服投降危险、分裂危险和倒退危险，并准备对付可能的突然事变，使党和革命不在可能的突然事变中，遭受出乎意料的损失"。而要实现这一任务，最根本的就是，"建设一个全国范围的、广大群众性的、思想上政治上组织上完全巩固的布尔什维克化的中国共产党"。[①]　正是带着这种使命和任务，《共产党人》作为党中央机关刊物应运而生，于1939 年 10 月 20 日创刊，由共产党人编辑委员会编辑出版，张闻天为主编，负责刊物的大政方针；李维汉为编辑主任，负责实际编辑。1941 年 3 月，中共中央又将编委扩大为九人。《共产党人》主要面向中共党员，以培养干部为目标，以阐释中国共产党的原则和政策方针为主，刊登文章涉及中共工作方方面面，包括党建、群众运动、军事、统一战线等。期刊一共发行了 19 期，于 1941 年 8 月停刊。

　　1939 年 10 月 4 日，毛泽东为即将创刊的党内刊物《共产党人》写《发刊词》，指出："统一战线问题，武装斗争问题，党的建设问题，是我们党在中国革命中的三个基本问题。正确地理解了这三个问题及其相互关系，就等于正确地领导了全部中国革命。""十八年的经验，已使我们懂得：统一战线，武装斗争，党的建设，是中国共产党在中国革命中战胜敌人的三个法宝，三个主要的法宝。""十八年的经验告诉我们，统一战线和武装斗争，是战胜敌人的两个基本武器。统

---

① 《毛泽东选集》第二卷，人民出版社 1991 年版，第 602 页。

一战线,是实行武装斗争的统一战线。而党的组织,则是掌握统一战线和武装斗争这两个武器以实行对敌冲锋陷阵的英勇战士。这就是三者的相互关系。""根据马克思列宁主义的理论和中国革命的实践之统一的理解,集中十八年的经验和当前的新鲜经验传达到全党,使党铁一样地巩固起来,而避免历史上曾经犯过的错误——这就是我们的任务。"①

其中,统一战线就是无产阶级如何组织和领导同盟军的问题,它是无产阶级组织浩浩荡荡的革命大军,向一切敌人发动进攻的有力武器。毛泽东指出,无产阶级要领导革命取得胜利,必须团结一切可能团结的阶级和阶层,组织革命的统一战线。② 他科学地分析了中国社会各阶级的状况,指出农民是无产阶级的天然的和最可靠的同盟军,工农联盟是革命的主要依靠力量。农民以外的小资产阶级也是无产阶级的可靠的同盟者。

而武装斗争是中国革命的主要特点和形式。毛泽东认为,中国革命必须以长期的武装斗争为主要形式。因为中国是半殖民地半封建的国家,具有和资本主义各国不同的情况。在内部没有民主制度,而受封建制度的压迫,在外部没有民族独立,而受帝国主义的压迫。帝国主义及其在中国的反动势力,凭借武装力量对人民实行独裁恐怖统治。中国无产阶级及其政党无议会可以利用,无组织工人举行罢工的合法权利。因此,中国革命的主要形式是武装斗争,主要的组织形式是军队。中国共产党面临的主要任务,是联合尽可能多的同盟军,组织武装斗争,反对武装的反革命,为争取民族和社会的解放而斗争。

---

① 《毛泽东选集》第二卷,人民出版社 1991 年版,第 605—606、613—614 页。
② 参见《毛泽东选集》第二卷,人民出版社 1991 年版,第 645 页。

毛泽东认为,在中国,离开了武装斗争,就没有无产阶级和共产党的地位,就不能完成任何的革命任务。以武装的革命反对武装的反革命,是中国革命的特点之一,也是中国革命的优点之一。①

毛泽东认为,中国革命不仅要以武装斗争为主要形式,而且要进行长期的武装斗争。因为我们的敌人是异常强大的,不仅有强大的帝国主义,而且有强大的封建势力,而且在一定时期内还有勾结帝国主义和封建势力以与人民为敌的资产阶级的反动派。只有经过长期的、艰苦卓绝的武装斗争,才能使自己由弱变强,使敌人由强变弱,最后战胜敌人,建立新中国。毛泽东还强调,战争和武装斗争必须和其他各种形式的斗争相配合。否则,就不能取得革命的彻底胜利。②

同时,党的建设是党实现对中国革命领导的根本保证。毛泽东认为,党的建设必须密切联系党的政治路线。党的纲领和政治路线决定着党的行动的总方向,决定着党的建设。要把党建设成为工人阶级的先锋队,实现党的领导作用,就必须有一条马克思主义的革命路线。③

毛泽东特别着重于从思想上建设党,提出党员不但要在组织上入党,而且要在思想上入党,经常注意以无产阶级思想改造和克服各种非无产阶级思想。他指出,理论和实践相结合的作风,和人民群众紧密地联系在一起的作风,以及自我批评的作风,是中国共产党区别于其他任何政党的显著标志。毛泽东创造了在全党通过批评与自我批评进行马克思主义思想教育的整风形式。

在发刊词中毛泽东以伟大政治家的高瞻远瞩在党的历史上第一

① 参见《毛泽东选集》第二卷,人民出版社1991年版,第544页。
② 参见《毛泽东选集》第二卷,人民出版社1991年版,第634页。
③ 参见《毛泽东选集》第二卷,人民出版社1991年版,第609—610页。

次提出党的建设伟大工程这个重大命题,深刻阐释了为何要推进党的建设伟大工程,明确指出了推进党的建设伟大工程的路径方向。他认为,"党已经不是从前的样子了"。全面抗战爆发后,为适应抗战的需要,党中央决定大量发展党员,到1938年底,党员人数从抗战初期的4万多人发展到50万人,由此带来了迫切的党员教育和锻炼的问题:"大批的新党员还没有受到教育","还没有足够的革命经验","对于马克思列宁主义的理论和中国革命的实践之完全的统一的理解,还相距很远",甚至有"许多投机分子和敌人的暗害分子"混进党内。① 同时,党内在抗日民族统一战线问题上依然存在错误的思想倾向。有人认为党应该"一切经过统一战线""一切服从统一战线",放弃在抗日战争中的领导权。面对国民党的反共行径,有人主张委曲求全、妥协退让。正因为以上原因,使党面临"在思想上、政治上、组织上进一步巩固和进一步布尔什维克化的问题"②。毛泽东深刻指出,党已在全国有了大数量的发展,现在的任务是巩固它。

"党所处的环境,党所负的任务,现在和过去国内革命战争时期有很大的不同,现在的环境是复杂得多,现在的任务是艰巨得多了。"环境复杂主要在于,随着全国抗日战争由战略防御阶段进入战略相持阶段,日本由对国民党采取军事打击为主、政治诱降为辅的方针,转以政治诱降为主、军事打击为辅,国民党统治集团内的投降、分裂、倒退活动日益严重,不断制造反共摩擦。任务的光荣而艰巨在于,我们党要在一个极为复杂的环境下,即"现在是民族统一战线的时期,我们同资产阶级建立了统一战线;现在是抗日战争的时期,我们党的武装在前线上配合友军同敌人进行残酷的战争;现在是我们

---

① 《毛泽东选集》第二卷,人民出版社1991年版,第612页。
② 《毛泽东选集》第二卷,人民出版社1991年版,第603页。

党发展成为全国性的大党的时期,党已经不是从前的样子了"的环境下,来"建设一个全国范围的、广大群众性的、思想上政治上组织上完全巩固的布尔什维克化的中国共产党"。① 后来,这篇发刊词编入《毛泽东选集》。

《〈共产党人〉发刊词》处处闪耀着毛泽东作为马克思主义哲学家的智慧。中国革命的"三大法宝"反映出毛泽东对中国革命基本问题和中国革命规律性的认识,在不断深入、不断升华。毛泽东灵活运用马克思哲学中的重点论的观点,抓住中国革命的重点,即三个最重要的政策——统一战线、武装斗争和党的建设,为中国革命找到了取得胜利的动力。在"三大法宝"的运用实践中,毛泽东把马列主义与中国革命实际相结合,丰富和发展了马列主义的建党学说,为新民主主义理论增添了很多新的内容,极大地统一了全党的思想,提高了党的马列主义理论水平,使中国共产党在政治、思想、组织上更加巩固,更加成熟。中国共产党正是依靠毛泽东的"三大法宝",才打败了日本帝国主义,打败了国民党反动派,取得了新民主主义革命的伟大胜利。

七、历史是人民创造的

毛泽东历来坚持人民群众是创造历史的唯物史观,反对英雄创造历史的唯心史观。他鲜明地提出"人民只有人民才是创造历史的动力"。他一贯坚定地认为人民群众中蕴藏着无穷的智慧和力量,坚信世界上人是第一可宝贵的,只要有了人什么人间奇迹都可以创

---

① 《毛泽东选集》第二卷,人民出版社 1991 年版,第 603 页。

造出来。

1944 年 1 月 9 日晚上,毛泽东观看了中共中央党校俱乐部演出的平剧《逼上梁山》后,写信给该剧的编导杨绍萱、齐燕铭:"看了你们的戏,你们做了很好的工作,我向你们致谢,并请代向演员同志们致谢!历史是人民创造的,但在旧戏舞台上(在一切离开人民的旧文学旧艺术上)人民却成了渣滓,由老爷太太少爷小姐们统治着舞台,这种历史的颠倒,现在由你们再颠倒过来,恢复了历史的面目,从此旧剧开了新生面,所以值得庆贺。郭沫若在历史话剧方面做了很好的工作,你们则在旧剧方面做了此种工作。你们这个开端将是旧剧革命的划时期的开端,我想到这一点就十分高兴,希望你们多编多演,蔚成风气,推向全国去!"①

中国共产党自成立时起,就致力于实现中华民族伟大复兴,致力于为人民求解放、谋利益。作为中国共产党的领导人毛泽东始终十分重视发挥人民历史主体的地位和作用,"唤起工农千百万,同心干"。在土地革命、抗日战争、解放战争时期,他把人民群众视为真正的铜墙铁壁。在革命战争时期,毛泽东就注重解决群众利益问题作过多次精辟的论述。1934 年 1 月,毛泽东在《关心群众生活,注意工作方法》中指出:"如果我们单单动员人民进行战争,一点别的工作也不做,能不能达到战胜敌人的目的呢? 当然不能。我们要胜利,一定还要做很多的工作。领导农民的土地斗争,分土地给农民;提高农民的劳动热情,增加农业生产;保障工人的利益;建立合作社;发展对外贸易;解决群众的穿衣问题,吃饭问题,柴米油盐问题,疾病卫生问题;婚姻问题。总之,一切群众的实际生活问题,都是我们应当注

---

① 《毛泽东文集》第三卷,人民出版社 1996 年版,第 88 页。

意的问题。假如我们对这些问题注意了,解决了,满足了群众的需要,我们就真正成了群众生活的组织者,群众就会真正团结在我们的周围,热烈地拥护我们。"①1943 年,毛泽东在谈到征集救国公粮的问题时说:"如果我们做地方工作的同志脱离了群众,不了解群众的情绪,不能够帮助群众组织生产,改善生活,只知道向他们要求国公粮,而不知道首先用百分之九十的精力去帮助群众解决他们'救民私粮'的问题,然后仅仅用百分之十的精力就可以解决救国公粮的问题,那末,这就是沾染了国民党的作风,沾染了官僚主义的灰尘。"②毛泽东的这些重要论述,深刻阐明了党所做的一切工作都是为了人民,必须使群众认识到自己的利益,并且团结起来,为自己的利益而奋斗。中国共产党无论是夺取政权还是全国执政,始终把人民放在心中最高位置,始终全心全意为人民服务,始终为人民利益和幸福而努力奋斗。对于这一点,任何不带偏见的人,甚至包括许多睿智的外国人士都是看得非常清楚的。1946 年 3 月,跟随美国总统特使马歇尔访问延安的记者,曾经这样描述共产党的政治理念:"在延安听到的最多的一个词,就是'人民'……中国人民如何,世界人民如何。'到人民中去''向人民学习',这些都是口号,但又包含着比口号更深的含义,代表着一种极深的感情,一种最终的信念。"③革命为民,执政为民,人民是国家的主人,人民是共产党人执政的最大底气。政府是人民政府,军队是人民军队,医院是人民医院,银行是人民银行,铁路是人民铁路,公园是人民公园,警察是人民警察,教师是人民教

---

① 《毛泽东选集》第一卷,人民出版社 1991 年版,第 137 页。
② 《毛泽东、周恩来、刘少奇、朱德、邓小平、陈云、思想方法工作方法文选》,中央文献出版社 1990 年版,第 233 页。
③ 《毛泽东军事箴言》,辽宁人民出版社 2017 年版,第 52 页。

师,公务员是人民勤务员,就是用的钱也叫人民币……只有中国共产党做到了,把新生政权的所有领域都打上"人民"烙印。甚至到1960年,英国元帅蒙哥马利访问中国后仍说:"毛泽东的哲学非常简单,就是人民起决定作用。"①

马克思主义认为,人类历史是在社会基本矛盾运动中进行的,而历史的主体是人民群众,人民群众的历史活动创造了历史,推动着社会的前进,是历史进程的最终决定性力量。毛泽东对于群众史观原理的理解和运用非常娴熟。1945年4月24日,在中国共产党第七次全国代表大会上,毛泽东作了《论联合政府》的报告。在该报告中,毛泽东对该原理作了进一步阐释,即:"人民,只有人民,才是创造世界历史的动力。苏联人民创造了强大力量,充当了打倒法西斯的主力军。苏联人民加上其他反法西斯同盟国的人民的努力,使打倒法西斯成为可能。战争教育了人民,人民将赢得战争,赢得和平,又赢得进步。"同时,他在报告中还指出:"以马克思列宁主义的理论思想武装起来的中国共产党,在中国人民中产生了新的工作作风,这主要的就是理论和实践相结合的作风,和人民群众紧密地联系在一起的作风以及自我批评的作风。""应该使每个同志明了,共产党人的一切言论行动,必须以合乎最广大人民群众的最大利益,为最广大人民群众所拥护为最高标准。应该使每一个同志懂得,只要我们依靠人民,坚决地相信人民群众的创造力是无穷无尽的,因而信任人民,和人民打成一片,那就任何困难也能克服,任何敌人也不能压倒我们,而只会被我们所压倒。"报告号召全党团结起来,为实现党的任务而斗争,"一个新民主主义的中国不久就要诞生了,让我们迎接这个伟

①《任仲平十年精选》,人民出版社2016年版,第212页。

大的日子吧!"①这个报告被编入《毛泽东选集》。

唯物史观深刻揭示了社会发展的基本规律,坚实奠定了科学社会主义的理论基石。唯物史观的最基本原理是历史由人民创造,人民是推动社会进步的主体力量。这一基本原理贯穿马克思主义发展史的全部过程,成为各国无产阶级政党领导世界社会主义运动的根本政治依据。"历史是由人民创造的"这一唯物史观,是毛泽东思想的基础,贯穿毛泽东哲学思想的始终。

抗日战争时期是马克思主义在中国落地生根的重要时期,是毛泽东思想走向成熟,成为党的指导思想的重要时期,也是毛泽东哲学思想不断丰富发展并得到灵活运用的重要时期。正是在毛泽东哲学思想的指引下,统一战线、持久战、游击战争和新民主主义等著名理论得以产生。正是在毛泽东思想的指引下,中国抗日战争取得了最终胜利。

---

① 《毛泽东选集》第三卷,人民出版社 1991 年版,第 1031、1093—1094、1096、1098 页。

第六章　哲学智慧在各领域的运用 为新中国奠定基础

解放战争时期,是毛泽东哲学思想在政策策略、军事斗争、意识形态等方面得到充分运用的重要阶段。在战略上,他提出"一切反动派都是纸老虎",鼓舞了中国人民敢于斗争的信心;在战术上,他提出"集中优势兵力,各个歼灭敌人",指挥人民在战场上取得一系列胜利,从根本上改变了敌我力量对比;在政策策略上,他提出"政策和策略是党的生命",抓住了主要矛盾和矛盾的主要方面;在工作方法上,他提出要学会"弹钢琴",抓住了两点论与重点论的辩证统一;在意识形态上,他反对唯心史观,抓住了唯物史观的根本,体现了人民才是历史的创造者的重要思想。

一、集中优势兵力,各个歼灭敌人

《孙子兵法》云:"用兵之法,十则围之,五则攻之,倍则分之,敌则能战之,少则能逃之,不若则能避之"。这种"用兵之法",用毛泽东的话来说就是"集中优势兵力,各个歼灭敌人"①。革命导师恩格斯曾指出:"无产阶级的解放在军事上同样也将有特殊的表现,并且将创造出一种特殊的、新的作战方法。"②"集中优势兵力,各个歼灭敌人",是我们党在实现武装斗争的任务中产生和发展起来的作战方法,是毛泽东一贯的作战指导思想,是我党我军的优良传统,它和毛泽东在长期的革命战争实践中总结提出的其他许多著名的军事原则一样,充分体现了党的实事求是的思想路线,体现了马克思列宁主义同中国革命的具体实践的紧密结合。革命斗争实践及其光辉胜利,充分证明了这样一条真理:"实行这种方法,就会胜利,违背这种方法,就会失败。"

两点论和重点论的统一,是唯物辩证法中作为方法论所必须坚持的一个基本的原则。唯物辩证法要求我们在研究事物时,必须从客观的实际运动所包含的具体条件出发,去看出这些现象中的具体的矛盾、矛盾各方面的具体的地位,以及矛盾的具体的相互关系,要求我们在两点论的基础上坚持重点论。集中优势兵力,各个歼灭敌人,突出地体现了抓重点的思想。

---

① 《毛泽东选集》第四卷,人民出版社 1991 年版,第 1197 页。
② 《马克思恩格斯文集》第 2 卷,人民出版社 2009 年版,第 332 页。

在战争中,依据敌我双方存在着的客观事实和特点,把握和研究它的一切方面、一切联系,确定我们攻击的重点,对于夺取战役和战斗的胜利,至关重要。在敌强我弱的形势下,敌人力量中的非重点(弱点),可以是而且应该是我们攻击的重点。毛泽东在《集中优势兵力,各个歼灭敌人》一文中,详尽而具体地论述了在战役的部署方面和战术的部署方面应用这一作战方法抓重点的思想。他指出,在战役的部署方面,当着敌人使用许多个旅(或团)分几路向我军前进的时候,我军必须集中绝对优势的兵力,即集中六倍、或五倍、或四倍于敌的兵力、至少也要有三倍于敌的兵力,于适当时机,首先包围歼击敌军的一个旅(或团)。这个旅(或团),应当是敌军诸旅中较弱的,或者是较少援助的,或者是其驻地的地形和民情对我最为有利而对敌不利的。我军以少数兵力牵制敌军的其余各旅(或团),使其不能向被我军围击的旅(或团)迅速增援,以利我军首先歼灭这个旅(或团)。得手后,依情况,或者再歼敌军一个旅至几个旅;或者收兵休整,准备再战。在战役部署上,必须反对那种轻视敌人、因而平分兵力对付诸路之敌、以致一路也不能歼灭、使自己陷于被动地位的错误的作战方法。在战术的部署方面,当着我军已经集中绝对优势兵力包围敌军诸路中的一路(一个旅或一个团)的时候,我军担任攻击的各兵团(或各部队),不应企图一下子同时全部地歼灭这个被我包围之敌,因而平分兵力,处处攻击,处处不得力,拖延时间,难以奏效。而应集中绝对优势兵力,即集中六倍、五倍、四倍于敌,至少也是三倍于敌的兵力,并集中全部或大部的炮兵,从敌军诸阵地中,选择较弱的一点(不是两点),猛烈地攻击之,务期必克。得手后,迅速扩张战果,各个歼灭该敌。这种战法的效果是:一能全歼;二能速决。全歼,方能最有效地打击敌军,使敌军被歼一团少一团,被歼一旅少一旅。

对于缺乏第二线兵力的敌人,这种战法最为有用。全歼,方能最充分
地补充自己。这不但是我军目前武器弹药的主要来源,而且是兵员
的重要来源。全歼,在敌则士气沮丧,人心不振;在我则士气高涨,人
心振奋。速决,则使我军有可能各个歼灭敌军的增援队,也使我军有
可能避开敌军的增援队。在战术和战役上的速决,是战略上持久的
必要条件。① 同时,毛泽东还强调,集中兵力各个歼敌的原则,是我
军从开始建军起十余年以来的优良传统,并不是现在才提出的。但
是在抗日时期,我军以分散兵力打游击战为主,以集中兵力打运动战
为辅。在现在的内战时期,情况改变了,作战方法也应改变,我军应
以集中兵力打运动战为主,以分散兵力打游击战为辅。而在蒋军武
器加强的条件下,我军必须特别强调集中优势兵力、各个歼灭敌人的
作战方法。②

　　当然,集中兵力并不是说绝对的集中,抓重点并不意味着可以忽
视非重点,不可忘记这个重点是两点论中的重点,而是要时时把握重
点和非重点的统一,重点论和两点论的统一。集中主力使用于某一
重要方面,对其他方面也得统筹兼顾,留置或派出部分兵力,按实际
情况灵活运用,不至于陷入呆滞、死板、僵化,以致陷入被动局面。在
一定的条件下,为了加强重点,反而要在非重点方面用力气;为解决
重点创设条件,铺平道路,这正是相反相成的道理。

　　集中兵力打歼灭战,把歼灭敌人的有生力量作为主要目标,还体
现了量变到质变辩证发展的思想。

　　马克思主义认为,一切事物都是发展变化的。每一事物内部新
旧两方面的矛盾,经过一系列曲折的斗争,新的方面由小变大,上升

---

① 参见《毛泽东选集》第四卷,人民出版社 1991 年版,第 1197—1198 页。
② 参见《毛泽东选集》第四卷,人民出版社 1991 年版,第 1199 页。

为支配的东西;旧的方面由大变小,变成逐步归于灭亡的东西。而一当新的方面对于旧的方面取得支配地位的时候,旧事物的性质就变化为新事物的性质。事物就是不断地从量变转化为质变,从量的积累转化为质的飞跃,这一过程表明了事物发展的连续性和阶段性的统一。中国古代哲学家老子说:"合抱之木,生于毫末;九层之台,起于累土","图难于其易,为大于其细"。他说的就是从量变到质变的道理。革命的力量和反革命的力量,在反复激烈的搏斗中,也必然要经历从量变到质变的过程,由前者彻底打败和消灭后者。保存自己,消灭敌人这一战争的根本目的规定了必须尽可能地实行歼灭战。对于人,伤其十指不如断其一指;对于敌,击溃其十个师不如歼灭其一个师。敌人被歼一团少一团,被歼一师少一师,从敌我有生力量的消长,发生有利于我不利于敌的变化,使我由小变大,由弱变强,上升到支配地位;使敌由大变小,由强变弱,下降到被支配地位,并逐步归于灭亡,直至达到根本的质变。

但是,这种根本的质变是不能脱离部分的质变而独立存在的,它是由一切部分的质变构成的。一切部分质变完成之时,就是根本质变实现之日。因此,我们决不能忽视事物在它发展的长过程中,在进入最后的质变之前,在总的量变过程中相对于事物根本质变而言的许许多多部分的质变。敌我力量的量变过程,同时也包含着部分质变。

以上我们初步揭示了毛泽东关于集中优势兵力,各个歼灭敌人思想的哲学意义。战争的持续时间和胜利的进程,完全要由敌我力量变化的程度来决定。毛泽东正是根据敌我武装力量的对比,而不是仅仅根据反动阶级或反动势力的危机的发展,来估计革命在全国取得胜利的进程。集合了这一次次的部分质变,才最终使得蒋介石赖以发动反革命内战的精锐部队,基本上归于消灭,从而实现了旧中国到新中国的质的飞跃。

"集中优势兵力,各个歼灭敌人"的指导思想,在解放战争时期的军事斗争实践中体现得淋漓尽致。1946年6月蒋介石悍然发动全面内战,有恃无恐地对我中原解放区进行进攻时,毛泽东依旧采用了"集中优势兵力打歼灭战"的战术来对敌人进行迎头痛击。很快,这个战术就显现了巨大的威力,人民解放军用4个月的时间狠狠教训了以蒋介石为首的国民党反动派,粉碎了敌人对我中原解放区的进攻,迫使蒋介石不得不放弃对解放区进行全面进攻的战略,转而采取"重点进攻"的方针。

1946年6月26日,蒋介石动用20余万兵力围攻我中原解放区,他狂妄地宣称:要在48小时内消灭中原解放区的人民解放军。其实,蒋介石早在1946年初就开始部署了20多个师包围和蚕食中原解放区,到全面内战爆发前夕,中原解放区被敌人蚕食得只剩下了不到十分之一的面积,但这个地理位置却具有极为重大的战略意义,是国民党军北进的咽喉之地,因此,蒋介石决心集中重兵先消灭中原的人民解放军,为其进攻华北扫除障碍。毛泽东对中原解放区该何去何从早有周密的考虑,他决定放弃这块地盘、命令部队向外突围以保存实力。因此,毛泽东指示李先念和郑位三,要求他们留下一部兵力在原地坚持斗争,以一部兵力向东突围,主力部队向西突围,转移至豫西、鄂西、陕南、川东地区以牵制敌人。李先念和郑位三迅速行动,严格执行中央军委和毛泽东的命令,克服巨大艰难险阻,成功突破了敌人的重重包围和堵截,胜利完成了战略转移、保存实力的任务,有力地配合了华北、华中解放区的作战。

紧接着,国民党军从7月、8月开始对以华东解放区为重点的各解放区发动了猛烈进攻。这时,蒋介石又叫嚣着要在 7 月份用两个星期占领苏北解放区。

面对敌人的疯狂进攻,南线人民解放军按照毛泽东关于内线歼敌的指示痛击敌军。华中野战军和山东野战军主动撤出淮南、苏中和淮北等地却获得了歼敌 10 万余人的战果,晋冀鲁豫野战军同样不争夺地方和城市而获得歼敌 7 万余人的战果,晋绥及晋察冀人民解放军在撤出张家口等地的同时歼敌近 4 万人,东北野战军则进行剿匪和整编也获得了歼敌近万人的战果。

特别值得一提的是,华中野战军进行的"苏中战役",粟裕和谭震林指挥华中野战军获得了"七战七捷"的辉煌战果。苏中战役是解放战争开始后我军在主要战场上获得的第一个巨大胜利,对整个战局产生了重大影响。此战役的巨大胜利证明,毛泽东"依托解放区进行内线歼敌"的方针是完全正确的,同时也证明,尽管我军装备完全处于劣势,但只要采取的战术正确,是完全有能力歼灭全副美械装备的敌军的。

正是因为我军在定陶战役中采取了"集中优势兵力打歼灭战"的战术,才能以 10 万兵力打败敌人的 30 万兵力,一举粉碎了敌人的重兵集团进攻。定陶战役是在毛泽东的直接指导下进行的,战役前和战役中毛泽东多次致电刘伯承和邓小平,对具体作战方针作了重要指示。

战前毛泽东指出,要打就打必胜之仗,每战都必须以优势兵力对敌,最好是 4 对 1、至少也要 3 对 1,歼灭一部,再打另一部,最终各个击破。刘伯承和邓小平坚决贯彻了毛泽东的指示,敌人整编第 3 师的 2 个旅全部被歼灭,师长被我军活捉,蒋介石一怒之下,把担任此战役的总指挥刘峙给撤职了。

从 1946 年 7 月至 10 月,在这 4 个月的初期作战中,我人民解放军在各战场上共歼敌达 30 万人。通过这短短的 4 个月的较量,我军对敌作战的信心大增:即便是全副美械武装的国民党军队也是可以被我军打败的,集中优势兵力打歼灭战就是我军行之有效的歼敌法则!

在这样的情况下,大家更加坚定了坚决贯彻执行毛泽东指示的决心:集中优势兵力打歼灭战,以歼灭敌人有生力量为主,而不是以保守地方为主。① 战争的形势也在这 4 个月中慢慢发生了变化,经过 4 个月的作战,敌人投入战争的总兵力从起初的 193 个旅增加到了 209 个旅,用于一线作战的兵力从起初的 70 个旅增加到了 117 个旅,这就表明,敌人用于第一线的兵力增多而且也更集中了,也表明敌人的后备兵力已经所剩无几了。我军随着战争的深入,越来越统一了作战思想,并随着主动放弃一些地方和城市,进一步缩短了我军战线,使得各战场的兵力也越来越集中。形势发展到了这一步,毛泽东敏锐地察觉到,我军具备了扩大歼灭战规模的主客观条件。于是,毛泽东当机立断,决定从 11 月开始,人民解放军在各战场逐步扩大歼灭战的规模。首先是在华东战场上,山东野战军和华东野战军在陈毅和粟裕的指挥下,在发起的宿北战役中一举歼灭敌人一个整编师 3 个半旅约 2 万余人。紧接着,山东野战军和华中野战军主力又发起了鲁南战役,共歼灭敌人 2 个整编师及 1 个快速纵队,共计歼敌 5 万多人,还缴获了大量武器。不久,山东野战军和华中野战军合编为华东野战军,兵力更加集中,指挥更加统一,再利用缴获敌人的大量武器,组建了拥有坦克、重炮的特种兵纵队,战斗力进一步得到大

---

① 参见《毛泽东选集》第四卷,人民出版社 1991 年版,第 1232 页。

幅提升。不甘心失败的蒋介石于 1947 年 1 月底制定了"鲁南会战"计划,他企图采用南北夹击的战术,把华东野战军消灭在临沂地区。此战役蒋介石是下了血本的,他甚至派出了自己的参谋总长陈诚坐镇徐州督战。毛泽东胸有成竹,他多次致电给陈毅和粟裕,对如何打好这一仗作出了具体指示。毛泽东的指示主要是:一要集中绝对优势兵力,二要利用敌人进攻前进行休整,三要诱敌深入到于我军完全有利的节点上才打,四要先打弱者、后打强者,五要每次歼敌 3 个旅左右,这样既能速胜,又能把兵力分为 2 个集团,进行轮番作战与休息。在作战中毛泽东也及时作出指示,使得此战中我军一举歼敌 7 万多人,这是我军解放战争以来取得的第一个一次歼敌 7 个多师的重大胜利。因此,从 1946 年 11 月至 1947 年 2 月,在毛泽东"集中优势兵力打歼灭战"的战术指导下,我人民解放军在解放战争的第二个 4 个月中,共歼敌 41 万人,我人民解放军歼灭战的规模越来越大,战局也迅速向有利于人民解放军的方向发展,蒋介石不得不于 1947 年 3 月放弃"全面进攻"的战略,改而采取"重点进攻"的方针,这标志着,我军逐步从战略上的被动转为了主动。

"集中优势兵力,各个歼灭敌人"是毛泽东哲学智慧在军事斗争领域的灵活运用,符合中国革命实际,成为战胜国民党军队的法宝。

二、一切反动派都是纸老虎

马克思认为:"理论只要说服人,就能掌握群众;而理论只要彻底,就能说服人。所谓彻底,就是抓住事物的根本。"[1]毛泽东关于

---

[1] 《马克思恩格斯文集》第 1 卷,人民出版社 2009 年版,第 11 页。

"帝国主义和一切反动派都是纸老虎"的著名论断,正是由于其具有理论上的彻底性。这体现在:一方面,它以形象生动的"纸老虎"一词来刻画帝国主义和一切反动派貌似强大实则虚弱的本质特征;另一方面,它表明革命力量不可战胜、暂时强大的反动力量必归于失败的深刻道理。科学的理论一经提出就立即掌握了群众,并变为迎击反动力量进攻直至将其彻底摧毁的强大物质力量。这一重要理论观点武装了我国人民的思想,增强了我国人民的胜利信心,在人民解放战争中,起了极其伟大的作用。

1946 年夏,始终关注中国革命的美国著名记者安娜·路易斯·斯特朗女士,从美国的旧金山辗转抵达延安。这时,国民党依靠美国的支持,发动了全面内战。

内战之初,从兵力、装备、财力和所占地区来看,国民党方面占有很大的优势,共产党处于劣势。当时,国民党军队的总兵力有430 万左右,而人民解放军总兵力只有 120 万,双方兵力对比是3.37∶1;国民党军队拥有先进的装备,有飞机和坦克,人民解放军只有小米加步枪;国民党政权占据着全国76%的面积,控制着占71%人口的地区,几乎所有的大城市和大部分铁路交通线都在其手中。

当时,国内外弥漫着崇美、恐美的严重氛围,以为美国拥有强大的经济实力,独自垄断杀伤力极强的原子弹,似乎是不可战胜的。中国的反动派也以此来吓唬中国人民。一些中间人士被反动派的表面强大所迷惑,产生了悲观情绪和恐惧心理,有的人甚至于主张共产党妥协退让,放弃斗争。

在国际上,美国仇视苏联,正加强发动冷战,甚至威胁世界人民,要把它变成热战。一时间,"美苏必战""第三次世界大战即将爆发"

的声浪甚嚣尘上。当时的苏联领导人也认为,如果中国发生内战,有可能把美苏卷进去。那时,中国有可能成为世界大战的战场,中华民族将有毁灭的危险。据此,他们主张中共应加入蒋介石的政府,并解散自己的军队。当时,中共党内也有一些同志,由于过高估计了帝国主义的力量,在来势汹汹的反动派的攻击面前,缺乏自信,表现软弱,不敢用革命战争反对反革命战争。

面对强敌,敢不敢进行针锋相对的斗争,进行自卫反击,争取胜利? 中国的国内战争会不会引起世界大战? 这是中国共产党人必须回答的问题。毛泽东便借助美国记者斯特朗采访他的这一机会,作了一次关于国际形势和国内形势的重要谈话。

1946年8月6日下午,毛泽东在延安的住处前接待来访的斯特朗。那一天,毛泽东穿着普通的深蓝色棉布服,但比别人要整洁些。他的态度安详和蔼。在毫不拘束地开始谈话之后,毛泽东首先问斯特朗美国的情况。结果使斯特朗十分惊诧,对于美国所发生的事,有许多毛泽东知道得比她还详细,她不得不佩服毛泽东开阔的眼界。

斯特朗在回答了美国的问题之后,便向毛泽东提出会不会发生美苏战争的问题。毛泽东答道,反动派目前的反苏战争宣传,主要是想掩盖当前美国所直接面对着的许多实际矛盾。

斯特朗说,当毛泽东讲到这里时,他一面笑着一面摆弄桌上的茶杯和小白酒杯来说明他的论点。他把茶壶放在那里来代表苏联,又指着一个大杯子说,这是美国反动派,把小酒杯放在大杯子周围来代表美国人民。然后他用杯子和火柴盒摆成一条弯弯曲曲的线来代表其他国家,并且开玩笑地说哪一件东西代表哪一个国家。

讲到这儿时,毛泽东极其严肃地说:"美国反动派终有一天将会发现他们自己是处在全世界人民的反对中。"①毛泽东说,只要充分唤醒人民,那么,人民的团结是能够制止第三次世界大战的。

毛泽东跟斯特朗一边喝茶,一边谈话。斯特朗后来回忆道,毛泽东的这次谈话,成为她一生中听到的最有启发性的谈话。毛泽东谈到缴获蒋军的美国武器的时候,把这称为输血,美国输给蒋介石,蒋介石又输给我们。

当斯特朗问:如果美国使用原子弹呢? 如果美国从冰岛、冲绳岛以及中国的基地轰炸苏联呢? 毛泽东轻蔑地答道,原子弹看样子可怕,实际上并不可怕。当然,原子弹是一种大规模屠杀的武器,但是决定战争胜败的是人民,而不是一两件新式武器。②

毛泽东接下来说,一切反动派都是纸老虎。当翻译将毛泽东说的反动的统治者是纸老虎的比喻译出来时,毛泽东要斯特朗告诉他"纸老虎"是什么东西。斯特朗回答说,那是扎成人形、农民把它竖在田里用来吓唬乌鸦的东西。毛泽东立刻表示这样译不够好,说这不是他的意思。毛泽东说,纸老虎并不是吓唬乌鸦的死东西。它是用来吓唬孩子的。它看起来像可怕的老虎,但实际上是硬纸板做成的,一受潮就会发软,一阵大雨就会把它冲掉。毛泽东干脆自己用英语说"纸老虎"这几个字。

他特别强调,一切反动派都是纸老虎。看起来,反动派的样子是可怕的,但是实际上并没有什么了不起的力量。从长远的观点看问题,真正强大的力量不是属于反动派,而是属于人民。他说,在俄国二月革命以前,沙皇看起来很强大很可怕,可是二月革命一阵大雨就把沙皇冲走了。希特勒也被历史的暴风雨冲走了。日本帝国主义者

---

① 《毛泽东选集》第四卷,人民出版社1991年版,第1194页。
② 参见《毛泽东选集》第四卷,人民出版社1991年版,第1194—1195页。

也是如此。他们都是纸老虎。一切帝国主义者和反动派都会遭到同样的下场。他们所以强大，只是因为人民还没有觉醒。根本问题在于人民的觉悟……但是还得对人民进行教育。①

后来，斯特朗又几次亲闻毛泽东用纸老虎来比喻反动派。当马歇尔把估计价值20亿美元的"战时剩余物资"送给蒋介石的消息传到延安时，毛泽东亲自把这个消息告诉斯特朗。当时斯特朗对毛泽东说，可以由联合国来调处内战。毛泽东摇摇头说：他们是不可靠的。斯特朗说，毛泽东对战争的胜利一直充满信心，因为他看到，前来进犯的军队中有世世代代受压迫的中国农民，他们不会是死心塌地的敌人，必须把他们争取过来。

一天，斯特朗将美国飞机从纽约给她带来的朋友的信读给毛泽东听。她的朋友在信上说，进步人士丝毫未能改变美国的对外政策，希望中国共产党人不要对美国政府所采取的行动存在幻想。毛泽东听后笑了。斯特朗说，毛泽东根本没有幻想，但是，他认为美国进步人士过高估计了美国反动派的力量，过低估计了人民的力量，这是美国进步人士中存在的一个心理上的弱点。接着毛泽东对斯特朗说，美国反动派背着沉重的负担，其要豢养全世界的反动派。假如其不能豢养他们，他们就会像没有柱子的房子一样倒塌。那只是一根柱子的房屋。就像历史上一切反动派一样，美国反动派最后也会证明不过是纸老虎。强大的美国人民，他们是真正有力量的。毛泽东停了停吸口烟后又说，共产党有真正的力量，因为他们在提高人民的觉悟。

毛泽东关于"一切反动派都是纸老虎"著名论断，所彰显出来的

---

① 参见《毛泽东选集》第四卷，人民出版社1991年版，第1195页。

铮铮骨气和睿思灼见，极大地鼓舞着中国人民的战斗意志，极大地振奋了中华民族的爱国精神，极大地改变了百年积贫积弱旧中国的破败面貌。经过解放战争的实战检验，已充分证明其科学性、真理性和正确性。也正因为如此，经毛泽东本人亲自审定，把他接受斯特朗两次独家专访的相关内容，从《人民日报》已经发表的《毛泽东同志论帝国主义和一切反动派都是纸老虎》一文中专门抽出来单独成篇，并把斯特朗全名标在题目上，以《和美国记者安娜·路易斯·斯特朗的谈话》为题，选入《毛泽东选集》第四卷，并先后译成多国文字，印发单行本，传遍全世界。

三、政策和策略是党的生命

"政策和策略是党的生命"是毛泽东在解放战争时期提出的一个重要论断，是他领导中国共产党对党的政策和策略问题进行深入探索所取得的标志性成果之一，成为毛泽东思想的重要组成部分。

马克思主义经典作家历来重视政策和策略在无产阶级革命事业中的作用。马克思、恩格斯在《共产党宣言》中就阐明了无产阶级革命斗争的基本政策和策略，列宁更是高度评价了《共产党宣言》对于马克思主义政策和策略思想的基础性贡献，指出"从工人政党实际的政策和策略的角度看，我们在这里可以看到《共产党宣言》的作者针对不同国家的民族工人运动所处的不同阶段给战斗的无产阶级确定任务的典范"①。毛泽东继承和发展了马克思主义政策和策略思想，在领导中国革命、建设各项事业的过程中提出"政策和策略是党

---

① 《列宁全集》第 15 卷，人民出版社 1988 年版，第 197—198 页。

的生命"这一命题,这既是中国共产党对党的政策和策略问题进行艰辛探索所得出的科学结论,也是经过历史和实践检验的宝贵经验。

这个重要论断的提出有一个过程。1948 年前后解放战争进入战略进攻阶段,革命胜利的曙光已经显现。在中国革命取得全国规模胜利的道路上,党的政策和策略问题成为一个关键的问题。毛泽东在 1947 年 10 月 10 日发出的《中国人民解放军宣言》中提出"打倒蒋介石,解放全中国"的口号①,随后在 1947 年底召开的中共中央扩大会议(也称"十二月会议")上作出判断:中国革命抵达了"一个历史的转折点"②,"二十年来没有解决的力量对比的优势问题,今天解决了",③同时在此基础上作出了适应新的阶段特点的一系列具体部署。在大好的形势面前,喜中有忧的一个问题,是土改等工作中存在"左"的错误偏向,比较突出的,例如,提出"贫雇农打江山坐江山""群众要怎么办就怎么办"等错误口号;乱定成分;在干部中搞唯成分论;排斥打击"三三制"中的党外人士,个别地区土改打击面高达两成。有些地方还发生了把清算恶霸地主的斗争方式带进城,违反工商业政策等情况。对这些问题处理得是否得当,关系着胜利局面的进一步发展。

对土改等工作中"左"的偏向,毛泽东旗帜鲜明地提出反对,并从政治高度强调问题的严重性,"十二月会议"对此进行了全面部署。另一方面,毛泽东提出反"左"和反右必须结合起来看待。毛泽东和党中央选择从党的政策和策略层面切入问题进而全面检讨工作,取得很好的效果,既纠正了错误问题,又最大程度团结了同志、统一了思想。

---

① 参见《毛泽东传》,中央文献出版社 2011 年版,第 830 页。
② 《毛泽东文集》第四卷,人民出版社 1996 年版,第 333 页。
③ 《毛泽东选集》第四卷,人民出版社 1991 年版,第 1244 页。

　　毛泽东强调要通过制定正确的政策策略来纠正各类错误问题和推进革命事业。他说:"现在敌人已经彻底孤立了,但是敌人的孤立并不就等于我们的胜利。我们如果在政策上犯了错误,还是不能取得胜利。""因此,在每一行动之前,必须向党员和群众讲明我们按情况规定的政策。"①他指出:解放战争向前推进靠军事和政策两个方面,"政策对,任何地方可以站住脚,能扩大军事胜利效果"。

　　1947 年 11 月 22 日,毛泽东和中共中央机关抵达陕北米脂县杨家沟,这是他们转战陕北最后一个落脚点,也是停留时间最长的落脚点,在这里驻留 4 个月。这段时间里,毛泽东等中央领导除了指挥全国战场,主要的精力都放在了调查研究、土改等工作中存在的问题并制定完善具体政策和策略上。

　　以当时有着较广泛影响的侵犯中农利益问题为例,有两种情况最为突出:一是抬高错划成分,把中农划为富农;另一种情况是"为了满足贫雇农的要求而侵犯中农利益",把"平均分配一切土地"方针错误理解成"绝对平均主义",把本不该动的中农的土地也给动了。针对第一种情况,中共中央决定起草《中共中央关于土地改革中各社会阶级的划分及其待遇的规定(草案)》。起草这个文件的意义,毛泽东强调在于"纠正党内广泛地存在着的关于在观察及划分阶级问题上的非马克思主义的思想及补足在土改中缺乏对各阶级阶层人们的具体明确政策的缺点"②。1948 年 1 月 12 日,任弼时在西北野战军前委扩大会议上作了题为《土地改革中的几个问题》的报告,从"根据什么标准来划分农村阶级""应该坚固地团结全体中农""对地主富农斗争的方法""对工商业政策""知识分子和开明绅士问

①　《毛泽东选集》第四卷,人民出版社 1991 年版,第 1296 页。
②　《毛泽东年谱(1893—1949)(修订本)》下册,中央文献出版社 2013 年版,第 282 页。

题""打人杀人问题"六个方面深入剖析问题并提出正确方针。这个报告经毛泽东修改后作为土改工作正式指导文件下发全党。针对第二种情况,中共中央决定分情况采取不同土改策略,尽量采取抽补方式分配土地,缩小运动波及面。1948年2月3日,毛泽东提出"土地法的实施,应当分三种地区,采取不同策略"①,随后进一步予以细化,形成一整套策略方案。中共中央最终在《一九四八年的土地改革和整党工作》指示中设置三项条件,要求所有条件都具备的地区,才可划入当年土改的范围。这样就形成了一个较为完整的分地区分情况有步骤开展土改斗争的政策和策略安排,那些条件不成熟的地方大规模平分土地的行为相应地被叫停了。毛泽东还精心选择在报纸上发表了崞县(如何平分土地)、平山县(如何在农村中进行整党工作)、绥德县(如何在老区调剂土地)三个土改典型案例材料。

有了一系列具体政策和策略的准备,党的工作就牢牢掌握了主动。在此基础上毛泽东进一步提出还必须从全局高度看问题,因为"没有全般的策略观点与政策观点,中国革命是永远不能胜利的"②。《在晋绥干部会议上的讲话》中,毛泽东在概括总结土改工作的政策策略要点的基础上完整提出了土改工作的总路线和总政策以及新民主主义革命总路线和总政策。关于总路线提出的重大意义,毛泽东指出:"我党规定了中国革命的总路线和总政策,又规定了各项具体的工作路线和各项具体的政策。但是,许多同志往往记住了我党的具体的个别的工作路线和政策,忘记了我党的总路线和总政策。而如果真正忘记了我党的总路线和总政策,我们就将是一个盲目的不

---

① 《毛泽东年谱(1893—1949)(修订本)》下册,中央文献出版社2013年版,第276页。
② 《毛泽东年谱(1893—1949)(修订本)》下册,中央文献出版社2013年版,第295页。

完全的不清醒的革命者,在我们执行具体工作路线和具体政策的时候,就会迷失方向,就会左右摇摆,就会贻误我们的工作。"①

1948年3月19日,刘少奇致电毛泽东汇报了中央工委对土改等工作进行深入检讨的会议情况,表示"相信经过这次会议,又有中央许多文件发表,今后运动可能纳入正轨,各中央局的领导方式亦可能改善"②。

1948年3月20日,是毛泽东在杨家沟度过的最后一天。当天他首先给刘少奇复电:"此次工委和华北、华东、华中各负责同志一起,彻底检讨各项领导工作上的错误缺点,并由此获得纠正,走上正轨,极为欣慰。"③动身前毛泽东决定对前段工作作个暂时的了结,为中共中央发出《关于情况的通报》。

通报涉及各方面的工作情况,首先着重回顾了前段纠"左"的经过:"最近几个月,中央集中全力解决在新形势下面关于土地改革方面、关于工商业方面、关于统一战线方面、关于整党方面、关于新区工作方面的各项具体的政策和策略的问题,反对党内右的和'左'的偏向,而主要是'左'的偏向。"④通报接着列举事实,指出"现在的'左'的偏向"的具体表现,并对纠"左"效果作出积极评价:"好在纠正这类偏向并不甚困难,几个月内已经大体上纠正过来了,或者正在纠正着。"同时强调"但须各级领导者着重用力才能彻底纠正此类偏向"⑤。

经过以上铺垫,毛泽东在段落末尾直指问题实质:"最近几个

---

① 《毛泽东选集》第四卷,人民出版社1991年版,第1316页。
② 《刘少奇年谱(1898—1969)》下卷,人民出版社1996年版,第141页。
③ 《毛泽东年谱(1893—1949)(修订本)》下册,中央文献出版社2013年版,第296页。
④ 《毛泽东选集》第四卷,人民出版社1991年版,第1297页。
⑤ 《毛泽东选集》第四卷,人民出版社1991年版,第1298页。

月,我党在战争、土地改革、整党整军、发展新区和争取民主党派等方面均有成绩,在这些工作中所发生的偏向有了着重的纠正,或正在纠正中,这样就可以使整个中国革命运动走上健全发展的轨道。只有党的政策和策略全部走上正轨,中国革命才有胜利的可能。政策和策略是党的生命,各级领导同志务必充分注意,万万不可粗心大意。"①

这样,毛泽东就在动身离开陕北的头一天,把他找到的纠正"左"、右倾错误偏向的可靠落脚点——"政策和策略是党的生命"这个重要论断,向全党彻底阐明了。

"政策和策略是党的生命"论断的提出,对加速中国新民主主义革命胜利的进程起到重要作用。有了对政策策略问题本身更深一步的认识,全党下一步工作就更有针对性了。中共中央决定大大加强对干部群众的政策策略教育宣传,狠抓贯彻落实环节,并决定组建成立中央政策研究室,负责重要政策的研究制定。

毛泽东提出的"政策和策略是党的生命"这一命题,既是中国共产党对党的政策和策略问题进行艰辛探索所得出的科学结论,也是经过历史和实践检验的宝贵经验。历史的发展不断印证着"政策和策略是党的生命"这一光辉论断的正确性。1949 年 1 月,毛泽东在中共中央政治局会议上不无感慨地指出:"全党大多数干部,在过去几年,特别是在一九四八年,有系统地学会了在农村工作中,在城市工作中和在军事工作中的各项具体的政策和策略,有系统地纠正了右的和'左'的偏向。许多同志在过去长时期内没有学会的东西,一个年头内都学会了。这样,就使党的总路线在全党内能够贯彻执行。

---

① 《毛泽东选集》第四卷,人民出版社 1991 年版,第 1298 页。

这是一个最伟大和最根本的胜利。这是我党政治成熟程度的极大的增长。"①

四、要学会"弹钢琴"

两点论是指在认识复杂事物的发展过程时,既要看到主要矛盾,又不能忽视次要矛盾;在认识某一矛盾时,既要看到矛盾的主要方面,又不能忽视次要方面。所以,两点论也就是全面论。重点论就是认识复杂事物的发展过程时,要着重抓住它的主要矛盾;在认识某一矛盾时,要着重把握矛盾的主要方面。如果不分主次轻重、不抓重点,就会犯均衡论的错误。"两点论"和"重点论"是相互包含的。"两点"是有重点的两点,"重点"是两点中的重点。唯物辩证法是"两点论"和"重点论"的统一,要求看问题、办事情既要全面,又要善于抓住重点。毛泽东坚持用矛盾的观点看待事物,指出:"看事物应该是两点论;同时,一点里面又有两点。""香花与毒草齐放,落霞与孤鹜齐飞。"②就是说不能只看到"香花",也不能只看到"毒草",要眼观六路、耳听八方。落实到做法上,毛泽东提倡要学会"弹钢琴",即统筹兼顾思想,是毛泽东在长期革命实践中得出的重要历史经验,是处理各方面矛盾和问题必须坚持的重大战略方针,也是党一贯坚持的科学有效的工作方法。

《党委会的工作方法》是毛泽东1949年3月13日在七届二中全会上所作总结的一部分,是一篇加强党委领导班子建设、提升党的领

---

① 《毛泽东文集》第四卷,人民出版社1996年版,第231—232页。
② 《毛泽东传(1949—1976)》上,中央文献出版社2003年版,第619页。

导水平和执政能力的光辉文献,凝结着党领导革命从胜利走向胜利的宝贵经验,条条都是弥足珍贵的法宝。毛泽东学会"弹钢琴"的方法即统筹兼顾的思想,是毛泽东思想的一个重要组成部分,它体现于毛泽东领导中国革命和建设的各个领域,是毛泽东思想百花园中的一朵奇葩,同时也是毛泽东高超领导艺术的生动体现。

中国的革命和建设是在极其复杂的国内外环境中进行的,完成每一个时期的任务,都有许多工作要做,都要牵涉到许多矛盾。面对复杂的形势,如何使解决次要矛盾为解决主要矛盾服务,如何调动一切积极因素并尽可能地化消极因素为积极因素,如何处理好各方面的关系,是思想方法和工作方法的根本问题,必须从战略策略高度加以回答。毛泽东把围绕解决主要矛盾抓全局的思想形象地比喻为"弹钢琴"的方法。1949 年 3 月在中国共产党第七届中央委员会第二次全体会议上所作的结论中,他指出:"弹钢琴要十个指头都动作,不能有的动,有的不动。但是,十个指头同时都按下去,那也不成调子。要产生好的音乐,十个指头的动作要有节奏,要互相配合。党委要抓紧中心工作,又要围绕中心工作而同时开展其他方面的工作。我们现在管的方面很多,各地、各军、各部门的工作,都要照顾到,不能只注意一部分问题而把别的丢掉。凡是有问题的地方都要点一下,这个方法我们一定要学会。钢琴有人弹得好,有人弹得不好,这两种人弹出来的调子差别很大。党委的同志必须学好'弹钢琴'。"①这是毛泽东关于学会"弹钢琴"方法的明确表述,也是对全体党员干部的基本要求。概括地说,他的这一战略思想就是要统筹全局,各得其所,协调各方利益,又要适当安排。其实质就是要正确处理工作中

---

① 《毛泽东选集》第四卷,人民出版社 1991 年版,第 1442 页。

的主要矛盾和次要矛盾、主要矛盾方面和次要矛盾方面的关系,从而使全局中的各个部分成为一个有机、协调的整体,在不同的位置上,互相配合,发挥出最大的总体效益。其目的就是要调动一些积极力量,团结一切可能团结的人,为中国的革命和社会主义建设事业服务。

对此,毛泽东可谓是得心应手地进行了运用。在民主革命时期,毛泽东往往一方面强调中心工作是军事和打仗,另一方面又号召做好其他一切革命工作。1933 年,在中央苏区的一次经济建设工作会上,他说:"在现在的阶段上,经济建设必须是环绕着革命战争这个中心任务的。革命战争是当前的中心任务,经济建设事业是为着它的,是环绕着它的,是服从于它的。那种以为经济建设已经是当前一切任务的中心,而忽视革命战争,离开革命战争去进行经济建设,同样是错误的观点。只有在国内战争完结之后,才说得上也才应该说以经济建设为一切任务的中心。"但是,不能因此而不抓好经济工作,相反,"革命战争的激烈发展,要求我们动员群众,立即开展经济战线上的运动,进行各项必要和可能的经济建设事业"。①

在他看来,如果认为革命战争是中心,而不去抓经济工作,甚至把搞经济工作骂为右倾,那是极端错误的。有些人口头上说一切服从战争,但不知如果取消了经济建设,这就不是服从战争,而是削弱战争。只有开展经济战线方面的工作,发展红色区域的经济,才能使革命战争得到相当的物质基础,才能扩大红军,打败敌人。当然,"中心工作"之外不只是"经济工作",特别是随着革命力量的发展,随着毛泽东领导职务的变化,他面临的工作也越来越多,比如思想政

---

① 《毛泽东选集》第一卷,人民出版社 1991 年版,第 123、119 页。

治工作、政权工作、文化工作、教育工作、宣传工作、党的建设、统战工作、对外工作等。毛泽东基本上都能做到有条不紊、齐头并进,"可上九天揽月,可下五洋捉鳖",轻松自如。

抗战初期,为了动员一切力量争取抗战胜利,毛泽东在《论新阶段》中指出:"为了团结抗日,应实行一种调节各阶级相互关系的恰当的政策,既不应当使劳苦大众毫无政治上和生活上的保证,同时也应顾到富有者的利益,这样去适合团结对敌的要求。只顾一方面,不顾另一方面,都将不利于抗日"。他进一步指出:"共产党员在领导群众同敌人作斗争的时候,必须有照顾全局,照顾多数及和同盟者一道工作的观点"。"一个好的共产党员,必须善于照顾全局,善于照顾多数,并善于和同盟者一道工作"。① 正是得益于这种思想,才团结了一切可以团结的力量,实现了全民族的抗战,保证了抗日战争的胜利。抗战胜利后,面对国民党"假和谈、真内战"的意图,为了打倒蒋介石,解放全中国,1947 年 12 月 25 日,毛泽东作了《目前形势和我们的任务》的报告,发出号召"联合工农兵学商各被压迫阶级,各人民团体、各民主党派、各少数民族、各地华侨和其他爱国分子,组成民族统一战线,打倒蒋介石独裁政府,成立民主联合政府。"② 毛泽东统筹兼顾的思想再次得到了生动体现。

毛泽东统筹兼顾思想是唯物辩证法的具体体现。按照马克思主义理论,世界表现为一个统一体系,即有联系的整体。各种事物之间又是相互作用着的。只有统筹兼顾才能发挥整体效应,体现整体功能。然而,这种兼顾又不是平均使用力量,而是处理好主要矛盾和次要矛盾、主要矛盾方面和次要矛盾方面的关系,"不能把过程所有

① 《毛泽东选集》第二卷,人民出版社 1991 年版,第 525 页。
② 《毛泽东选集》第四卷,人民出版社 1991 年版,第 1256 页。

188

的矛盾平均看待,必须区分为主要的和次要的两类,着力捉住主要矛盾","领导人员依据每个具体地区的历史条件和环境条件,统筹全面,正确地决定每个时期的工作重点和工作秩序,并把这种决定坚持地贯彻下去,务必得到一定的结果,这是一种领导艺术"①。作为社会主义国家,必须分清哪些是最基本的依靠力量,哪些是应当而且可以团结的力量,哪些是可以争取转化的力量,既要做到各尽其能、各得其所,又要紧紧依靠最基本的力量,维护最广大群众的根本利益。

五、《论人民民主专政》中的哲学智慧

《论人民民主专政》是毛泽东运用马克思列宁主义的基本原理,考察和研究我国的具体情况,创造性地提出与全面阐明了我们党关于人民民主专政的政治原则、理论主张、思想体系及重大政策举措。这其中,还简要回顾了我们中华民族100年来反抗西方列强侵略和封建主义、官僚资本主义统治,求得民族解放与复兴的曲折经历及痛苦教训;科学总结了我们党28年领导全国各族人民战胜国内外一切敌人、解放全中国的英雄壮举及其取得的伟大成就与宝贵经验;提出了建立新中国,并经由新民主主义发展阶段"到达社会主义和共产主义,到达阶级的消灭和世界的大同"崇高目标的基本方略、内外政策,等等。这是一部具有显著中国特色的马克思列宁主义的经典文献。

1949年6月中旬,新政治协商会议筹备会成立,加快了筹建新中国的步伐。领导这一伟大事件的中国共产党,历经血与火的洗礼,

① 《毛泽东选集》第三卷,人民出版社1991年版,第901页。

将要迎来 28 岁生日。在这万众瞩目的重要时刻，系统总结党成立以来的历史经验，从理论上阐明新国家的构想，确定对内对外政策，就显得十分必要。为此，毛泽东在香山双清别墅开始谋划"七一"纪念活动，酝酿写作一篇纪念文章。

6 月 24 日下午 6 时，毛泽东写信给他的秘书、新任新华社社长胡乔木，内容是："写一篇纪念'七一'的论文（似不宜用新华社社论形式，而用你的名字为宜），拟一单纪念'七七'的口号（纪念'七七'，庆祝胜利，宣传新政协及联合政府，要求早日订立对日和约，消灭反动派残余力量，镇压反动派的破坏和捣乱，发展生产和文教）——此两件请于六月最近两天内拟好，以便于六月二十八日发出，六月二十九日各地见报……以上工作很繁忙，都堆在你身上，请你好好排列时间，并注意偷空睡足觉。你起草后，我给你帮忙修改，你可节省若干精力。"①

给胡乔木写信两天后，毛泽东写信向胡乔木催稿："七七口号及七一论文怎样？是否可于日内写起？"②27 日早上，胡乔木即呈上此前拟定的文章。毛泽东阅后，一度试图动笔修改，思来想去，总觉内容不太贴合形势，遂决定亲自动手，写一篇系统科学阐明新中国国家性质、阶级构成、前途命运的文章，主题聚焦于"论人民民主专政"，以回应国内外的关切。

接下来的两天时间里，毛泽东几乎足不出户。毛泽东坐在书桌边一会儿眉头紧锁、一会儿酣畅淋漓地书写。两天后，毛泽东终于完成了令自己满意的成果，即一篇 8000 字、题为"二十八年"的文章。手稿共 31 页，用 16 开纸横写，前半部分用铅笔、后半部分用毛笔写

---

① 《毛泽东书信选集》，中央文献出版社 2003 年版，第 301 页。
② 《胡乔木书信集（修订本）》，人民出版社 2015 年版，第 13 页。

成,全文用毛笔修改过。论文完稿后,毛泽东进行了多次修改,增加了很多内容,最后将标题改为《论人民民主专政——纪念中国共产党二十八年》,亲笔署名"毛泽东"。

《论人民民主专政》一文着重阐明了以下观点:关于国家的性质,文章认为中国民主革命胜利后所建立的国家,只能是工人阶级领导的以工农联盟为基础的人民民主专政的共和国;关于各阶级在国家中的地位,文章认为人民共和国的领导阶级是工人,因为工人阶级大公无私,富于革命的彻底性;人民民主专政的基础是工人、农民阶级和城市小资产阶级的联盟,民族资产阶级只能联合,不能依靠,更不能充当革命的领导者;关于人民民主专政的任务,文章认为是对人民内部的民主和对反动派的专政两个方面的结合;关于新中国的对外政策,文章认为应站在社会主义一边,反对帝国主义的侵略扩张政策。

文章深刻指出:"对人民内部的民主方面和对反动派的专政方面,互相结合起来,就是人民民主专政。""人民民主专政的基础是工人阶级、农民阶级和城市小资产阶级的联盟,而主要是工人和农民的联盟""工人阶级是(经过共产党)领导的、以工农联盟为基础的人民民主专政——这就是我们的公式,这就是我们的主要经验,这就是我们的主要纲领。"①

文章关于人民民主专政的系统思想,创造性地发展了马克思列宁主义国家学说,与毛泽东在七届二中全会上的报告一起,共同构成建立新中国的两块基石,成为新政协会议通过《共同纲领》的理论和政策基础。鉴于该篇文章的重要意义,后来收入《毛泽东选集》第四卷。

---

① 《毛泽东选集》第四卷,人民出版社 1991 年版,第 1475、1478、1480 页。

六、军事战略思想蕴涵着丰富的哲学智慧

解放战争时期是毛泽东军事战略思想充分发展的重要时期。毛泽东运用辩证唯物主义和历史唯物主义的世界观和方法论来认识世界、改造世界,能够准确判断和把握形势,制定切合实际的目标任务、政策策略,做到了战略上的高瞻远瞩。

对革命形势作出符合客观实际的判断体现了对马克思主义发展观的运用。1946 年 11 月 21 日,针对当时的国际国内局势,毛泽东在中共中央会议中指出,打倒蒋介石"要准备十年到十五年"。1948 年,解放战争进入第三个年头,国共双方的兵力对比已经发生了巨大变化。解放军在战争第一年消灭国民党军 120 万人,使其由战略进攻转为战略防御。第二年又消灭国民党军 152 万人,使其由全面防御转为重点防御。至 1948 年 6 月底,国民党军总兵力已下降至 365 万人,能部署在一线的正规军仅 174 万人。而此时,人民解放军总兵力已发展到 280 多万人,其中野战军 149 万人,有了强大的炮兵和工兵,还积累起运动战和城市攻坚战的丰富经验。11 月辽沈战役结束,解放军歼敌 47.2 万,人民解放军总兵力增加到 310 万人,国民党军队的总兵力下降到 290 万人。伴随军事上的节节失利,经济上,国民党统治区的财政经济状况持续恶化,恶性通货膨胀和物价上涨加速发展;政治上,国民党统治区青年学生发动抗议美军暴行和反饥饿、反内战运动。国民党统治集团内部四分五裂、矛盾激化。正是看到了战略局势的发展变化,1948 年 11 月 14 日,毛泽东撰写社论《中国军事形势的重大变化》,果断判定"中国的军事形势现已进入一个新的转折点,即战争双方力量对比已经发生了根本的变化","这是

中国革命的成功和中国和平的实现已经迫近的标志"。①并以发展的眼光准确预判："原来预计，从一九四六年七月起，大约需要五年左右时间，便可能从根本上打倒国民党反动政府。现在看来，只需从现时起，再有一年左右的时间，就可能将国民党反动政府从根本上打倒了。"②后来的军事形势发展，充分证明了毛泽东高超的战略预见。

转战陕北体现了对马克思主义系统观的运用。1947年3月初，胡宗南的部队大举进犯延安，中共中央决定暂时放弃延安。美国记者斯特朗看到，延安秩序井然，各机关学校都在有组织地"化整为零"，有条不紊地疏散和转移，连幼儿园的小朋友都有自己的编队，他们不跟自己的父母一道行动而随自己的小组转移。报纸和电台的人员有一半已经离开，去建立另外一个基地。国家银行也迁走了，连它的大窗玻璃也取了下来埋在地里，日后回来还可以再用。为了安全，中共中央机关已转移到杨家岭以北约15公里的更深的山沟里办公了，斯特朗准备离开延安。就在斯特朗离开的前一天晚上，中共中央几位领导人才回到延安，因为白天有敌机骚扰，不能走路，才不得不在夜幕掩护下回来。毛泽东在转战陕北时说："我们要以一个延安换取全中国。"③转战陕北一年多，党中央和中央军委在陕北的山峁沟岔间，指挥着全国各路大军奋勇作战，取得了辉煌战绩。解放军按照"集中优势兵力，各个歼灭敌人"的方针，逐步打击歼灭胡宗南部，使其遭受多次重大损失。1948年4月21日，西北野战军收复延安。这体现了毛泽东多次强调的战略思想："我军打仗，不在一城一地的得失，而在于消灭敌人的有生力量。存人失地，人地皆存；存地

① 《毛泽东选集》第四卷，人民出版社1991年版，第1360页。
② 《毛泽东选集》第四卷，人民出版社1991年版，第1361页。
③ 《毛泽东年谱(1893—1949)(修订本)》下册，中央文献出版社2013年版，第176页。

失人,人地皆失。"①

经营东北体现了对马克思主义重点论的运用。在中共七大会议上,毛泽东曾对全党说,从中国革命的最近与将来的前途看,东北是特别重要的。如果把现在的一切根据地都丢了,只要我们有了东北,那么中国革命就有了基础。当然,其他根据地不丢,而又有了东北,中国革命的基础就更加巩固了。东北在中国革命中的地位可见一斑。1945 年 8 月,毛泽东赴重庆同蒋介石谈判,在这期间刘少奇代替毛泽东起草了中共中央给全党的指示,得到了毛泽东的同意。于是党中央正式提出"全国战略方针是向北发展,向南防御"。它的主要内涵是:在南方作出让步,收缩南部防线;巩固华北以及华东、华中的解放区;控制热河、察哈尔两省,集中力量争取控制具有重要战略地位的东北地区。为了贯彻这个方针,先后从各解放区抽调 11 万人的军队和 2 万名干部进入东北,包括中央委员 10 人(这其中 4 人为中央政治局委员),候补中央委员 10 人,成立了以彭真为书记的中共中央东北局,统一领导东北地区的工作。这次军事部署,是中共历史上空前规模的战略移动,打破了国民党企图抢占东北以便南北夹击关内解放区的图谋,同时又及时将驻在南方国民党心腹地带的兵力集中到江北,避免了被各个击破的危险。从全国看,中国共产党领导的军队已经从东北、华北到华中连成一片,摆脱了分散被动局面,处于有利的战略态势,为夺取全国解放战争的胜利奠定了基础。

发起三大战役体现了对马克思主义全局观的运用。1948 年秋,人民解放战争进入夺取全国胜利的决定性阶段。这时,人民解放军已由战争开始时的 127 万人发展到 280 万人,其中野战军 149 万人;

---

① 《毛泽东年谱(1893—1949)(修订本)》下册,中央文献出版社 2013 年版,第 176 页。

与此相反,国民党军队已由战争开始时的 430 万人下降为 365 万人,可用于第一线的兵力仅 174 万人,而且士气低落,战斗力不强,不得不放弃"全面防御"而改行"重点防御"。国民党军队已被解放军分割在西北、中原、华东、华北、东北 5 个战场上,相互间难以取得配合,已经没有完整战线。党中央和毛泽东当机立断,连续组织辽沈、淮海、平津三大战役。根据毛泽东和中央军委的部署,选择首先在东北展开战略决战。1948 年 9 月 12 日,林彪、罗荣桓指挥东北野战军主力和地方武装 103 万人发起辽沈战役,向被分割在锦州、长春、沈阳等孤立地区的 55 万国民党军发动进攻。至 11 月 2 日解放沈阳、营口。东北全境解放。辽沈战役刚结束,华东野战军和中原野战军及部分地方武装共 60 余万人,在以徐州为中心,东起海州、西至商丘、北起临城(今薛城)、南达淮河的地区,发起规模空前的淮海战役。1948 年 11 月 16 日,党中央决定由刘伯承、陈毅、邓小平、粟裕、谭震林组成以邓小平为书记的总前委,统一指挥华东野战军和中原野战军。由于先后集结在这个地区的国民党军队在兵力和武器装备上均处优势地位,人民解放军在作战中采取将敌军重兵集团多次分割、集中优势兵力各个歼灭的办法。1948 年 11 月 6 日至 22 日,解放军在徐州以东围歼黄百韬兵团约 10 万人,完成中间突破。11 月 23 日至 12 月 15 日,在宿县西南全歼由豫南远道赶来增援而孤军突出的黄维兵团约 12 万人,并在陈官庄一带合围杜聿明集团所部邱清泉、李弥、孙元良三个兵团约 30 万人,后歼灭力图突围的孙元良兵团。1948 年 12 月 16 日至 1949 年 1 月 10 日,歼灭杜聿明部邱清泉、李弥两个兵团 10 个军,生俘杜聿明。至此,淮海战役胜利结束。经此一役,南线国民党军队精锐主力已被消灭,长江中下游以北的广大地区获得解放,同华北解放区连成一片。国民党政府首都南京直接暴露在人民解放军面前,国民党反动统治陷入土崩瓦解的境地。在辽沈战役结束、淮海战役胜利发展之际,东北野战军和华北军区第二、第三兵团以及华北、东北军区地方部队共 100 万人,联合发起了平津战役。根据党中央部署,东北野战军主力从 1948 年 11 月起隐蔽入关,同华北军区第二、第三兵团一道,先用"围而不打"或"隔而不围"的办法,完成对北平、天津、张家口之敌的战略包围和战役分割。1949年 1 月 14 日,解放军以强大兵力发起总攻,经过 29 小时激战,攻克天津,全歼守敌 13 万人。北平 20 余万守军在解放军严密包围下完全陷于绝境,在傅作义率领下接受和平改编。1 月 31 日,北平和平解放。三大战役的胜利,是毛泽东军事思想的伟大胜利。在三大战役中,毛泽东和中央军委针对东北、华东、华北三个战场的不同特点制定不同的作战方针,全面地运用"十大军事原则",把歼灭敌人有生力量和夺取城市及地方紧密地结合起来,把集中优势兵力和全部消灭敌军的强大兵团紧密地结合起来,把大规模的运动战、阵地战和城市攻坚战紧密地结合起来,把军事打击与政治争取结合起来,取得了辉煌的战果。

毛泽东运用辩证唯物主义和历史唯物主义的原理,研究和指导中国革命战争,系统、深刻地阐明了关于战争和军队的一系列根本观点,揭示了军事领域矛盾运动的基本规律,总结提出了关于如何研究和指导战争的具有普遍意义的重要原则。这是实践中毛泽东军事思想的哲学智慧的真实体现。

七、人民战争的伟力来自人民

马克思主义认为,人民群众是创造社会历史的决定力量。唯物主义历史观从社会存在决定社会意识出发,坚持群众史观,认为人民群众是历史的创造者。毛泽东历来主张马克思主义普遍原理要与中国革命的具体实际相结合,特别是要与中国革命的主体——人民大众相结合。在中共七大上,他阐明了党的出发点是:"全心全意地为人民服务,一刻也不脱离群众;一切从人民的利益出发,而不是从个人或小集团的利益出发;向人民负责和向党的领导机关负责的一致性。"①这是毛泽东第一次把全心全意为人民服务的问题,提到"宗旨"的高度。因此,整个解放战争期间毛泽东都是用群众观来制定政策、指导实践的。

这一时期,人民群众最关心的是土地问题,土地改革政策的制定与推行,充分体现对党的群众观的贯彻执行。解放战争是一场事关中国前途命运的大决战,最终以解放军的全胜而告终,这不仅仅是因为军事的原因,更重要的是民心的因素,其中土改政策起到了很大的作用。全面内战爆发时,解放区的面积不到全国的四分之一,主要是农村和一些中小城市。解放区民众绝大多数是贫苦农民,他们祖祖辈辈受地主阶级残酷的地租剥削,最强烈的愿望是能做自己土地的主人。人民立场始终是马克思主义政党的根本立场。1946 年 5 月 4日,中共中央原则通过了《关于土地问题的指示》,提出:"在广大群众要求下,我党应坚决拥护群众从反奸、清算、减息、退租、退息等斗争中,从地主手中获得土地,实现耕者有其田。"②1947 年 7 月至 9月,中共中央工委又在西柏坡召开全国土地会议,通过《中国土地法大纲》,决定"废除封建性及半封建性剥削的土地制度,实行耕者有

---

① 《毛泽东选集》第三卷,人民出版社 1991 年版,第 1094—1095 页。
② 《建党以来重要文献选编(1921—1949)》第 23 册,中央文献出版社 2011 年版,第246 页。

其田的土地制度"①,从而指引在封建制度压迫下的亿万农民汇入伟大的民主革命的洪流。在"参军保田"的口号下,大批青壮年农民潮水般涌入人民军队,并竭尽所能保障解放军作战。辽沈战役胜利是东北人民全力支援拼出来的,淮海战役胜利是老百姓用小车推出来的,渡江战役胜利是老百姓用小船划出来的。仅东北解放战争期间,就有160万东北民众参军;渡江战役中,2万多名船工参加战斗,不少船工穿上"老衣"(按当地风俗为去世的人穿上的衣服),抱着誓死的决心运送解放军"打过长江去"。正如毛泽东在战略上所预见到的:"土地制度的彻底改革,是现阶段中国革命的一项基本任务。如果我们能够普遍地彻底地解决土地问题,我们就获得了足以战胜一切敌人的最基本的条件。"

刘邓大军能在大别山站稳脚跟主要依靠人民群众的支持。1947年6月30日,遵照中共中央制定的"以主力打到外线去,将战争引向国民党区域,在外线大量歼灭敌人"的战略方针,刘伯承、邓小平率晋冀鲁豫野战军主力进军大别山。8月27日,刘邓大军胜利完成了千里挺进任务,随即在大别山地区实施战略展开。由于实行无后方作战,刘邓大军不仅面临着敌军重兵围困,而且时时受到饥饿、疲劳、疾病的困扰。位于鄂豫皖三省交界处的大别山区气候寒冷潮湿,部队常常在山野林莽中露宿,在雨水泥泞里行军,加之水土不服,疟疾流行,非战斗减员严重。邓小平在1948年4月25日的报告中称:"大别山的几个纵队是有削弱,减员约百分之十五。"在如此残酷恶劣的环境下,刘邓大军能够坚持大别山斗争,并得以生存和发展,须

---

① 《建党以来重要文献选编(1921—1949)》第24册,中央文献出版社2011年版,第417页。

曳也离不开人民群众的大力支持。早在千里挺进大别山时,刘邓大军就"约法三章":以枪打老百姓者,枪毙;掠夺民财者,枪毙;强奸妇女者,枪毙。来到大别山后,刘邓大军立即广泛开展群众工作,放手发动群众实行土地改革,建立民主政权;同时积极维护群众利益,强调越是在困难的情况下,越要更加严格地执行群众纪律,规定凡是征集的物资都要照价付钱或出具借据。刘邓大军用实际行动赢得了民心,人民群众踊跃献粮捐款,参军参战,掀起拥军支前高潮。据不完全统计,仅金寨县铁冲乡高畈村就给驻双河一带的晋冀鲁豫野战军第二纵队教导团捐献大米 7007 斤、稻谷 1512 斤、木柴 2490 斤、棉衣16 件、鞋子 49 双。军队打胜仗,人民是靠山。刘邓大军紧紧依靠人民群众,获取了克服艰难险阻、夺得伟大胜利的力量源泉,粉碎了敌人对大别山区的全面围攻,迅速地开辟了广大的新解放区,在中原站稳了脚跟。

解放战争的胜利是人民战争的伟大胜利。1948 年 9 月,解放战争进入战略决战阶段。各解放区人民以无比巨大的热情,以源源不绝的人力物力给予前线以空前规模的支援。供应前方庞大部队的军需物资,全靠肩挑背负,小车推送。陈毅曾深情地说:"淮海战役的胜利,是人民群众用小车推出来的。"[①]"小车推出胜利"的背后,有一组沉甸甸的人民支援前线数据:三大战役中,动用民工 880 余万人次,大小车辆 141 万辆,担架 36 万余副,牲畜 260 余万头,粮食 4.25亿公斤⋯⋯战场上的子弹、炮弹和粮食,都来自人民群众夜以继日的运送。仅淮海战役,就动用了支前大小车辆 88 万余辆。"若把这些小车全部连在一起,能从北京到南京,并排排成两列。"

---

① 《中国共产党历史》上卷,人民出版社 1991 年版,第 802 页。

群众路线是我们党的传家宝,毛泽东无疑是这一路线的主要创立者。他较早提出了"全心全意地为人民服务"的宗旨,为党的群众路线奠定了基础。在解放战争中,人民战争的伟力来自人民,决定战争胜负的因素也是人民,这与毛泽东的兵民思想是一致的,是唯物史观的真实体现。

八、唯心历史观的破产

历史的创造者是人民,唯心史观根本不能正确看待人民的力量和历史贡献。历史唯心主义是关于人类社会发展的非科学历史观。它认为社会意识决定社会存在,人的思想动机是社会发展的根本原因,它否定社会发展的客观规律,与历史唯物主义背道而驰。毛泽东坚持以唯物史观批驳唯心史观,认为"我们是反对历史唯心论的历史唯物论者",只有人民,才是历史的创造者,才是中美关系真正的主角。任何思想、任何政策,都要与实际结合,要以人民为中心。

《唯心历史观的破产》是毛泽东1949年9月16日为新华社写的一篇对于美国国务院白皮书和艾奇逊信件的评论,批驳了美国白皮书的错误言论,使当时的中国人民认清了美国侵略中国的历史,从而更加坚定地拥护中国共产党领导和推动革命事业发展。

美国的白皮书是指美国国务院在1949年8月5日发表的题为《美国与中国的关系》的白皮书,艾奇逊信件是指美国国务卿艾奇逊为发表该书于1949年7月30日写给杜鲁门总统的一封信。白皮书的正文分为八章,叙述了从1844年美国强迫中国签订《望厦条约》以来,直至1949年中国人民革命在全国范围内取得基本胜利时止的中美关系,特别是详细叙述了抗日战争末期至1949年的5年中间,美国政府扶蒋反共遭到失败的经过。在白皮书和艾奇逊的信里,充满了颠倒是非、隐瞒和捏造事实以及对于中国人民的恶毒污蔑和深刻仇恨。为了利用白皮书这个反面教材教育人民,特别是争取那些对美帝国主义还抱有幻想的一部分资产阶级知识分子,毛泽东于1949年8、9月间先后为新华社写了《丢掉幻想,准备斗争》《别了,司徒雷登》《为什么要讨论白皮书》《友谊,还是侵略?》和《唯心历史观的破产》等5篇评论文章,批驳了白皮书的各种谎言和谬论,并结合这种批判总结了中国人民近百年来革命斗争的经验,阐发了马克思主义的一些基本观点。

《唯心历史观的破产》主要是驳斥白皮书在中国革命问题上的唯心主义谬论,论述了中国革命发生和胜利的原因。在这篇评论中,毛泽东立足马克思主义的立场和观点,深刻批判美化美国侵华历史、歪曲中国历史、诋毁中国共产党的错误言论。

在白皮书中,艾奇逊说,中国之所以发生革命,一因"人口太多",二因"西方思想的刺激"。毛泽东对此进行了一一的驳斥。他指出,近百年来中国革命之所以发生和发展,绝不是因为人口过剩,而是由于帝国主义入侵造成的。帝国主义、封建主义和官僚资本主义对中国人民的残酷压迫和剥削,造成了阶级矛盾和民族矛盾的尖锐化。不是人口问题引起革命,而是革命才能解决人口问题。① 在此,毛泽东还批判了马尔萨斯"人口论",阐发了历史唯物论关于人的重要地位的思想。他说:"世间一切事物中,人是第一个可宝贵的。在共产党领导下,只要有了人,什么人间奇迹也可以造出来。我们是艾奇逊反革命理论的驳斥者,我们相信革命能改变一切,一个人

---

① 参见《毛泽东选集》第四卷,人民出版社1991年版,第1510—1511页。

口众多、物产丰盛、生活优裕、文化昌盛的新中国,不要很久就可以到来,一切悲观论调是完全没有根据的。"①针对艾奇逊的第二个论调,毛泽东阐明了中国革命之所以发生,不在于"西方观念的影响",而在于帝国主义侵略造成了革命的物质条件和阶级基础。他指出:"这样,西方资产阶级就在东方造成了两类人,一类是少数人,这就是为帝国主义服务的洋奴;一类是多数人,这就是反抗帝国主义的工人阶级、农民阶级、城市小资产阶级、民族资产阶级和从这些阶级出身的知识分子,所有这些,都是帝国主义替自己造成的掘墓人,革命就是从这些人发生的。"所以,"不是什么西方思想的输入引起了'骚动和不安',而是帝国主义的侵略引起了反抗。"②毛泽东在批判艾奇逊的观念决定论的基础上,还进一步揭露了资产阶级思想理论的腐朽性,阐明了只有马克思主义才能救中国。他指出,从西方资产阶级革命时代学来的进化论、天赋人权论和资产阶级共和国方案,都一一宣告破产了,只有马克思主义产生了"明效大验",指导中国革命取得了大胜利。"马克思列宁主义来到中国之所以发生这样大的作用,是因为中国的社会条件有了这种需要,是因为同中国人民革命的实践发生了联系,是因为被中国人民所掌握了。任何思想,如果不和客观的实际的事物相联系,如果没有客观存在的需要,如果不为人民群众所掌握,即使是最好的东西,即使是马克思列宁主义,也是不起作用的。我们是反对历史唯心论的历史唯物论者。"③这就阐明了理论和实际相统一是唯物主义的基本原则,同艾奇逊的唯心主义观念决定论划清了界限。

<hr>

① 《毛泽东选集》第四卷,人民出版社 1991 年版,第 1512 页。
② 《毛泽东选集》第四卷,人民出版社 1991 年版,第 1513 页。
③ 《毛泽东选集》第四卷,人民出版社 1991 年版,第 1515 页。

　　毛泽东在这篇评论中高度赞扬了马列主义的重要价值,认为"自从中国人学会了马克思列宁主义以后,中国人在精神上就由被动转入主动。从这时起,近代世界历史上那种看不起中国人,看不起中国文化的时代应当完结了。伟大的胜利的中国人民解放战争和人民大革命,已经复兴了并正在复兴着伟大的中国人民的文化。这种中国人民的文化,就其精神方面来说,已经超过了整个资本主义的世界。比方美国的国务卿艾奇逊之流,他们对于现代中国和现代世界的认识水平,就在中国人民解放军的一个普通战士的水平之下。"①

　　《唯心史观的破产》揭露了帝国主义的本性和谎言,教育了人民,为新中国的成立和我国内外政策的制定作了必要的思想准备。

　　解放战争时期是毛泽东哲学思想充分发展和灵活运用的重要时期,《为人民服务》《纪念白求恩》《论人民民主专政》等名篇的发表标志着其哲学思想的进一步发展。这些著作都是马克思列宁主义普遍原理同中国革命具体实践相结合的产物,是从认识论和方法论的高度论述和解决中国革命各方面问题的范例,是在实践中运用和发展马克思主义哲学的典范。而"政策和策略是党的生命"、要学会"弹钢琴"等著名论断,则是毛泽东哲学思想在指导革命实践过程中形成的智慧火花,有力地推动了马克思主义哲学的发展和提高。

---

① 《毛泽东选集》第四卷,人民出版社 1991 年版,第 1516 页。

第七章 哲学智慧助力中国社会主义革命和建设

中华人民共和国成立,进入社会主义革命和建设时期。结合不同历史阶段不同历史任务,毛泽东灵活运用马克思主义哲学原理,坚持抓住主要矛盾、掌握斗争主要方向的战略策略思想,揭示中国革命和建设的客观规律,从哲学上概括总结新的实践经验,提出了"打得一拳开,免得百拳来""调动一切积极因素""双百方针""团结—批评—团结""战略上藐视敌人,战术上重视敌人""大兴调查研究之风"等策略,指导中国革命和建设取得巨大成就。

一、打得一拳开，免得百拳来

1950 年 6 月 25 日朝鲜战争爆发，美国当局推行全球遏制共产主义战略，立即进行武装干涉，支援南朝鲜军作战。同时命令其海军第 7 舰队侵入台湾海峡，干涉中国内政。7 月 7 日，美国操纵联合国安理会，通过了授权组成以美国为首侵朝"联合国军"决议，将美国在朝鲜的武装干涉行为披上了联合国的外衣，将本是内战的朝鲜战争变成了侵略和反侵略战争。美国侵略朝鲜的空军飞机，不断侵入中国领空，轰炸扫射中国东北边境城镇乡村。9 月底，美军地面部队全线进抵三八线，准备越过并继续向北进攻。

对美国的侵略和挑衅行动，中国政府和人民发出了强烈抗议和严厉警告。政务院总理兼外交部部长周恩来，代表中国政府警告美国当局："中国人民热爱和平，但是为了保卫和平，从不也永不害怕反抗侵略战争。"[1]"美国军队正企图越过三八线，扩大战争。美国军队果真如此做的话，我们不能坐视不顾，我们要管。"[2]

然而，美国当局认为中国政府的警告只是"虚声恫吓"，中国没有力量，更没有胆量同美国军队进行较量，因而对中国的警告不屑一顾，一意孤行。10 月 7 日，美军地面部队大举越过三八线向中朝边境进攻，将战火烧到了中国大门口。朝鲜处境危急，中国大陆的安全受到严重威胁。朝鲜劳动党中央和朝鲜民主主义人民共和国政府请求中国出兵给予援助。

此时，新中国成立刚刚一周年，统一大业尚未完成，长期战争创

---

[1] 《周恩来外交文选》，中央文献出版社 1990 年版，第 23—24 页。
[2] 《周恩来军事文选》第 4 卷，人民出版社 1997 年版，第 66 页。

伤造成千疮百孔、百废待兴的烂摊子尚未治理,国家一穷二白;新解放区土地改革工作刚刚展开,土匪、特务尚未肃清;军队武器装备远远落后,并且大部分野战军部队已担负支援国民经济恢复的工农业生产任务,缺乏作战训练;一部分干部和军民有和平厌战情绪。国家政治秩序、经济秩序和社会生活秩序都未完全走上正轨。

出兵援助朝鲜就要同美军直接作战,无论经济力量还是军队武器装备,当时我国与美国都无法相比。美国资本主义发展已有上百年的历史,工业发达,技术先进。第二次世界大战后,跃居为资本主义世界的头号强国。1950 年,其国民生产总值达 2848 亿美元,钢产量 8772 万吨。而中国由于近代以来遭受帝国主义列强不断侵略掠夺,工业发展极为缓慢,技术水平严重落后,不能生产汽车,更不能生产飞机大炮,经济力量十分薄弱。1950 年,中国工农业总产值 574 亿元人民币,相当于 229 亿美元,仅是同期美国国民生产总产值的 1/12;钢产量仅有 60.6 万吨,相当于同期美国钢产量的 1/144。

美国军队是世界上现代化程度最高的军队。美国有强大的海军和空军,还有原子弹。从朝鲜战争一开始就将海空军投入作战,作战飞机已达 1100 余架,海军舰船近 300 艘。而中国人民解放军的海军和空军尚在组建过程中,没有形成战斗力。美军地面部队一个师即装备有各种坦克 140 余辆、装甲车 35 辆,各种火炮 950 余门,各种车辆 3800 余辆,无线电机 1688 部、密码机 145 部。解放军装备最好的部队,东北边防军(志愿军)没有坦克和装甲车,没有对空作战武器,反坦克武器也只有每个步兵营的 3 具火箭筒。一个军才编有各种火炮 520 至 540 门,没有车辆编制,有线电话、密码机数量不到美军一个师的 1/4。

中国出兵与美国军队作战,能打赢吗?中国的经济力量能支持与美国进行一场战争吗？这些实际问题，毛泽东也是思之再三。正是因为中国面临的困难太多太大，毛泽东于 10 月 2 日下午主持召开中共中央书记处会议、4 日下午和 5 日下午主持召开中共中央政治局扩大会议，会上许多人有顾虑，主张不出兵或缓出兵。直到 10 月 5 日下午的会议上，大家才统一了认识，一致作出组成中国人民志愿军抗美援朝、保家卫国的重大战略决策。

周恩来、彭德怀、聂荣臻、胡乔木都曾谈及，中共中央当时下决心作出这个决策是很不容易的。胡乔木曾回忆："我在毛主席身边工作二十多年，记得有两件事是毛主席很难下决心的。一件是 1950 年派志愿军入朝作战，再一件是 1946 年我们准备同国民党彻底决裂。"①毛泽东自己也说，讨论这个问题，有很多天是睡不着觉的。②

10 月 27 日，毛泽东约见民主人士周世钊、王季范。当毛泽东将"志愿军已经出国"的消息相告时，周世钊不无忧虑地表示："国民党反动统治被推翻，全国得到解放，这是建设新国家的大好机会。全国人民都希望和平建设，志愿军出兵援朝，是不是会影响和平建设呢？"毛泽东回答：我们急切需要和平建设，如果要我写出和平建设的理由，可以写有百条千条，但这百条千条的理由不能抵住六个大字，就是"不能置之不理"。现在美帝的侵略矛头直指我国的东北，假如它真的把朝鲜搞垮了，纵不过鸭绿江，我们的东北也时常要在它的威胁中过日子，要进行和平建设也有困难。所以，我们对朝鲜问题，如果置之不理，美帝必然得寸进尺，走日本侵略中国的老路，甚至比日本搞得更凶。它要把三把尖刀插在我们的身上，从朝鲜一把刀插在我们的头上，以台湾一把刀插在我们的腰上，把越南一把刀插在

---

① 《胡乔木回忆毛泽东》，人民出版社 1994 年版，第 92 页。
② 参见《毛泽东年谱（1949—1976）》第一卷，中央文献出版社 2013 年版，第 230 页。

我们的脚上。天下有变,它就从三方面向我们进攻,那我们就被动了。我们抗美援朝就是不许它的如意算盘得逞。"打得一拳开,免得百拳来。"我们抗美援朝,就是保家卫国。我是不打无把握之仗的。这次派志愿军出国,我们中央一些同志经过周详地考虑研究,制定了持久战的战略,胜利是有把握的。①

毛泽东的这句"打得一拳开,免得百拳来"名言,体现的是"以斗争求和平则和平存,以妥协求和平则和平亡"的辩证思想,也就是《矛盾论》里所说的,在事物中一组矛盾同时对立且同时存在。斗争与和平是一组矛盾,如果没有斗争,也不会有所谓的和平。

党中央决策出兵时全面分析了敌我双方的优劣条件,认为美国虽强也有弱点,中国虽弱也有有利条件。美国在军事上是一长三短:一长是钢铁多。三短是战线太长,首尾难以相顾;运输线太长,要横跨大西洋和太平洋;兵力不足,并且士气不高,是"铁多气少"。美国虽然握有原子弹,但不能轻易使用。因此,尽管美国在综合国力和军队武器装备上占有绝对优势,但并不是不可战胜的。中国困难虽多,但也有有利条件。东北边防军已作了必要准备,并已调集了二线三线部队;中国军队占有数量上的优势,经受了20多年革命战争的锻炼,官兵团结,凝聚力强,特别能吃苦,特别能战斗,向来有以劣势装备战胜优势装备之敌的经验;中国是反抗侵略,进行的是正义之战,有中国人民和朝鲜人民的全力支援;中国已同苏联签订了《中苏友好同盟互助条约》,将获得苏联的物资支援;等等。

军事辩证法告诉我们,战争的胜负,固然决定于双方军事、政治、经济、地理、战争性质、国际援助诸条件,然而,战争指导者能否实行

① 参见《毛泽东年谱(1949—1976)》第1卷,中央文献出版社2013年版,第230—231页。

正确的战争指导,却是更具有决定意义的因素。客观条件好,若战争指导错误,也会导致挫折甚至失败;相反,哪怕客观条件差一些,若战争指导正确,却可以将战争引向胜利。

历史证明,抗美援朝的出兵决策是正确的。正确的战略决策在于远见卓识,以及在知己知彼基础上的准确预判。毛泽东清楚,新生的中国要与头号的帝国主义国家进行正面交锋,实力悬殊,风险极大。但他更清楚,战争的胜负并不是单纯的物质力量的较量,人心、士气以及指挥者主观能动性的发挥,同样至关重要。正确的战略决策源于对和平与正义的追求,以及对国际战略形势的深刻认识。毛泽东始终站在维护中国国家安全和世界和平的战略高度来思考问题、作出决策。他认为,美国侵略朝鲜,不仅关系到朝鲜的存亡,关系到中国的安全,而且朝鲜问题已成为国际斗争的焦点,关系到整个东方和世界的反帝斗争和人民解放事业。如果整个朝鲜被美国占领,美国侵略者将更为猖獗。出兵朝鲜参战,既是维护中国当前和长远安全利益的需要,也是维护朝鲜和世界和平的需要。所以,毛泽东认为,中国出兵朝鲜,对中国、对朝鲜、对东方、对全世界都有利。如果不出兵,让敌人压至鸭绿江边,国内国际反动气焰增高,则对各方都不利。因此应当参战、必须参战,参战利益极大、不参战损害极大。美军进抵三八线的第二天,毛泽东就让周恩来向全世界宣告:"中国人民热爱和平,但是为了保卫和平,从不也永不害怕反抗侵略战争。中国人民决不能容忍外国的侵略,也不能听任帝国主义者对自己的邻人肆行侵略而置之不理。"抗美援朝出国作战,志愿军将士在朝鲜战场深刻教训了美国霸权主义,一举将敌人从鸭绿江边打回到三八线,震惊了全世界。抗美援朝战争中,中国人民有力地支援了朝鲜人民,稳定了朝鲜局势,保护了中国大陆的安全,维护了亚洲及世界的和平。抗美援朝战争中,中国人民打出了新中国的军威国威,彻底改变了近代以来中国在国际上软弱可欺的形象,极大鼓舞了全世界被压迫民族和人民争取民族独立和人民解放的正义事业。出国作战的正确决策、有效贯彻及最终胜利,一举奠定了中国的大国地位。

二、把国内一切积极因素调动起来

在国际国内环境发生重大变化的前提下,毛泽东审时度势,提出《论十大关系》,运用对立统一规律,准确分析、判断主要矛盾和矛盾的主要方面,从中国社会主义建设中纷繁复杂的矛盾现象中,辩证地处理主要矛盾和次要矛盾、矛盾的主要方面和非主要方面的关系,确定了工作的重点和非重点,并引导用抓好非重点来促进重点更好地解决。

第二次世界大战结束后,经过 10 年左右的恢复和重建,世界经济及科技发展进入突飞猛进时期。1956 年,中国在基本完成社会主义改造的同时,经济建设也取得了巨大成就,开始进入全面建设社会主义的时期。社会主义制度在中国不断得到巩固和加强,人民安居乐业。与此同时,中国的周边环境、国际环境也在不断改善,国际地位大幅提升。1955 年 4 月,中印、中缅领导人在亚非会议上达成了和平共处、友好合作的十项原则,标志着亚非发展中国家作为一支争取世界和平的独立政治力量开始逐渐崛起。亚非会议后,中国同亚洲邻国的关系进一步加强,中日民间交往频繁。中美之间开始会谈,中国与主要资本主义国家之间的关系也显露出一些改善的迹象。这一时期,中苏关系处于良好发展阶段,中国同社会主义各国的交往也日益密切。

据此,中共中央认为,国际局势正在趋向缓和,"新的侵华战争和新的世界大战,估计短时间内打不起来,可能有十年或者更长一点的和平时期"。因此,必须抓住这一有利时机加紧社会主义建设。《论十大关系》就是在这样的国际国内环境下产生的。

1956 年 4 月 25 日,毛泽东在中共中央政治局扩大会议上作了《论十大关系》的报告。报告充分运用马克思主义唯物辩证法,把中国社会主义建设事业中带有全局性的问题精练概括成为"十大关系"。5 月 2 日,毛泽东在最高国务会议上又一次对十大关系作了系统阐述,强调中国社会主义建设要以苏联为鉴、总结经验,探索适合中国国情的社会主义道路。

该十大关系,即重工业和轻工业、农业的关系;沿海工业和内地工业的关系;经济建设和国防建设的关系;国家、生产单位和生产者个人的关系;中央和地方的关系;汉族和少数民族的关系;党和非党的关系;革命和反革命的关系;是非关系;中国和外国的关系。《论十大关系》对如何建设社会主义进行了全方位的初步探索,提出了许多重要的理论观点,开启了探索中国特色社会主义建设道路的先声。[1]

《论十大关系》的前五个关系主要讨论经济问题,正确反映了毛泽东对社会主义经济建设重要性的认识。经过深入调查研究和思考,在《论十大关系》的开篇,毛泽东深刻阐述了重工业和轻工业、农业的关系,认为重工业是我国经济建设的重点,但必须重视农业和轻工业,并提出用多发展一些农业、轻工业的办法来发展重工业,协调发展农业、轻工业和重工业的思路,这是对马克思主义政治经济学的重大发展。针对历史遗留下来的工业生产布局不合理的状况,

---

[1]　参见《毛泽东文集》第七卷,人民出版社 1999 年版,第 23—44 页。

毛泽东精辟地论述了第二个关系——沿海工业和内地工业的辩证关系,这两个关系实质上是生产力布局的问题。毛泽东认为平衡我国工业发展布局,要大力发展内地工业,充分利用和发展沿海工业。第三个关系论述的经济建设和国防建设的关系,实际上是更深层次的产业结构问题。国防建设一定要加强,但首先要加强经济建设,经济建设与国防建设的关系是辩证的对立统一关系,二者必须协调发展,才可能共同推进。在第四部分,毛泽东科学论述了在社会主义制度下,国家、生产单位和生产者个人之间的关系,这三者的关系从根本上说是长远利益和眼前利益、整体利益和局部利益、集体利益和个人利益之间的关系,并明确提出要兼顾国家、集体和个人三者利益,才能充分调动人民参与社会主义建设的积极性。在第五部分正确地处理中央和地方的关系中,毛泽东以马克思主义基本原理为指导,精准地分析了中央和地方的辩证关系,论述了在巩固中央统一领导的前提下,处理中央和地方关系的基本原则是要充分发挥中央和地方两个积极性,要处理好集权与分权的关系,扩大地方权力,充分发挥地方的积极性。

《论十大关系》的后五个关系主要论述了政治生活和思想文化生活中调动各种积极因素以及处理好中国与外国关系的问题。在第六个关系论述中,毛泽东总结了我国处理民族关系的经验,论述了搞好汉族和少数民族的关系,必须认真贯彻党的民族政策,反对大汉族主义、反对地方民族主义,坚持维护民族平等和团结。强调要帮助少数民族地区发展经济和文化建设,实现各民族共同繁荣,为正确处理我国的民族关系,调动各族人民的积极性指明了方向。在第七个关系——党和非党的关系论述中,毛泽东总结我们党同各民主党派、民主人士在历史上的联系的经验,在加强共产党的领导和人民民主专政的条件下,提出了"长期共存,互相监督"的方针,确定了中国共产党与各民主党派长期合作的政党关系,该方针标志着中国共产党领导的多党合作制度在社会主义制度阶段的进一步确立和巩固。在维护国家安全问题上,毛泽东提出了第八个关系——革命和反革命的关系,这是敌我矛盾问题。毛泽东总结了新中国镇反和肃反的经验,阐明分清敌我关系的正确标准,强调坚决镇压反革命,争取把大多数反革命分子改造为新人,尽可能地化消极因素为积极因素,为社会主义事业服务的重要观点。第九个关系——是非关系,是人民内部矛盾问题。毛泽东总结了我们党进行党内组织工作的正反两方面经验和教训,表明分清党内的是非关系和敌我关系这两种性质不同矛盾的观点,强调采取"惩前毖后,治病救人"的方针,其对于调动一切积极因素,进一步团结全党进行社会主义建设,具有十分重要的指导意义。在最后一部分,毛泽东论述了中国和外国的关系,提出"向外国学习"的口号和学习的内容、方法和态度,并主张外国的先进经验我们都要学习,为我所用,但学习不能盲目,不能照抄,不能机械搬用,这为调动国外的积极因素为我国社会主义事业服务提供了遵循。

《论十大关系》提出了走中国自己的社会主义建设道路。以苏联为鉴,根据中国情况走自己的路,是《论十大关系》中一以贯之的基本思想。在新中国成立前夕,毛泽东认为借鉴、甚至照抄照搬苏联经验在当时是完全必要的,但这样会缺乏创造性和独立自主的探索,因此不应当是长久之计,并试图对此作出改变。这一时期,毛泽东明确提出马克思列宁主义的普遍真理与中国实际第二次结合的重要命题,即走出中国自己的社会主义建设新道路。这是在新中国成立初期东西方两大阵营对立、世界格局处于错综复杂形势的时代背景下,关于建设中国自己的社会主义道路的最突出的理论贡献,是以毛泽东同志为主要代表的中国共产党人探索、实践、总结中国社会主义道路建设过程中形成的一个重要的理论成果。《论十大关系》确立的走自己的路的指导思想,初步回答了中国社会主义发展道路的问题,为党的八大确立了正确的指导思想,也为党的十一届三中全会以后中国特色社会主义道路的开辟作了重要的思想理论铺垫。同时也成为邓小平"走自己的路,建设有中国特色社会主义"思想的直接思想渊源。

《论十大关系》提出了调动一切积极因素为社会主义建设服务的基本方针,即:调动一切积极因素,克服严重压抑地方、企业、个人积极性的苏联僵化模式束缚,开创富有生机和活力的中国自己的社会主义新道路。该方针抓住了苏联模式的典型特征,强调千方百计化消极因素为积极因素,充分阐释了调动发挥全世界一切可能利用的积极因素是把我国建设成"强大的社会主义国家"的方法、动力和路径,这个基本方针对症下药、有的放矢,对十大关系起着统帅和驾驭作用。毛泽东提出的"调动一切积极因素为社会主义服务"以及后来的"正确处理人民内部矛盾问题"的思想,为解决各种社会矛盾、维护社会和谐稳定具有重要的现实指导意义。

三、百花齐放,百家争鸣

"百花齐放、百家争鸣"又称"双百"方针,是毛泽东提出的繁荣和发展社会主义科学文化事业的指导方针,不仅是中国共产党领导文学艺术的基本方针,也是党领导科学研究工作的基本方针。

1956 年 1 月 15 日,北京市率先完成了"三大改造",各界群众齐聚天安门广场举行庆祝活动,毛泽东和其他中央领导同志一同出席了大会。作为北京市市长,彭真同志在会上庄严宣布:今天起,我们的首都已经进入了社会主义社会。继北京之后,上海、重庆和其他省市也相继宣布"三大改造"顺利完成,先后进入社会主义社会。

为了适应新形势下文化工作的需要,1956 年 5 月,毛泽东在最高国务会议上正式宣布实行"双百"方针,这是中国历史上首次将"百家争鸣"作为发展科学文化的方针政策。

1956 年,社会主义改造运动即将胜利完成,中共中央开始考虑加快经济和科学文化建设。这年 1 月召开了全国知识分子会议,并集中六百多位科学家讨论制定《1956—1967 年科学技术发展远景规划纲要(草案)》和《哲学社会科学规划草案》(1956—1967)。当时,在知识分子中间,有些人对刚刚过去的思想改造运动、思想文化领域的批判和肃反心有余悸、缩手缩脚;另有一些人在学习苏联的问题上出现了严重的教条主义,如有人说苏联巴甫洛夫是社会主义医学,德国魏尔啸是资本主义医学,中医是封建医学;有人搞多枝小麦,说是米丘林的,反对米丘林就是资产阶级,就是反革命;等等。

据当时担任中共中央宣传部部长的陆定一回忆,1956 年 2 月毛泽东主持的一次中央会议上,他汇报了学术领域的教条主义表现,会议决定对科学采取"百家争鸣"的方针。4 月 25 日毛泽东作了主题为调动一切积极因素建设强大的社会主义国家的《论十大关系》报告。在随后的讨论中,陆定一发言再次谈到学术、艺术、技术性质的问题"要让它自由"。

陈伯达则回顾了 1953 年中国历史研究委员会成立时,因郭沫若和范文澜在中国历史分期问题上有不同观点,他向毛泽东请示工作方针,毛泽东说了"百家争鸣"四个字。鉴于毛泽东早在 1951 年为中国戏曲研究院写了"百花齐放,推陈出新"的题词,陈伯达在发言中提出"在文化上、科学上,恐怕基本上要提出这样两个口号贯彻,就是'百花齐放''百家争鸣'"。

4月28日,毛泽东在会议总结时说:"艺术问题上的百花齐放,学术问题上的百家争鸣,我看应该成为我们的方针。"5月2日,他在最高国务会议上正式宣布了这个方针。5月26日,陆定一在怀仁堂为首都科学、文艺工作者作报告,详细讲了实行"双百"政策的条件、内容和注意问题。这个报告在6月13日《人民日报》上正式发表。

从此以后,毛泽东提出的"双百方针"成为指导我国科学和文化工作的准则,适应了当时解放思想和繁荣文化的要求。

毛泽东对"双百"方针非常重视,并一次次提醒、告诫大家要坚持好、贯彻好。1957年1月27日,他在主持省、自治区、直辖市党委书记会议最后一次会议的讲话中谈到"百花齐放、百家争鸣"问题时说,这个方针,我看还是对的,是合乎辩证法的。从对立统一的观点出发,我们提出了百花齐放、百家争鸣这个方针。真理是跟谬误相比较,并且同它作斗争发展起来的。禁止人们跟谬误、丑恶、敌对的东西见面,跟唯心主义、形而上学的东西见面,跟孔子、老子、蒋介石的东西见面,这样的政策是危险的政策。它将引导人们思想衰退,单打一,见不得世面,唱不得对台戏。2月27日,他在最高国务会议第十一次(扩大)会议上发表、后来被确定题目为《关于正确处理人民内部矛盾的问题》的重要讲话中,进一步详细阐述了"双百"方针。不仅指出:"百花齐放、百家争鸣的方针,是促进艺术发展和科学进步的方针,是促进我国的社会主义文化繁荣的方针。艺术上不同的形式和风格可以自由发展,科学上不同的学派可以自由争论。利用行政力量,强制推行一种风格,一种学派,禁止另一种风格,另一种学派,我们认为会有害于艺术和科学的发展。艺术和科学中的是非问题,应当通过艺术界科学界的自由讨论去解决,通过艺术和科学的实践去解决,而不应当采取简单的方法去解决。"并揭示了对科学、真理探索的曲折性:"历史上新的正确的东西,在开始的时候常常得不到多数人承认,只能在斗争中曲折地发展。正确的东西,好的东西,人们一开始常常不承认它们是香花,反而把它们看作毒草。"而且进一步强调:"对于科学上、艺术上的是非,应当保持慎重的态度,提倡自由讨论,不要轻率地作结论。我们认为,采取这种态度可以帮助科学和艺术得到比较顺利的发展。""正确的东西总是在同错误的东西作斗争的过程中发展起来的。真的、善的、美的东西总是在同假的、恶的、丑的东西相比较而存在,相斗争而发展的。""只有采取讨论的方法,批评的方法,说理的方法,才能真正发展正确的意见,克服错误的意见,才能真正解决问题。"不仅进一步强调了"双百"方针绝不是暂时性、可有可无的,而是一个必须长期坚持的重要方针,是认识真理、发展繁荣科学文化的必由之路,要求全党要增强坚持"双百"方针的自觉性、主动性,深刻认识到马克思主义者决不应该害怕批评,更是再次宣告了"双百"方针在理论上、实践上的极端重要性,为如何更好地坚持"双百"方针指明了前进方向、作出了科学部署。

3月8日,在党的全国宣传工作会议期间同文艺界代表的谈话中,毛泽东再次谈到"双百"方针,批评有的人因为怕放出不好的东西来而不认可、不执行"双百"方针,语重心长地告诫大家:"解决思想问题,不能用专制、武断、压制的办法。"进一步解释了为什么要采取百花齐放、百家争鸣的政策,指出怕放的人"就是没有看到大多数知识分子是要走社会主义道路,希望国家富强、人民生活好、文化提高,要经过他们去教育中国几亿人民"。进一步鼓励大家要不怕批评,要积极、主动地坚持、贯彻好"双百"方针。正是在毛泽东的倡导和坚持下,越来越多的人认识到了坚持"双百"方针的重要性、迫切性,我们党在探索中逐步走出了一条发展社会主义科学文化事业的正确道路。

3月12日,在党的全国宣传工作会议上的讲话中,他强调:"百花齐放,百家争鸣,这是一个基本性的同时也是长期性的方针,不是一个暂时性的方针。""要人家服,只能说服,不能压服。压服的结果总是压而不服。以力服人是不行的。对付敌人可以这样,对付同志,对付朋友,绝不能用这个方法。"再次强调了"双百"方针是必须长期坚持的重要方针,要求真正做到说服而不是压服。

随着"双百方针"的贯彻执行,社会科学和自然科学中出现了越来越多挑战权威的声音。对于这种可喜的变化,毛泽东认为这是打破教条主义和经验主义束缚的积极尝试,多次予以支持和鼓励。毛泽东在1957年4月29日阅读了刊登在《光明日报》上一篇《从遗传学谈百家争鸣》的文章,不住地称赞作者李汝祺。之后,他作出批示:送乔木同志阅,此篇有用,请在《人民日报》上转载。

毛泽东把遗传学领域的事件,上升到国家发展的高度去考量,不仅是对科学发展规律的高度概括,也体现出对"百家争鸣"方针不遗余力地支持。在他的推动下,这篇文章以《发展科学的必由之路》为题,在《人民日报》进行了转载,引起了全社会的广泛关注。

为了给"百家争鸣"创造良好的土壤和条件,毛泽东尽量避免自己既当"运动员",又当"裁判员"。1958年11月,三联书店出版了周谷城等人的论文集《形式逻辑与辩证法问题》,他就婉言谢绝了作序言的请求:两次热情的信都已收到,甚谢! 大著出版,可资快读。我对逻辑无多研究,不敢有所论列。问题还在争论之中,倘由我插入一手似乎也不适宜。作序的事,不拟应命,可获谅解否?

1960年1月18日,正在杭州视察工作的毛泽东出席文化工作座谈,还观看了由浙江婺剧团演出的《对课》和浙江越剧团演出的《挡马》。演出结束后,他亲切接见了所有的参演人员,还在两位越剧小演员的再三请求下即兴演唱了一句梁山伯与祝英台,赢得现场观众的阵阵掌声。伟人的戏剧演唱功底虽然一般,而且还带着浓浓的湖南乡音,但却充分体现出他一贯坚持的"百花齐放"方针。

即便是到了"文化大革命"期间,毛泽东也依然坚持并且多次提醒不要忘了"双百方针"。1973年11月21日,他在审阅署名"一个普通的共产党员"批评江青的来信后作出批示:"印发政治局各同志。有些意见是好的,要容许批评。"来信提出八点意见,其中第八点意见就是:"要加强党对文艺工作的领导,设立统管全国文艺工作的机构,重申和切实执行'百花齐放、百家争鸣'的方针。"一直到了1975年7月14日,他在同江青谈话时仍特别强调:"对于作家,要惩前毖后、治病救人,如果不是暗藏的有严重反革命行为的反革命分子,就要帮助。""处分人要注意,动不动就要撤职,动不动就要关起来,表现是神经衰弱症。"

可见,毛泽东一直坚持的"双百方针",是新中国科学文化建设的重要方针,为推动新中国科学文化的发展发挥了重要的作用。

四、"团结—批评—团结"的方法论

"团结—批评—团结"的方法论是毛泽东运用马克思主义矛盾观点,全面分析社会主义社会的基本矛盾,把正确处理人民内部矛盾的问题作为国家政治生活的主题,从理论上论证社会主义社会矛盾的新学说,大大丰富和发展了马克思主义。

　　"团结—批评—团结"方法论的形成由来已久。早在延安整风时期,如何对待犯错误的同志是一个事关团结大局的问题。毛泽东指出,对待犯了错误的同志,"对待思想上的毛病和政治上的毛病,决不能采用鲁莽的态度"。"左"倾路线时期对待犯错误的同志常常采取"残酷斗争""无情打击"的手段。鉴于此,毛泽东提出了"惩前毖后,治病救人"的宗旨。毛泽东在 1942 年 2 月 1 日的《整顿学风党风文风》(后改名为《整顿党的作风》)的报告中指出:"我们反对主观主义、宗派主义、党八股,有两条宗旨是必须注意的:第一是'惩前毖后',第二是'治病救人'。"所谓"惩前毖后",就是"对以前的错误一定要揭发,不讲情面,要以科学的态度来分析批判过去的坏东西,以便使后来的工作慎重些,做得好些";所谓"治病救人",就是"我们揭发错误、批判缺点的目的,好像医生治病一样,完全是为了救人,而不是为了把人整死"。"惩前毖后,治病救人"方针是"团结—批评—团结"的同义语,后者更具有可操作性。1945年 2 月 15 日,毛泽东在中央党校的讲演中第一次提出了这一方法论。他说:"中国共产党经过多年的实践,学会了把自己做的事情加以分析,并且要从团结全党出发。从团结全党出发是第一,加以分析、批评是第二,然后再来一个团结。团结、批评、团结,这就是我们的方法。"

　　该方法论的正式提出,则是 1957 年 2 月毛泽东在最高国务会议上所作的《如何处理人民内部的矛盾》(后改名为《关于正确处理人民内部矛盾的问题》)的讲话。

　　从 1956 年冬到 1957 年春,由于苏共二十大以及波兰、匈牙利事件,还有国内社会主义改造急促,使得我国出现经济和政治生活紧张,发生少数人闹事的情况。面对诸多新问题,许多党员和干部仍持阶级斗争的方法:把群众闹事及批评看作是阶级斗争的表现,主张采取粗暴的方式镇压。针对这些新问题,毛泽东在最高国务会议第十一次扩大会议上作了《关于正确处理人民内部矛盾的问题》的报告。

在这次报告中,毛泽东运用唯物辩证法的矛盾观点,全面分析了社会主义的基本矛盾,并提出解决人民内部矛盾的方针"团结—批评—团结"来处理思想政治教育工作中的问题。他首先回顾了"团结—批评—团结"方法论形成的历史过程。进而,他从马克思主义基本原理角度,对该方法论进行了系统分析。他指出:"马克思主义的哲学认为,对立统一规律是宇宙的根本规律。这个规律,不论在自然界、人类社会和人们的思想中,都是普遍存在的。矛盾着的对立面又统一,又斗争,由此推动事物的运动和变化。矛盾是普遍存在的,不过按事物的性质不同,矛盾的性质也就不同。对于任何一个具体的事物说来,对立的统一是有条件的、暂时的、过渡的,因而是相对的,对立的斗争则是绝对的。这个规律,列宁讲得很清楚。这个规律,在我国,懂得的人逐渐多起来了。但是,对于许多人说来,承认这个规律是一回事,应用这个规律去观察问题和处理问题又是一回事。许多人不敢公开承认我国人民内部还存在着矛盾,正是这些矛盾推动着我们的社会向前发展。许多人不承认社会主义社会还有矛盾,因而使得他们在社会矛盾面前缩手缩脚,处于被动地位;不懂得在不断地正确处理和解决矛盾的过程中,将会使社会主义社会内部的统一和团结日益巩固。这样,就有必要在我国人民中,首先是在干部中,进行解释,引导人们认识社会主义社会中的矛盾,并且懂得采取正确的方法处理这种矛盾。社会主义社会的矛盾同旧社会的矛盾,例如同资本主义社会的矛盾,是根本不相同的。资本主义社会的矛盾表现为剧烈的对抗和冲突,表现为剧烈的阶级斗争,那种矛盾不可能由资本主义制度本身来解决,而只有社会主义革命才能够加以解决。社会主义社会的矛盾是另一回事,恰恰相反,它不是对抗性的矛盾,它可以经过社会主义制度本身,不断地得到解决。"①

当马克思主义基本矛盾原理与中国实际相结合后,他有了自己的理解。他指出:"在社会主义社会中,基本的矛盾仍然是生产关系和生产力之间的矛盾,上层建筑和经济基础之间的矛盾。不过社会主义社会的这些矛盾,同旧社会的生产关系和生产力的矛盾、上层建筑和经济基础的矛盾,具有根本不同的性质和情况罢了。我国现在的社会制度比较旧时代的社会制度要优胜得多。如果不优胜,旧制度就不会被推翻,新制度就不可能建立。所谓社会主义生产关系比较旧时代生产关系更能够适合生产力发展的性质,就是指能够容许生产力以旧社会所没有的速度迅速发展,因而生产不断扩大,因而使人民不断增长的需要能够逐步得到满足的这样一种情况。"另外,他又指出:"除了生产关系和生产力发展的这种又相适应又相矛盾的情况以外,还有上层建筑和经济基础的又相适应又相矛盾的情况。……我们今后必须按照具体的情况,继续解决上述的各种矛盾。当然,在解决这些矛盾以后,又会出现新的问题,新的矛盾,又需要人们去解决。例如,在客观上将会长期存在的社会生产和社会需要之间的矛盾,就需要人们时常经过国家计划去调节。我国每年作一次经济计划,安排积累和消费的适当比例,求得生产和需要之间的平衡。所谓平衡,就是矛盾的暂时的相对的统一。过了一年,就整个说来,这种平衡就被矛盾的斗争所打破了,这种统一就变化了,平衡成

① 《毛泽东文集》第七卷,人民出版社1999年版,第213—214页。

为不平衡,统一成为不统一,又需要作第二年的平衡和统一。这就是我们计划经济的优越性。事实上,每月每季都在局部地打破这种平衡和统一,需要作出局部的调整。有时因为主观安排不符合客观情况,发生矛盾,破坏平衡,这就叫做犯错误。矛盾不断出现,又不断解决,就是事物发展的辩证规律。"①

他还指出,社会主义社会还存在着敌我之间和人民内部两类不同性质的矛盾,敌我矛盾已基本消除,处理人民内部矛盾是思想政治工作的核心问题。所以在针对当时出现的人们思想上的错误时,毛泽东就提出解决人民内部矛盾的方法"团结—批评—团结"的原则处理思想政治教育工作中的问题。"团结—批评—团结"的方针集中体现了毛泽东将矛盾辩证法在思想政治教育工作中的运用。所谓"团结—批评—团结"方法论,就是从团结的愿望出发,经过批评或者斗争使矛盾得到解决,从而在新的基础上达到新的团结。

这个方法论是思想政治工作的一项重要方针,它要求从团结的愿望出发,经过批评与自我批评,从而达成新的团结。这一方针在实际贯彻中必须把握好以下几个环节:一是团结,马克思主张积极的团结,即是有原则的团结,并非放弃维护原则的批评和斗争,如果只求一团和气,那么这就不是真正意义上的团结了;二是批评,批评是解决人民内部矛盾的一种武器,在思想政治工作中我们不能把批评变成"揭短",作为打击、报复对方的工具,但也不能放弃对错误思想行为的必要的批评,疏导不等于开展批评;三是团结,毛泽东本着"惩前毖后、治病救人"原则提出该方法论,其最终

---

① 《毛泽东文集》第七卷,人民出版社1999年版,第214—216页。

目的是实现同志之间的真正团结。

五、战略上藐视敌人,战术上重视敌人

毛泽东在长期的革命实践中总结出克敌制胜的宝贵哲学经验,即战略上藐视敌人,战术上重视敌人。战略上藐视敌人,即从长远的观点看,一切貌似强大的反动势力,都是必然要灭亡的,人民的力量必定战胜它们。这是不以人的意志为转移的客观规律。战术上重视敌人,即在具体问题上,要认识到斗争过程的艰难曲折,采取慎重态度,集中优势兵力,各个歼灭敌人。这一思想的基本精神是:把敢于斗争、敢于胜利的大无畏革命精神与善于斗争、善于胜利的科学态度很好地结合起来,以战胜强大的敌人,夺取斗争的胜利。

1957 年 11 月,在莫斯科举行的社会主义国家共产党和工人党代表会议上,他明确指出:"为了同敌人作斗争,我们在一个长时间内形成了一个概念,就是说,在战略上我们要藐视一切敌人,在战术上我们要重视一切敌人。也就是说在整体上我们一定要藐视他,在一个一个的具体问题上我们一定要重视他。如果不是在整体上藐视敌人,我们就要犯机会主义的错误。马克思、恩格斯只有两个人,那时他们就说全世界资本主义要被打倒。但是在具体问题上,在一个一个敌人的问题上,如果我们不重视他,我们就要犯冒险主义的错误。打仗只能一仗一仗地打,敌人只能一部分一部分地消灭。工厂只能一个一个地盖,农民犁田只能一块一块地犁。就是吃饭也是如此。我们在战略上藐视吃饭:这顿饭我们能够吃下去。但是具体地吃,却是一口口地吃的,你不可能把一桌酒席一口吞下去。这叫作各

个解决,军事书上叫做各个击破。"①

其实,毛泽东很早以前就已经形成了类似的思想。1936 年 12 月,毛泽东在红军大学所作的《中国革命战争的战略问题》演说中指出:"在有强大敌军存在的条件下,无论自己有多少军队,在一个时间内,主要的使用方向只应有一个,不应有两个。我不反对作战方向有两个或两个以上,但主要的方向,在同一个时间内,只应有一个。中国红军以弱小者的姿态出现于内战的战场,其迭挫强敌震惊世界的战绩,依赖于兵力集中使用者甚大。无论哪一个大胜仗,都可以证明这一点。'以一当十,以十当百',是战略的说法,是对整个战争整个敌我对比而言的;在这个意义上,我们确实是如此。不是对战役和战术而言的;在这个意义上,我们决不应如此。无论在反攻或进攻,我们总是集结大力打敌一部。"②1948 年 1 月 18 日,毛泽东在为中共中央起草的决议草案《关于目前党的政策中的几个重要问题》中又说:"反对对敌人的力量估计过高。例如,惧怕美帝国主义,惧怕到国民党区域作战,惧怕消灭买办封建制度、平分地主土地和没收官僚资本,惧怕长期战争等。这些都是不正确的。全世界帝国主义和中国蒋介石反动集团的统治,已经腐烂,没有前途。我们有理由轻视它们,我们有把握、有信心战胜中国人民的一切内外敌人。但是在每一个局部上,在每一个具体斗争问题上(不论是军事的、政治的、经济的或思想的斗争),却又决不可轻视敌人,相反,应当重视敌人,集中全力作战,方能取得胜利。当着我们正确地指出在全体上,在战略上,应当轻视敌人的时候,却决不可在每一个局部上,在每一个具体

---

① 《毛泽东文集》第七卷,人民出版社 1999 年版,第 328 页。
② 《毛泽东选集》第一卷,人民出版社 1991 年版,第 224—225 页。

问题上,也轻视敌人。"①这些相关论述后来被概括为"战略上藐视敌人,战术上重视敌人"的口号,成为毛泽东战略和策略思想的集中表达。

最能体现该战略思想的是"一切反动派都是纸老虎"论断的提出。1946年8月,毛泽东在和美国记者A.L.斯特朗的谈话中提出了"一切反动派都是纸老虎"。针对党内一些人产生的悲观倾向,不敢用革命的手段反击国民党反动派的进攻思想,毛泽东明确指出:"原子弹是美国反动派用来吓人的一只纸老虎。""决定战争胜败的是人民,而不是一两件新式武器。"这些论述极大地增强了全党、全军和广大人民打败中国反动派的决心和信心。

在新中国成立后,毛泽东制定的对美、对台策略也充分体现了这一战略思想。朝鲜战争爆发后,美国强大的军事实力,而且还有原子弹,成为我国是否出兵的重要障碍。毛泽东客观分析了美国的军事优劣,将其概括为"一长三短",美国的长处是"铁多",短处分别是"第一,战线太长;第二,运输路线太远;第三,战斗力太弱"。要战胜敌人,就要扬我之长。毛泽东指出:"我们的愿望是不要打仗,但你一定要打,就只好让你打。你打你的,我打我的,你打原子弹,我打手榴弹,抓住你的弱点,跟着你打,最后打败你。"②这充分体现了"战略上藐视敌人,战术上重视敌人"的哲学智慧,为抗美援朝战争的最后胜利奠定了心理基础。毛泽东始终秉持着解放台湾、完成祖国统一大业的思想。1949年12月31日,中共中央在《为祝贺新年告前线将士和全国同胞书》中指出:"中国人民解放军和中国人民在1950

---

① 《毛泽东选集》第四卷,人民出版社1991年版,第1267—1268页。
② 《建国以来毛泽东军事文稿》上卷,军事科学出版社、中央文献出版社2010年版,第202页。

年的光荣战斗任务,就是解放台湾、海南岛和西藏,歼灭蒋介石匪帮
的最后残余,完成统一中国的事业",并就此明确提出了"武力解放
台湾"的方针。第三野战军金门登陆作战失利之后,毛泽东不断总
结经验教训,提出了一系列关于陆军渡海作战的重要原则:一是思想
上要重视,渡海作战必须克服麻痹轻敌的思想,采取慎重的态度;二
是从兵力配备上,渡海作战总兵力要等于或超过敌军守岛总兵力;三
是对渡海攻击的具体要求。渡海攻击部队第一梯队要占敌军守岛总
兵力的一半左右,并且吸取金门登陆作战失利的教训,强调要有坚强
统一的指挥机构随同登陆指挥。这些思想充分体现了"战略上藐视
敌人,战术上重视敌人"的哲学原理,使人民解放军的战斗力在短时
间内有了迅速提升,在解放海南岛等渡海实战中也取得了良好的
效果。

　　战略上藐视敌人,战术上重视敌人,两者是相辅相成、辩证统一
的。战略上藐视敌人,敢于同敌人作斗争,是取得胜利的前提;战术
上重视敌人,善于同敌人作斗争,是取得胜利的保证。战略上藐视和
战术上重视,都是为了战胜敌人。帝国主义和一切反动派同世界上
的任何事物一样,具有两重性,它们既是铁老虎、真老虎,又是纸老
虎、假老虎。从全局和长远看,帝国主义和一切反动派外强中干,本
质上是虚弱的、腐朽的,必将被人民所战胜,在战略上应当藐视它们,
树立敢打必胜的信心。应从这一点上确立自己的战略思想。但从局
部和现实看,它们又是凶狠的、有力量的,打倒它们并非轻而易举,在
具体问题上一定要高度重视力量准备,讲究斗争艺术。应从这一点
上确立自己的策略思想。如果在战略上过高地估计敌人,就会被敌
人所吓倒,不敢斗争,不敢胜利,犯右倾机会主义的错误;如果在战术
上轻视敌人,不采取谨慎态度,不集中全力进行斗争,不争取一切可

以争取的同盟者,不讲究斗争策略,就会犯"左"倾机会主义的错误。只有在战略上藐视敌人,在战术上重视敌人,才能把大无畏的革命精神和严格的科学态度结合起来,做到既高瞻远瞩,又脚踏实地,从最复杂最困难的情况出发,充分发挥主观能动性,孤立和消灭敌人,争取好的结果,以至夺取最后胜利。战略上藐视敌人,战术上重视敌人,是在实际斗争中对唯物辩证法的创造性运用,体现了战略与策略、本质与现象、目的与手段的辩证统一。这一战略策略思想,对于中国人民和世界人民反对帝国主义及其一切反动派的斗争,起到了巨大的鼓舞和指导作用,产生了广泛而深远的影响。在新的历史条件下,对于反对霸权主义、维护国家安全与世界和平仍然具有重要的指导意义。

六、大兴调查研究之风

中国革命的实践是毛泽东调查研究思想产生的基础,解决中国革命和建设过程中的实际问题是毛泽东调查研究思想形成和发展的直接动力。毛泽东十分重视调查研究工作,在中国革命和建设过程中逐渐形成了系统的调查研究理论。尤其是 20 世纪 60 年代,毛泽东在党内兴起的调查研究之风,使党员领导干部正确认识我国的国情国力,正确认识建设中国特色社会主义的长期性和艰巨性,自觉增强了奋发进取的工作责任感、使命感。

20 世纪 50 年代中后期,由于当时党对建设社会主义的长期性、艰巨性和客观规律认识不足,于是就使盲目求快成为经济工作中的主导方针,并且在执行和贯彻总路线时掀起了声势浩大的"大跃进"和人民公社化运动。这原本是希望以此加速社会主义建设的速度,使人民尽快过上好日子,使国家真正强大起来。但结果却事与愿违,不仅给人民群众的生产生活带来了严重影响,而且给国家造成了灾难性的损失。再加上一些地区发生严重的自然灾害,导致粮食生产大幅减产。到 1959 年下半年,农业生产出现了新中国成立以来的首次下滑,人民生活受到很大冲击。面对新中国成立以来最严重的困难,毛泽东忧心忡忡,他痛切地感到很大程度上是吃了情况不明、方法不对,没有深入调查研究的亏,决心带领全党认真调查研究,调整政策纠正错误。

1960 年 12 月 24 日到 1961 年 1 月 13 日,中共中央在北京召开工作会议。会议议程有三项:(一)关于农村整风整社和纠正"五风"问题;(二)关于 1961 年国民经济计划问题;(三)关于世界各国共产党和工人党代表会议的报告。这次会议毛泽东先后听了五次汇报。参加汇报会的,除中央常委外,有彭真、谭震林、陈伯达、柯庆施、曾希圣、陶铸、王任重、宋任穷、欧阳钦、刘澜涛、张德生、李雪峰、乌兰夫、刘子厚、李井泉、廖志高。毛泽东一面听汇报,一面插话。别的人也有一些插话。在严重的经济困难面前,大家头脑都比较冷静,能够面对现实,和衷共济地为克服暂时困难而共谋大计。毛泽东的许多插话,反映了他对当前农村形势的估计和一些政策思想。

他说:"这一次中央工作会议,开得比过去几次都要好一些,大家的头脑比较清醒一些。比如关于冷热结合这个问题,过去总是冷得不够,热得多了一点,这一次结合得比过去有进步,对问题有分析,情况比较摸底。当然,现在有许多情况,就中央和省一级来说,还是不摸底。""我希望同志们回去之后,要搞调查研究,把小事撇开,用一部分时间,带几个助手,去调查研究一两个生产队、一两个公社。在城市要彻底调查一两个工厂、一两个城市人民公社。""这些年来,我们的同志调查研究工作不做了。要是不做调查研究工作,只凭想象和估计办事,我们的工作就没有基础。所以,请同志们回去后大兴调查研究之风,一切从实际出发,没有把握就不要下决心。"

毛泽东提出,要做到情况明,决心大,方法对。首先是要情况明。这是一切工作的基础,因此要摸清情况,要做调查研究。他说:"今年搞一个实事求是年好不好? 河北省有个河间县,汉朝封了一个王叫河间献王。班固在《汉书·河间献王刘德》中说他'实事求是',这句话一直流传到现在。提出今年搞个实事求是年,当然不是讲我们过去根本一点也不实事求是。我们党是有实事求是传统的,就是把马列主义的普遍真理同中国的实际相结合。但是建国以来,特别是最近几年,我们对实际情况不大摸底了,大概是官做大了。我这个人就是官做大了,我从前在江西那样的调查研究,现在就做得很少了。今年要做一点,这个会开完,我想去一个地方,做点调查研究工作。"①

在"大兴调查研究之风"的思想指导下,紧随召开的八届九中全会正式决定对国民经济实行"调整、巩固、充实、提高"的八字方针。毛泽东在全会结束的时候,再一次就调查研究问题发表讲话,他说:希望今年这一年,1961年,成为一个调查年,大兴调查研究之风。调查,要从实际中去调查,在实践中才能认识客观事物。他抓住农业生产和农民生活这两个主要问题,派出3位秘书各带一个调查组分赴广东、湖南、浙江的农村,以10至15天为期,各调查一个情况最好和情况最坏的生产队,直接向他汇报。不久,毛泽东也带着急于了解农村的心情离开北京前往南方调查。南下途中,毛泽东先后听取了河北、山东、江苏、浙江、江西、湖南、广东七省委和3位秘书的汇报。

① 《毛泽东文集》第八卷,人民出版社1999年版,第237页。

　　经过中央和地方各省的初步调查,严峻的形势让毛泽东感到需要搞个条例,把急需解决的问题固定下来。1961 年 3 月 15 日,中共中央在广州召开工作会议,经过充分讨论,通过了《农村人民公社工作条例(草案)》,又称"农业六十条"。条例规定实行按劳分配原则,人民公社以生产队为基础实行三级所有制,允许和鼓励发展家庭副业,社员生活资料不得侵犯,等等。"农业六十条"草案的出台解决了一批群众意见最大的紧迫性问题,对于调动农民积极性、恢复和发展农业生产,起到了重要作用。但也还存在不足,仍然主张坚持公共食堂和供给制。

　　调查研究体现了实事求是的思想路线。解放思想,实事求是,是马克思主义活的灵魂。毛泽东的一生是调查研究的一生,也是实事求是的一生,正是通过调查研究,坚持实事求是,亲身实践推进了马克思主义中国化。正如他说的,"科学的态度是'实事求是','自以为是'和'好为人师'那样狂妄的态度是决不能解决问题的"。从"农业六十条"等政策的调研、起草、修订到颁布,没有全党上下实事求是的工作态度,就达不到 3 年之内工农业迅速好转的大好局面。

　　调查研究体现了把调查研究作为发现问题、解决问题的有效途径的作风。1961 年调查研究一开始,毛泽东立足当时问题最严重的农村,提出要求对农村工作中的若干关键问题进行重点调查。全党上下紧紧围绕农村工作的若干关键问题进行深入细致的调研,最终掌握客观真实的情况,作出正确的判断。

　　调查研究体现了亲力亲为、不搞官僚主义的作风。写进《关于调查工作》中的 7 条中有两条都与如何做到"亲"有关,一条是要"亲身出马",一条是要"自己做记录"。唯有如此,调查者才能真正做到亲眼看,亲耳听,亲自分析研究,得出结论。毛泽东亲自组织和指导三个调查组,分赴浙、湘、粤农村进行调研,他自己也用一个月的时间乘火车离开北京,做调查研究工作和调查研究的动员工作。中央其他领导人以及各省、区、市党委书记也纷纷深入基层,形成了浓厚的调查研究风气。这些调查研究用时短则几天,长则一个多月,掌握了实际情况,为各领域的调整提供了重要的思想基础,有的调研还直接发挥了解决实际问题的作用。

在全党近两个月的深入农村调查,1961 年 5 月 21 日,中共中央对"农业六十条"草案进行重要修改,决定解散公共食堂和取消供给制。修改后的条例规定"在生产队办不办食堂,完全由社员讨论决定",两个事关亿万农民切身利益的大问题终于得以彻底解决。"农业六十条"在保持人民公社总体框架的前提下,纠正了公社化以来农村工作中的若干突出错误,解决了群众意见最大最紧迫的问题,是 1961 年全党大兴调查研究之风取得的最重要的成果。在集中力量调整农村政策的同时,中共中央先后制定了"手工业三十五条""商业四十条""工业七十条""高教六十条""科学十四条""文艺八条"等一系列条例。这些条例对恢复正常的经济秩序发挥了积极作用。

在毛泽东的号召下,20 世纪 60 年代初,中央领导同志带头深入基层搞调查,留下了许多调查研究的精彩篇章,这对于摸清经济社会各方面实情,作出实事求是的正确调整,克服严重困难,起到了非常重要的作用。由毛泽东发起的这次全党大规模的调查研究活动,对转变党的作风、恢复实事求是的思想路线,有直接的推动作用;也为我们党认识社会主义建设规律、作出科学决策、提高执政能力和领导水平,留下了宝贵的经验。

　　社会主义革命和建设时期,是毛泽东哲学思想发展和应用的重要时期。在社会主义革命和建设事业中,当充分运用哲学智慧时,各项工作就平稳发展,取得较大成就;当背离哲学思想、脱离现实,工作就出现偏差,导致严重后果。

第八章　特殊时期哲学智慧的特殊作用

　　在"文革"期间,党在政治和思想上的"左"倾错误,给发展中的社会主义建设事业造成损失。虽然在这样一个特殊的历史时期,毛泽东哲学思想在实践中受到歪曲,并因此给社会主义事业造成损失。但是在一定范围和程度上,其哲学思想依然得到正确运用,并与实践相结合形成了一些重要成果:运用两点论深刻剖析和总结自身性格特点,认清了自己的优缺点;通过反对绝对权威和个人崇拜,贯彻了实事求是思想路线,在一定程度上抵制了"文革"中的负面影响;通过"乒乓外交"政策,实现了"小球转动大球",打破了中美外交坚冰;通过"一条线"与"一大片"政策,孤立了苏联霸权主义,改变了世界政治格局;通过"三个世界"政策,牵制了苏联的扩张,促进了中国与第三世界的团结合作;当"文革"中破坏生产力、破坏经济的行为超出一定范围的时候,果断采取措施,控制全国的局势,以维护国家稳定;尤其面对外国入侵的严峻局面,采取正确的斗争策略,坚决捍卫国家主权和领土完整。总之,在特殊时期毛泽东哲学思想的正确运用,在一定程度上推动了社会主义建设事业的发展。

一、自我评价性格中既有"虎气"又有"猴气"

毛泽东的性格特点是怎样的呢?我们看看他是如何自我评价的。对于自身的特点,毛泽东曾经有过很多的评价,其中有一个说法,叫"七分虎气,三分猴气"。1966年,他曾说:"我是自信而又有些不自信。我少年时曾经说过:自信人生二百年,会当水击三千里。可见神气十足了。但又不很自信,总觉得山中无老虎,猴子称大王,我就变成这样的大王了。但也不是折中主义,在我身上有些虎气,是为主,也有些猴气,是为次。"

毛泽东看待事物一直运用哲学上的两分法,又叫两点论。两点论的客观依据是:一切事物都是矛盾的统一体,都包含有相互矛盾着的两个侧面,都有自己的两点;正是矛盾的两个方面既对立又统一,推动事物发展。运用两点论进行宣传要求人们认识事物、分析和解决问题,都要有全面的观点,既看到事物的正面,又看到它的反面;既看到它的现在,又看到它的将来;既看到主流,又看到支流,看到二者的区别和联系。因此,他在分析自身性格时也自觉运用了两分法,既看到积极的方面又看到消极的方面,既看到优点又看到缺点,既发挥自身优势,又努力克服劣势。

用"虎气"和"猴气"来比喻自己的性格特征,这是毛泽东的又一创造,显示出毛泽东独特的想象力和深厚的传统文化功底。在中国传统文化中,虎与猴是十二生肖中的两种属相,各自有着丰富的文化内涵。虎是百兽之王,中国人把"虎"看成是王气、正气的化身,认为"虎"能驱鬼避邪,保佑人们平安。毛泽东把自己的性格比喻为"虎气",主要体现在以下四个方面:"第一,血气方刚,勇猛无畏,藐视一切,既敢于向腐朽邪恶势力抗争,又敢于向任何权威挑战;第二,张扬个性,挣脱束缚,追求精神自由,向往变化快速、动感强烈的人生境界;第三,高度重视主观意志的作用,具有极强的自信心和自控力,有着坚韧不拔、百折不挠的意志品格;第四,在长期血与火的战争中,毛泽东对敌人从来都是针锋相对,在对手没有放下武器之前,毛泽东决不心慈手软,他号召革命战士'宜将剩勇追穷寇,不可沽名学霸王',将敌人彻底消灭。"①与此相比,"猴"的特点是躯体柔软、机智灵巧、行动敏捷、幽默乐观、性格随和,"猴"具有平民色彩、"灵气"和不断变化的灵活性等特点。毛泽东把自己的性格比喻为"猴气",主要体现在以下三个方面:"一是机智灵活,多谋善断,巧妙周旋,洒脱机趣,不固执己见,不墨守成规;二是能屈能伸,能方能圆,在力量弱小或处境不利时,韬光养晦,忍辱负重,等待时机,东山再起;三是胸襟宽广,善解人意,仁慈宽厚,幽默达观,始终保持乐观向上的精神风貌。"②

在毛泽东看来,人的性格不能单一化。只有"虎气"而没有"猴

---

① 程林辉:《毛泽东的人生哲学》,人民出版社 2013 年版,第 34 页。
② 程林辉:《毛泽东的人生哲学》,人民出版社 2013 年版,第 35 页。

气",或只有"猴气"而没有"虎气",都属于明显的性格缺陷。"虎气"太重的人,性格一般急躁鲁莽,这种人心不细、气不静,考虑问题粗心大意,处理事情比较浮躁。"虎气"太重不好,"猴气"太重也不好。"猴气"太重的人一般缺乏主见,往往随波逐流,人云亦云,办事则犹豫不决,拖泥带水,因而容易丧失机遇,一事无成。此外,"猴气"太重者往往八面玲珑,察言观色,见风使舵,投机取巧,工于心计,城府太深,一切以个人利益为转移,把原则性抛到九霄云外。所以毛泽东不喜欢"猴气"太重的人。毛泽东认为,人的性格应该复合化、多元化,做到互补互用。也就是说,从哲学层面理解,所谓虎气,可以理解为原则性,是一种立场;所谓猴气,则是指灵活性,可以理解为战术层面上的东西。应该将"虎气"与"猴气"有机地加以整合:既有"虎"的勇猛无畏,又有"猴"的灵巧敏捷,既有原则的坚定性,又有策略的灵活性,这才是最佳的性格组合。

仅在新中国成立后,就可以看出,毛泽东在许多方面表现出"虎气"的特点。比如毛泽东具有不惧强敌,勇于斗争的特点。1950年,新中国刚刚成立,美国就纠集联合国军占领了朝鲜,并把战火烧到中国的鸭绿江边。美国的司马昭之心,路人皆知,进攻朝鲜的最后目标是中国,就是企图扼杀新生的中华人民共和国。面对美国的挑衅,中国怎么办?中国国土上的战争硝烟还没散去,蒋介石留下的"烂摊子"百孔千疮、百废待兴,我们需要一个和平的建设环境,加之美国那时动辄就以核讹诈威胁别国,而且装备十分精良,中国参战能打赢这场战争吗?毛泽东力排众议,统一高层思想,风趣地说:"他有他的原子弹,我有我的手榴弹,一切反动派都是纸老虎。"毅然下令中国人民志愿军,"雄赳赳,气昂昂,跨过鸭绿江"。最后取得了抗美援朝战争的伟大胜利,大灭了美国帝国主义的威风。毛泽东具有不怕鬼、不信邪、与天斗、与地斗的勇气。1959年，毛泽东在会见外宾时，讲到不要怕鬼。他说："世界上有人怕鬼，也有人不怕鬼。鬼是怕它好呢，还是不怕它好？经验证明鬼是怕不得的。越怕鬼就越有鬼，不怕鬼就没有鬼了。"毛泽东认为，只有心虚的人、做了亏心事的人、心里有鬼的人才怕鬼，也就是俗话说的，"为人不做亏心事，不怕半夜鬼叫门"。我们无产阶级没有做亏心事，堂堂正正，光明磊落，为什么要怕鬼？新中国成立后，毛泽东号召共产党员要做到实事求是，坚持真理，不要怕打击报复。1957年6月，他对吴冷西说：你到《人民日报》工作，要有"五不怕"的精神准备，即：不怕撤职，不怕开除党籍，不怕老婆离婚，不怕坐牢，不怕杀头。另外，毛泽东的"虎气"还表现在具有强烈的反叛和造反精神。他根据马克思主义关于阶级斗争、暴力革命和反抗剥削压迫的思想，归纳出一句经典名言："马克思主义的道理千条万绪，归根结底，就是一句话，造反有理"；他还借用《红楼梦》中王熙凤的"舍得一身剐，敢把皇帝拉下马"，错误地号召红卫兵起来造党内当权派和"修正主义"的反；直到晚年，他仍然认为"斗则进，不斗则退，不斗则修，不斗则垮"；"八亿人民，不斗行吗"。这些都体现了毛泽东好动、好斗的挑战性格和勇往直前的造反精神。毛泽东这种不怕鬼、不信邪、好动、好斗的挑战性格，使他在迎接大自然的风浪时也是奋勇向前、毫无惧色。1954年夏天，毛泽东在北戴河，面对着七级台风和浊浪排空的咆哮大海，他身穿泳装，扎进波涛翻滚的浪花之中，并对工作人员说："风浪越大越好，可以锻炼人的意志"；"你们不要怕什么冒险，凡事不冒险，就不能成功。许多成就是经过冒险才得来的"。越是大风大浪，越是艰难困苦，越能激发毛泽东的斗志，表现出革命者的坚强意志。

毛泽东性格中的"猴气"也表现在各个方面。比如毛泽东会用活泼的语言表达自己的政治观点。20 世纪 60 年代初,中苏论战拉开帷幕,毛泽东在接见苏联驻华大使时,以悠闲、幽默的语调对他说:"打打笔墨官司有什么了不起呢? 第一,天不会塌下来;第二,山上草木照样长;第三,女人照样生孩子;第四,河里的鱼照样游,不信,你到河边去看看。"其实他是在说,中苏论战没有什么了不起,苏联撕毁协议、撤走专家,在中苏边境陈兵百万也没有什么了不起,吓不倒中国人民,中国人民照样生活下去。如此重大、严肃的政治问题,毛泽东却举重若轻,用轻描淡写的语言亮明自己的观点。1972 年 2 月,毛泽东会见美国总统尼克松。当尼克松说毛泽东的思想理论"感动了全国,改变了世界"时,他摆了摆手:"没有改变世界,只改变了北京附近的几个地区"。不仅如此,他在与人谈话,甚至在接见外宾时,会突然提出一些似乎与主题无关的问题,使客人在惊愕之余开怀大笑。有一次,毛泽东接见一个来自阿拉伯国家的代表团,谈话的主题是由于美苏争霸,搞得世界到处都不得安宁。毛泽东突发奇想,问客人:"伊斯兰教的真主是谁?"在客人们感到莫名其妙时,他又连续发问:"谁是佛祖? 谁是基督教的上帝?"当客人们一一回答以后,毛泽东继续说:"按照中国道教的看法,天国还有位众神之王,叫做'玉皇大帝'。如此看来,天堂也不会那么安宁了,因为天上也要划分势力范围呀!"看起来是漫不经心,其实是在谈与主题息息相关的内容,亮明自己观点的同时,客人们无不佩服毛泽东的机趣和幽默。毛泽东这种灵活变化的处理方式,常常能给人们带来看问题的新视角和新方法,给人们以某种思想启迪,能化解直接表达带来的尴尬状况,确实比别人棋高一着,起到令人意想不到的效果。

　　毛泽东集"虎气"与"猴气"于一身,并且以"虎气"为主,对于各种强敌他无所畏惧,从战略上藐视敌人,同时他善于斗争、灵活机动,在民主革命时期推翻蒋家王朝,赢得了民族的独立,人民的解放,并最后建立起中华人民共和国。新中国成立后,又是凭着这种"虎气"与"猴气"的灵活运用,战胜了一个又一个艰难险阻,取得了社会主义革命和建设的各项伟大成就。

二、反对绝对权威和个人崇拜

马克思主义认为,权威是在社会的各个领域客观存在的,而在所有的权威中,政治权威是最集中的表现形式,因为它不仅是经济这一社会发展根本基础的集中表现,而且还体现着权威固有的服从性质。马克思在阐述无产阶级政党使"人"的权威走向真正复归的过程中,所一直强调的是人民创造了国家,而不是相反,民主制之所以体现了一切国家制度的本质,是因为只有在民主制中,国家才是客体化的人,国家权威才能真正体现为"人"的权威,法及法的权威也才能真正体现为人及其"人"的权威的存在。由此可见,马克思主义的"权威"观念内涵十分丰富,但从根本上来看,马克思主义认为权威的真正力量蕴藏于人民群众的实践之中,人民才是历史的真正创造者,只有代表人民群众的意志,才能统一人民群众的行动,从而拥有自身的权威。

毛泽东始终坚持马克思主义唯物史观,认为英雄是人民群众中的先进分子和杰出代表,来自于群众、为了群众、代表群众、引领群众;脱离群众的英雄将是孤家寡人;而离开英雄人物号召引领的群众将是一盘散沙。因此,他一直致力于反对个人主义和个人崇拜。这使得全党始终对于绝对权威和个人崇拜存在着防范和抵触的情绪。

中国共产党在新中国成立以后曾多次采取措施,反对过分突出领袖个人。如1949年3月召开的党的七届二中全会上,党中央根据毛泽东的提议,作了反对突出个人的决定,禁止给党的领导人祝寿,禁止用领导人的名字作地名、街名和企业的名字,禁止歌功颂德,保持艰苦奋斗作风。1950年5月,沈阳市各界人民代表会议为纪念中华人民共和国成立,决定在市中心区修建开国纪念塔,塔上铸毛泽东铜像。毛泽东于5月20日批示:"铸铜像影响不好","只有讽刺意义"。1953年5月24日,毛泽东在军委报送的内务条令等文件上批示:"凡有'毛泽东思想'字样的地方均改为'毛泽东同志的著作'字样"。1954年3月17日,党的七届四中全会通过的《关于增强党的团结的决议》重申:"严格遵守集体领导的原则,……反对把个人放在组织之上,反对不适当地过分强调个人的作用,反对骄傲情绪和个人崇拜"。

1956年中国共产党第八次代表大会上,邓小平作了《关于修改党的章程的报告》,指出:"在这里,我想谈一下领袖对于党的作用。马克思主义在承认历史是人民群众所创造的时候,从来没有否认杰出的个人在历史上所起的作用;马克思主义只是指出,个人的作用归根结底是以一定的社会条件为转移的。同样,马克思主义也从来没有否认领袖人物对于政党的作用。按照列宁的著名的说法,领袖是'最有威信、最有影响、最有经验'的人们,毫无疑问,他们的这种威信、影响和经验乃是党、阶级和人民的宝贵的财富。对于这一点,我们中国共产党人从自己的切身经验中,是感到特别亲切的。当然这种领袖是在群众斗争中自然而然地产生的,而不能是自封的。同过去剥削阶级的领袖相反,工人阶级政党的领袖,不是在群众之上,而是在群众之中,不是在党之上,而是在党之中。正因为这样,工人阶级政党的领袖,必须是密切联系群众的模范,必须是服从党的组织、遵守党的纪律的模范。对于领袖的爱护——本质上是表现对于党的利益、阶级的利益、人民的利益的爱护，而不是对于个人的神化。苏联共产党第二十次代表大会的一个重要的功绩，就是告诉我们，把个人神化会造成多么严重的恶果。我们党从来认为，任何政党和任何个人在自己的活动中，都不会没有缺点和错误，这一点，现在已经写在我们的党章草案的总纲里去了。因为这样，我们党也厌弃对于个人的神化。"由此可见，中国共产党对个人崇拜一直持反对态度。

毛泽东改变中国，影响世界，中国各族人民由衷地拥护和爱戴他。由于中国浓厚的封建主义旧思想、旧意识的浸染，这种情感很快便转化成个人崇拜。对于个人崇拜，毛泽东始终保持着警惕并坚决反对。

在"文化大革命"这样的特殊时期，个人崇拜之风越来越严重。对此，毛泽东给予坚决反对。1967年9月20日，他在武汉同武汉军区负责人谈话时，说："现在我很不喜欢你们给我的4个官衔，什么'伟大的领袖、伟大的导师、伟大的统帅、伟大的舵手'，叫毛主席就行了。"隔年5月下旬，他又来到武汉，看到到处都张贴着他的画像和语录，吩咐统统摘下来。他针对"一句顶一万句"的说法，对工作人员说："人的一句话怎么能顶一万句呢？一句话就是一句，不能是一万句，不能顶，更不能顶那么多。我的话怎么可能那么大力量，那不是神了吗？这不是唯物主义，也不是辩证法。"不久，中共中央根据毛泽东指示，专门发出文件指示，今后，"不经中央批准，不能再制作毛主席像章"，"各报纸平时不要用毛主席像作刊头画"，"不要搞'早请示、晚汇报'，饭前读语录、向毛主席像行礼等形式主义的活动"。

11月下旬，毛泽东审阅修改周恩来等人11月21日送审的《中央关于征询对召开"九大"的意见的通报》稿时,删去稿中"大树特树伟大领袖毛主席和伟大的毛泽东思想的绝对权威,大树特树毛主席的无产阶级革命路线的绝对权威",并批注:"这两句不要。"12月17日,毛泽东审阅湖南省革委会筹备小组12月13日《关于庆祝毛主席塑像落成、韶山铁路通车向中央的请示报告》。报告说:在韶山建造毛主席塑像和修建通往韶山的铁路这两项工程即将竣工,广大群众要求在12月26日即毛主席七十四寿辰这天举行隆重的通车典礼。为了大树特树毛主席的绝对权威,大树特树毛泽东思想的绝对权威,特请示以下三个问题。一、请毛主席为"韶山车站"(或"韶山站")题字。二、关于大会名称,有两种意见:一为"毛主席塑像落成及韶山铁路通车典礼大会",二为"庆祝伟大领袖毛主席七十四寿辰大会"。我们考虑,为了尊重伟大领袖毛主席关于不祝寿的教导,认为第一种意见为好。三、在这一天,韶山举行约五万人的庆祝大会,同时在长沙、株洲、湘潭等车站组织庆祝活动。毛泽东批示:"(一)绝对权威的提法不妥。从来没有单独的绝对权威,凡权威都是相对的,凡绝对的东西都只存在相对的东西之中,犹如绝对真理是无数相对真理的总和,绝对真理只存在于各个相对真理之中一样。(二)大树特树的说法也不妥。权威或威信只能从斗争实践中自然地建立,不能由人工去建立,这样建立的威信必然会垮下来。(三)党中央很早就禁止祝寿,应通知全国重申此种禁令。(四)湖南的集会应另择日期。(五)我们不要题字。(六)会议名称,可同意湖南建议,用第一方案。以上各点请在一次会议上讨论通过为盼。"12月21日,中共中央、中央文革小组印发了毛泽东的批语。

1968年1月4日晚上,在中南海游泳池住处毛泽东听取周恩来汇报同来中国访问的日本外务大臣大平正芳会谈情况。周恩来讲到日本复活军国主义的动向时,毛泽东说:大变化还不会,这一两年,就是打仗还不会,离开美国的核保护伞,它还不会。明天准备见大平一下,如果在上午,就等你还没有睡的时候。日本人只见大平一个人就行了,请他讲,天上地下,九州方圆,随便扯。谈到国内经济情况时,毛泽东说:24年了,钢过去总是徘徊在1800万吨,现在是2500万吨了。这个能源总有一天要发生变化,现在就是一个煤,一个石油,一个木头,还有水。太阳能目前只是讲讲而已,地热只有意大利搞了一点。谈到哲学问题时,毛泽东说:能量转变是很独特的。还有绝对真理和相对真理,没有离开相对真理的绝对真理。地球的公转就在自转里边。哪有什么绝对权威? 相对权威是有的,绝对在相对之中。事物都是两部分,一部分相对,一部分绝对。等于人犯错误一样,正确和错误总是经常有的。对一些同志要帮助,不要一棍子打死。历来的哲学家都讲分析,讲到综合就没有多少话了。

1971年8月30日下午,毛泽东召见湖南、广东、广西三省区党政军主要负责人,同他们进行了长时间的谈话。毛泽东说:“我不是天才,读6年孔夫子,读了7年洋学堂,到25岁那年正是1918年开始读马列主义”。“天才就是比较聪明一点,天才不是靠一个人,靠几个人”,“天才是靠一个党,党是无产阶级先锋队。天才是靠群众路线,集体智慧”。

个人崇拜实际上就是个人主义的极端发展,毛泽东曾这样说:个人而成了主义,这也就很可怕了。处处都把自己的利益摆在最优先的位置,一切从自己而不是集体的利益出发,这种个人主义在世界观、人生观、价值观上扭曲了个人与他人、个人与集体、个人与外部世界的关系,必然导致私欲恶性膨胀。个人主义者心中只装着自己的小九九,而党和人民利益却没有半点位置。可以说,反对个人崇拜,是毛泽东哲学思想的成熟体现。

三、"乒乓外交"开启中美邦交正常化

新中国成立后,美国对中国采取封锁、孤立政策,两国民间交往也完全隔绝。这是"乒乓外交"的大背景。毛泽东看待问题时始终坚持矛盾的观点,矛盾具有普遍性和特殊性。在中美关系上,也概莫能外。由于意识形态等因素,中美两国间存在着矛盾和对抗,但是矛盾不是一成不变的,一切事物都处在永不停息地运动、变化和发展的过程中,整个世界就是一个无限变化和永恒发展着的物质世界;发展就是新事物代替旧事物的过程。在"乒乓外交"事件发生前,中美国力和国际地位都发生了很大的变化,两国都渴望改变。

20世纪60年代末,十多年的越战,耗费了美国至少2500亿美元军费,与苏联相比,美国的国际地位相对下降。1969年尼克松就任美国总统后,为摆脱越南战争的泥淖,寻求对苏联的抗衡,谋求发展对华关系。此时,中国"两弹一星"的成功,使其国际地位大幅度提高,美国想要积极争取中国支持。新中国也希望恢复对美外交,以求提高国际政治形象。受多年政治意识形态隔膜的影响,两国缺乏一个合理的契机。

事实上,早在1969年8月尼克松就先后托巴基斯坦总统阿尤布·汗和罗马尼亚国务委员会主席齐奥塞斯库向中国领导人传话,表示要与中国和解。同年年底,中国方面也作出了相应反应。1971年春,正当两国领导人通过巴基斯坦秘密渠道酝酿美国领导人访华的时候,当年在日本名古屋举行的第三十一届世界乒乓球锦标赛,成为中美两国破冰的新契机。

1971年3月下旬至4月上旬,在日本名古屋举行的第三十一届世界乒乓球赛上,中国邀请美国乒乓球队访华。这件事引起很大轰动,被称为"乒乓外交"。这以前不久,在3月中旬,中国乒乓球队到日本参赛的各项准备工作基本就绪,有关方面对是否参赛问题却产生两种不同意见。其中不赞成去的意见还占多数,理由是获悉国外敌对势力企图对中国队参赛进行破坏活动,去了危险性很大。周恩来以很大耐心说服不同意参赛的一方,并书面报告毛泽东,提出:此次出国参赛,已成为一次严重的国际斗争,故我方拟仍前往日本参加本届比赛;我方提出"友谊第一,比赛第二",即使输了也不要紧。当天,毛泽东在周恩来的报告上批示:"照办。我队应去,并准备死几个人。不死更好。要一不怕苦,二不怕死。"从中国乒乓球队"出征"那天起,毛泽东每天关注着世乒赛的"动态",并派人催送新华社的参考清样。他更感兴趣的是赛场以外的情况,对中国运动员庄则栋主动同美国运动员科恩接触一事表示赞赏。邀请美国乒乓球队访华是毛泽东决定的。4月3日,外交部、国家体委就是否邀请美国乒乓球队访华问题写报告给周恩来。报告认为目前时机还不成熟。4日,周恩来将圈阅后的报告送毛泽东审批。经过三天考虑,毛泽东终于在世乒赛闭幕前夕作出决定:邀请美国队访华。

他的护士长吴旭君回忆道:"毛主席在四月六日那天给我看了份文件。这是什么文件呢?这是由外交部和国家体委联合起草的一份关于不邀请美国乒乓球队访华的报告。这上面,毛主席在他自己的名字上圈阅了。我当时想,这么看来,不邀请美国乒乓球队访华这个大局已定,因为大家的意见都一致。主席让我看完文件后退给外交部去办理,办完这件事以后我觉得主席有心事,因为我跟他相处久了,看得出来,至于有什么心事我不知道。就在四月六日那天,他要提前吃安眠药,他要提前睡觉。晚上十一点多了,他坐在这儿,当时那儿是床,他就坐在床边、床前面的桌子上吃饭,我坐在他对面。他因为吃了大量的安眠药,困极了,他就脑袋这么低着,就在那儿这么低着睡,就是不肯躺。过了一会儿,他突然间说话了,嘟嘟哝哝的,听不清楚说什么。听了半天,我才听出来,他要我去给王海容同志打电话,当时王海容同志是外交部副部长,他说要邀请美国乒乓球队访华。我的天哪,我一听这话当时就愣了。我想这跟白天退走的文件正好相反,如果我按他现在说的去办,那跟文件的精神不符合呀,那总理和他都画了圈的,那可能会办错了。"因此,吴旭君没敢动。过了一会儿,毛泽东催促她"赶快办,要不就来不及了","这个时候我意识到了,毛主席作了最新的决定"。①

毛泽东自己也讲过:"那个文件(指关于是否邀请美国乒乓球队访华的请示),我本来也是看了的,画了圈。后来到了晚上,考虑还是要请,就叫打电话。结果那边他们也是没有准备,就去请示东京的大使馆,马上发护照,就来了。"

邀请美国乒乓球队的消息一传到名古屋,立刻在全世界引起轰动。日本各大报纸都在头版显要位置登出有关报道,并大加评论。这件事产生的影响,已"超过三十一届国际比赛的消息"。消息很快传到美国白宫。

美国总统尼克松后来回忆道:"这个消息使我又惊又喜。我从未料到对华的主动行动会以乒乓球队访问的形式得到实现。我们立即批准接受了邀请。中方作出的响应是发给几名西方记者签证以采访球队的访问。""四月十四日,我宣布结束已存在二十年的对我们

① 参见《毛泽东传》第六册,中央文献出版社 2011 年版,第 2598—2600 页。

两国间贸易的禁令。我还下令采取一系列新的步骤,放宽对中华人民共和国的货币和航运管制。同一天在北京,周恩来亲自欢迎了我们的乒乓球运动员。"

"乒乓外交",获得了"小球转动大球"的戏剧性效果。正如周恩来接见美国乒乓球队时所说:它打开了中美两国人民友好往来的大门。

"乒乓外交"推动了中美和解及关系正常化进程。在中美两国领导人的共同努力下,1971 年 4 月 10 日至 17 日,参加第 31 届世乒赛的美国乒乓球代表团访华,成为新中国成立后第一批访问中国的美国客人。"乒乓外交"结束了中美两国 20 多年来人员交往相互隔绝的局面,打开了中美两国人民友好往来的大门。更为重要的是,"乒乓外交"开启了中美邦交正常化的进程。在当时冷战时期难以想象的北京与华盛顿之间的外交关系,也因"乒乓外交"而得以逐步修成正果。1971 年 7 月 9 日,基辛格秘密访华;1972 年 2 月 21 日,尼克松总统访华,会见了毛泽东和周恩来,并于 2 月 28 日在上海签署第一个《联合公报》,翌年 5 月两国政府互设代表处,"乒乓外交"使隔绝 20 多年的中美关系的坚冰开始融化,中美和解随后取得历史性突破并最终在 1979 年 1 月 1 日互相承认并建立外交关系,开启了延续至今的"中美关系",并已发展成为当今世界最重要的双边关系。

"乒乓外交"改善了中国外部环境。中美关系的戏剧性变化,直接加快了新中国在联合国合法席位的恢复。1971 年 10 月 25 日,第 26 届联合国大会恢复中华人民共和国在联合国的一切合法权利,让中国的外交舞台迅速扩大到了全世界,由此开创了对外工作的新局面。随即有 20 多个国家与我国台湾地区断交转而承认中华人民共和国,出现了前所未有的与中国建交的热潮,世界之门由此向中国敞开。

"乒乓外交"是偶然中的必然。"小球"之所以能推动"大球",在极为偶然的事件背后,贯穿或隐含着必然性,一定有必然的逻辑存在。通常对中美走近的解释有面临共同威胁、国内政治需要及地缘政治考量等,其实,中国作为公认独立的政治力量登上国际舞台,才是其中最重要的因素。

四、提出"一条线""一大片"外交政策 改善中国外交环境

当历史车轮驶入 20 世纪 70 年代时,中国的环境发生了重大变化。主要是由于中苏关系发展到尖锐对立的程度,使中美苏"大三角"关系出现了不平衡。

中国和苏联处在战争边缘的状态,使世界政治格局和中国外部环境发生了重大变化。中国已经与苏联和美国两个世界大国处于敌对状态。1969 年 4 月,中共九大政治报告提出:"一个反对美帝、苏修的历史新时期已经开始。"

在险恶的国际局势下,毛泽东以"乱云飞渡仍从容"的气魄,驾驭局势,维护中国国家安全。他决定,在坚定维护中国国家主权和领土完整的前提下,中苏两国要继续保持接触和谈判,避免发生武力对抗。1969 年 10 月 20 日,中苏两国开始举行外交部副部长级别谈判。由于苏方态度蛮横,谈判进展不大,苏方谈判代表库兹涅左夫甚至回国,使谈判中止。1970 年 5 月 1 日,毛泽东在天安门城楼会见参加中苏谈判的苏方代表说:我们应当好好谈判,谈出个友好睦邻关系。要有耐心,要文斗,不要武斗。毛泽东在当时说这个话分量很重,起到了防止苏联方面以任何借口把中苏争端上升到武力冲突的

重要作用。毛泽东说话后仅隔三天,苏方就派谈判代表库兹涅左夫到北京恢复谈判。

但是当时苏联对中国采取边拖边施加压力的方针。周恩来1970年6月同来访的罗马尼亚贵宾说:"中苏边界谈判从1969年10月20日开始一直到现在,任何协议都没有达成。他们现在什么问题也不解决,就是拖。他们一百万海陆空军调到中苏边界和蒙古。我们的立场是,你不跟我达成临时措施的协议,我们不能解决边界问题。"而当时美国还在越南打仗,中美关系也很紧张。如何扛住两个大国的打压,是摆在毛泽东面前极为重要的问题。毛泽东为此进行了深入思考,他得出的结论是:世界是世界人民的;世界人民是反对霸权、阻止战争的根本力量,中国必须团结、依靠世界人民,这样才能在反对霸权主义斗争中维护中国的国家安全。如何团结依靠世界人民?毛泽东提出了团结一切可以团结的力量对付苏联霸权主义的思路,并由此形成了"一条线"和"一大片"的外交思路。

"一条线",就是指日本—中国—巴基斯坦—伊朗—土耳其—欧洲—美国。形成"一条线"是为了共同对付苏联霸权主义。"一大片",就是指在"一条线"周围的所有国家,目的是把苏联霸权主义孤立起来。用毛泽东的话说就是:我们做工作,交朋友,重点应该放在三大洲,那就是亚洲、非洲和拉丁美洲,另外还有大半个欧洲。

毛泽东"一条线"和"一大片"的新外交思路体现了矛盾具有特殊性,要具体问题具体分析,一切政策要以时间、地点、条件为转移。20世纪50年代我们的外交思路是"一边倒",倒向苏联一边。60年代我们的外交思路是"两只拳头打人",既反美又反苏。随着国际形势的变化,到70年代,我们的外交思路变为了"一条线"和"一大片"

新外交思路。这就是实事求是的真实写照。在新外交思路中,明确把美国列为争取对象。按照这个思路处理国家关系,必然改变世界政治格局;而在改变世界政治格局中,中美关系是关键;当时苏联是中国国家安全的最大威胁。为了制衡苏联,中国应该调整对美国的关系。

此后,毛泽东十分注意了解美国方面的情况,捕捉改善中美关系的契机。1970年1月8日,中国驻波兰临时代办雷阳与美国驻波兰大使斯托塞尔会谈后,美国方面发表的消息中,第一次使用了"中华人民共和国"的全称,之后,中美之间开始大使级会谈。会谈中,美国方面首次默认台湾问题由中国人自己用任何和平方式解决,对中国坚持必须解决台湾归中华人民共和国的问题才能谈其他问题的原则作出让步。中国方面提出,中美之间不打仗,总得接触,我们不反对接触,两国关系既然不能通过战争方式解决,只能通过和平谈判解决。之后,中美双方都采取了一些缓和关系措施,都表达了会谈的意向。1970年7月,中方释放了1958年因间谍罪被判刑的美国人华理柱。10月,美国总统尼克松在接受美国《时代》周刊记者采访时,明确表达了他想要到中国访问的意向。对此,中国于11月通过巴基斯坦向美国总统传话说:只要美国不干涉中国内政,中国欢迎美国政府派特使来,时机可以通过巴基斯坦总统定。12月18日,毛泽东在会见老朋友斯诺时直接表示,欢迎美国总统尼克松来华访问。毛泽东还说:"整苏联,现在对美国不利;整中国,对于美国也不利。"①斯诺回国后立即向尼克松转达了毛泽东的意见,这对打破中美关系的僵局,起了关键作用。1971年4月,中国政府邀请在日本参加世界乒乓球

---

① 《毛泽东文集》第八卷,人民出版社1999年版,第436页。

锦标赛的美国乒乓球队访问中国。周恩来亲自出面接见时说:"我们相信中美两国人民的友好往来会得到两国人民大多数的赞成和支持。"周恩来讲话后仅仅几个小时,美国总统尼克松就宣布放松对华禁运。5月,根据毛泽东的意见,中央政治局开会专门研究中美关系,确定了在坚持美国一切武装力量撤出中国台湾等八项原则前提下改善中美关系的方针。5月29日,经毛泽东批准,中国以周恩来个人名义向美国方面发出欢迎美国总统尼克松访华的邀请,还提出,美国可以派基辛格先行秘密来华,为尼克松访华做准备。中美长期尖锐对立,现在要改善关系,需要在全党统一思想,为此,毛泽东决定,在1971年6月召开的中央工作会议上,由周恩来代表中央政治局宣读并解释政治局作出的《关于中美会谈的报告》和毛泽东与斯诺的谈话及其他文件,统一了思想。1971年7月,美国总统国家安全事务助理基辛格秘密访华,与中方进行了多次会谈,为尼克松访华做准备工作。1972年1月,美国又派总统国家安全副助理黑格访华,为尼克松访华做具体准备工作。这年2月,尼克松访问中国。毛泽东会见了他,并与他进行了重要谈话。毛泽东谈话时说了一句非常关键的话:"现在不存在我们两个国家相互打仗的问题。"这句话为中美接下来的会谈打下了基础。中美两国会谈就改善双方关系取得重要成果,并达成《联合公报》。中美两国关系从此打开,世界政治格局发生重大改变。

毛泽东的"一条线"和"一大片"的新外交思路,对于中国恢复联合国合法席位起了重要作用。由于中国加强与"第三世界"各国关系,同时与"第二世界"国家发展友好关系,支持中国恢复联合国合法席位的国家越来越多。这种情况在1970年第二十五届联大上得到显现。在这次大会上,支持恢复中华人民共和国席位并驱逐国民党集团"代表"的表决结果是 51 票赞成,47 票反对,赞成中华人民共和国恢复联合国合法席位的票数第一次超过了反对票。这是苏联和美国都始料不及的。

中美关系的改善,对于恢复中国在联合国合法席位,也起着十分重要的作用。由于中美两国达成的《联合公报》中明确写着:"美国认识到,在台湾海峡两边的所有中国人都认为只有一个中国,台湾是中国的一部分。美国政府对这一立场不持异议。"美国在联合国已经失去了再阻挠恢复中国合法席位问题的借口。跟着美国跑的一些国家也纷纷转变对中国的态度。

联合国多数国家赞成中华人民共和国恢复联合国合法席位,使中国恢复在联合国合法席位问题水到渠成。1971 年 10 月 25 日,联合国第二十六届大会就阿尔巴尼亚等国提出的恢复中华人民共和国在联合国一切合法权利,并立即把国民党集团的"代表"从联合国及其所属一切机构中驱逐出去的 2758 号决议案进行表决。表决以 76 票赞成、35 票反对、17 票弃权的压倒多数通过。当电子计票牌显示出表决结果后,会议大厅的掌声持续达两分钟之久,不少第三世界国家的代表甚至站起来高声欢呼,有的代表还唱起歌、跳起舞来。美国代表无奈地说:"为了美国的利益,我们不得不正视这个现实。"决议通过后,联合国秘书长吴丹立即通知中国外交部派代表团出席正在召开的第二十六届联大。

毛泽东运用事物普遍联系的原理,利用美苏争霸的大背景,积极谋求中美关系改善和加强与第三世界国家的联合,提出"一条线"和"一大片"新外交思路,让中国外交取得前所未有、突破性大发展,其历史意义深远。它不仅扭转了中国在两个超级大国的对抗中生存的被动局面,极大地改善了中国的安全环境,结束了同西方发达国家隔绝的状态,从而拓展了中国外交活动的舞台,提升了在国际关系中的大国地位,为日后中国更加积极地参与国际事务创造了前提,为新时期全方位的对外开放奠定了重要基础。

五、划分"三个世界"理论进一步改善中国外交环境

中国理论界有些人存在一种误判,认为毛泽东晚年只有错误,而没有建树。这是不符合历史事实的。毛泽东晚年关于划分"三个世界"的理论,是内涵深刻、外延丰富、意义重大的全球战略思维的光辉典范。为国际无产阶级、社会主义国家和被压迫民族团结一致,建立最广泛的统一战线,反对苏美两霸和它们的战争政策,提供了强大的思想武器。

"三个世界"是毛泽东在 20 世纪 60 年代末、70 年代初,根据国际形势的变化,对世界格局进行划分的思想。"三个世界"分别指:美国、苏联是第一世界;亚非拉和其他地区的发展中国家是第三世界;处于这两者之间的发达国家是第二世界。根据这一划分,中国属于第三世界的一员,这是我们外交工作的基本立足点。根据这一思想,中国的外交一是要加强同第三世界国家的团结,争取第二世界国家,联合反对超级大国的控制和压迫;二是在与第一世界美苏两个超级大国的霸权主义展开斗争时,注意联合威胁较小的一方,集中力量反对更加危险的另一方。"三个世界"划分的提出,表明中国外交思想的重大转变,对于推动我国 20 世纪 70 年代外交工作的大突破,特别是同美国的建交,起到了关键的推动作用。

毛泽东关于划分"三个世界"的理论形成有一个过程。早在 1946 年 8 月,毛泽东在接见安娜·路易斯·斯特朗时,就首次提出

"中间地带"理论。可以说,这是毛泽东的"三个世界"思想的逻辑起点。1965年,毛泽东把世界形势概括为"大动荡、大分化、大改组",为"三个世界"的划分理论指出了现实动因,可以说,这是毛泽东的"三个世界"思想的逻辑前提。20世纪60年代末到70年代初,国际形势发生了重大变化,对中国的外交提出了新挑战。西欧和日本快速发展,美国在西方盟友中的经济地位有所削弱,加之深陷越南战争的泥潭,因此在美苏两极争霸格局中,苏联开始转守为攻,在对世界和平造成重大威胁的同时,也对中国形成巨大压力,使中国直接感受到了苏联的现实威胁。经过发展,中国逐渐成为国际上一支不与任何大国或集团结盟的独立政治力量,中国以外的其他亚非拉国家的力量和影响也在逐步增长,这些国家是维护世界和平稳定的重要力量。此时,毛泽东为实现集中力量抵制苏联霸权主义的目标,以改善对美关系为突破口,加速了对中国外交战略进行调整的步伐。毛泽东认为,在苏美两霸中,我们总要争取一霸,不能两头作战。

1974年2月下旬,他曾先后会见赞比亚总统卡翁达和阿尔及利亚革命委员会主席布迈丁,就"三个世界"划分等发表见解。他对卡翁达说:"我看美国、苏联是第一世界。美国、苏联原子弹多,也比较富。第二世界,欧洲、日本、澳大利亚、加拿大,原子弹没有那么多,也没有那么富,但是比第三世界要富。咱们是第三世界,第三世界人口很多。亚洲除了日本,都是第三世界。整个非洲都是第三世界。拉丁美洲也是第三世界。"他对布迈丁说:"中国属于第三世界。因为政治、经济,各方面,中国不能跟富国、大国比,只能跟一些比较穷的国家在一起。"毛泽东关于"三个世界"的主张,从20世纪60年代他提出的"两个中间地带"等论点发展而来,反映了他对70年代以来世界经济、政治格局的总体看法,也勾勒出中国今后的基本国际战略思想。毛泽东认为,第三世界应该团结起来,反对超级大国的强权政治和霸权主义。这次联大特别会议,为中国公开阐明关于"三个世界"划分的主张,使广大第三世界国家进一步了解中国政府在这方面的立场,提供了难得的机会。因此,毛泽东选定邓小平率团出席联大特别会议。

3月31日,在邓小平主持下,制定出中国代表团出席联大特别会议的方针、对策和讲话等文件。4月2日,周恩来召集中央政治局会议讨论这些文件。会后,周恩来、邓小平联名于4日致信毛泽东,报告联大讲话稿的修改情况。毛泽东就在信上批示:"好,赞同。"那天,他还约周恩来、邓小平、乔冠华等见面,谈了出席联合国大会的要求。为了显示邓小平这次出席联合国特别会议的重要性,6日,周恩来抱病前往机场,与数千名群众一起隆重欢送邓小平一行启程。10日,邓小平在纽约联大特别会议上发言,全面系统地阐述毛泽东关于"三个世界"划分的思想,提出正确处理国与国之间关系的原则和主张,引起世界各国普遍关注。邓小平也被外电称作是"周恩来总理的亲密同事""一向只对付最重大工作的第一流的老资格领导人"和"中国最有影响的人物之一"。

毛泽东的战略思想指明了两个超级大国是当时造成世界不安和动乱的主要根源,它们推行霸权主义和强权政治,以大欺小,以强凌弱,以富压贫,从而激起第三世界国家的强烈反对,也引起第三世界国家的极大不满。中国作为第三世界国家的一员,坚决支持第三世界国家反对霸权主义的斗争,支持第二世界国家反对超级大国干涉和控制的斗争。中国坚决反对超级大国的扩张主义政策,对美国实行又联合又斗争的方针,侧重打击苏联霸权主义,有效地牵制了苏联的扩张主义势力。

　　毛泽东对世界和社会的认识蕴含着独特的哲学思维方式。这就是：矛盾是普遍的、绝对的，贯穿于一切事物发展过程的始终。同时，矛盾系统中必有一种是主要矛盾，它规定或影响着其他矛盾的存在和发展形态。毛泽东认为，这个辩证法主要的就是教导人们要善于去观察和分析各种事物的矛盾运动，并根据这种分析，指出解决矛盾的方法。可以说，上述哲学观构成了毛泽东"三个世界划分"理论的哲学依据，也构成了其国际关系政治博弈理论的依据。

　　通观毛泽东"三个世界划分"理论，一个非常鲜明的特质就是在两极格局向多极化格局转化的历史背景下，以反对霸权主义、帝国主义、殖民主义，争取民族独立和国家安全为新的话语特征，确立了分析国际关系的总体框架，为实施"远交近攻"的中国式外交谋略奠定基础。毛泽东关于"三个世界"划分的战略思想具有重要的理论意义和现实意义，对于加强中国同"第三世界"国家的团结合作，改变世界政治力量的对比，维护世界和平，具有不可估量的作用。

六、特殊时期采取一切措施维护国家稳定安全

　　早在"文化大革命"之前，毛泽东就深入地思考了中国往何处去的问题。"文革"发动起来后，毛泽东鼓励和动员群众，特别是青年学生起来革命，进行一场激烈的政治斗争，要在"天下大乱"中打倒"资产阶级司令部"，夺"走资本主义道路当权派"的权。但是即使在特殊时期，毛泽东依然坚持生产力和生产关系的辩证关系，重视两点论与重点论的辩证统一，要求抓住事物的主要矛盾和矛盾的主要方面。当"文革"中破坏生产力、破坏经济的行为超出一定范围的时候，他就果断采取措施，控制全国的局势，以维护国家稳定。毛泽东

对内要求夺权后人民解放军要执行"三支两军"任务,工矿企业、农村生产队要"抓革命,促生产",业余闹革命;对外要求坚决反击外国入侵,维护国家主权。

回顾"文革"这段历史时期,虽然动乱打乱了国家经济建设的计划和步骤,但是大部分生产系统未被打乱,在毛泽东思想的正确贯彻下,全国经济社会建设取得了一定的成就。1969 年以后,随着国内局势稍趋安定,主持政府工作的周恩来等领导人抓住时机,着手恢复各主要工业部门和其他综合经济部门的工作,加强了对经济的计划管理。1969 年的国民经济扭转了前两年连续下降的局面而有所回升。1970 年经济建设中,内地战略后方的建设(重点是国防工业建设)迅速全面铺开,地方"五小"工业(小钢铁、小机械、小化肥、小煤窑、小水泥)迅猛发展。到年底,当年经济指标以及"三五"计划主要指标大体完成。1972 年至 1973 年,根据周恩来的指示,国务院采取各种措施对国民经济进行调整。1973 年下半年,经济形势明显好转,国民经济计划主要指标都完成或超额完成。在此期间,我国第一次把人口控制指标纳入国民经济发展计划,制定了第一部环境保护的综合性文件,陆续从国外进口了一批技术先进的成套设备和单机,对我国此后经济发展和技术进步发挥了重要的促进作用。一批交通运输线、输油管线设施相继建成。1968 年建成的南京长江大桥,是当时我国自行设计建造的最大的铁路、公路两用桥。经过改造的宝成铁路成为我国第一条电气化铁路。1974 年,我国建成大庆至秦皇岛的第一条长距离输油管道。国防科技业绩显著,民用科技也有突破。1966 年 10 月,我国第一次成功进行了发射导弹核武器的试验。1967 年 6 月成功爆炸了第一颗氢弹。1970 年 4 月成功发射第一颗人造地球卫星"东方红一号"。我国第一颗返回式遥感人造地球卫星于 1975 年 11 月发射成功。在生物技术方面,1972 年,中国中医研究院成功提取出一种新型抗疟疾药青蒿素,在全球特别是发展中国家挽救了数百万人的生命。1973 年,我国在世界上首次培育成功强优势的籼型杂交水稻。

　　虽然毛泽东在晚年犯有错误,"文革"期间毛泽东哲学思想也没有得到全面正确地贯彻执行,但是他仍是伟大的马克思主义者,他提出的许多很有远见、很有价值的思想,很值得我们进一步开展广泛而深入的研究。而且"文革"期间我国取得的各方面的成就,都是由于正确贯彻毛泽东思想所致的,也是毛泽东哲学思想在正确运用中实现的实践伟力。毛泽东哲学思想对于指导我们进行国内外的现实斗争以及建设中国特色社会主义都具有重要而深远的意义。